아이폰을 위해 죽다

DYING
for an iPhone

아이폰을 위해 죽다

제니 챈, 마크 셀던, 푼 응아이 지음 | 정규식, 윤종석, 하남석, 홍명교 옮김

나름북스

Dying for an iPhone

추천의 말

"아이폰을 위해 죽다"라는 말은 21세기의 상징적인 상품인
아이폰을 생산하는 사람들의 삶과 노동조건에 대한 가장
포괄적인 설명일 것이다. 또 이 책을 통해 미국과 대만, 중국
정부가 촉진한 신자유주의적 무역체제에 의해 움직이는 애플과
폭스콘이 노동 규율의 잔혹한 착취 시스템을 어떻게 국경을
초월하며 발전시켰는지 볼 수 있다. 그것은 사회 붕괴에 대한
신랄한 해설이기도 하고, 많은 국가의 자본가가 노동자에 맞서
단결하면서 야기된 저항이기도 하다. 이 책은 노동자들이 살아온
경험에 대해 세밀하고 흥미로운 설명을 제시하며, 글로벌한
전망에 있어서도 공공적 학술의 빛나는 사례다."

– 엘리 프리드먼Eli Friedman, 『China on Strike』 공동 편저자

"비판적이고 접근성이 뛰어나며 엄밀한 연구를 통해 쓰인 이
책은 세계 최대의 전자제품 공장인 폭스콘에 대한 가장 포괄적인
분석을 제공한다. 또한 절망적인 풍경, 비참한 결과, 그리고 더
나은 방향으로 변화시키려 고무하는 노력을 보여준다."

– 잭 린촨 추Jack Linchuan Qiu,
『Goodbye iSlave: A Manifesto for Digital Abolition』 저자

"매끈한 신형 아이폰을 손에 쥐고 있으면, 이를 조립하는 사람들의 잔혹한 노동현장을 상상하기 어렵다. 이 책에서 저자들은 심층적인 현장조사와 글로벌 전자산업에 대한 깊이 있는 지식을 바탕으로 스마트폰에 대한 우리의 사랑이 치러야 하는 인적 비용뿐 아니라, 중국 노동자들의 노동조건 개선을 위한 치열한 투쟁을 보여준다."

– 니콜 아쇼프Nicole Aschoff, 『The Smartphone Society: Technology, Power, and Resistance in the New Gilded Age』 저자

"이 책은 폭스콘 산업 제국의 어둡고 사악한 공장 깊숙한 곳으로 독자들을 안내한다. 또한 노동자들의 이야기를 통해 세계 자본주의 생산의 심장부에서 피를 뿜어내는 중국 노동자계급의 진귀한 초상화를 제공한다."

– 벤 타노프Ben Tarnoff, 『Logic Magazine』 공동 창립자

"지난 10년간 중국에서 벌어진 첨단 전자제품 제조업계에서의 착취와 노동자 투쟁에 깊이 뛰어들며 유명 브랜드 뒤에 숨겨진 인간의 고통을 폭로하는 이 책은 모두의 필독서다."

– 바이샤오홍白晓红, 대만 저널리스트

"현대 자본주의 현실을 이해하려는 모든 이가 반드시 읽어야 할 책이다. 실리콘밸리 신화에 반하는 이 조심스러운 연구서는 애플과 같은 기업들이 왜 그들의 성공을 혁신보다는 착취에 더 의존하는지 설명해준다."

– 웬디 리우Wendy Liu, 『Abolish Silicon Valley: How to Liberate Technology from Capitalism』 저자

"우리가 의존하게 된 장치를 생산하는 데 드는 인간, 사회, 환경의 대가, 그리고 기업과 소비자가 이에 공모하는 과정에 대해 정신이 번쩍 들게 하는 연구다."

– 닉 홀드스톡Nick Holdstock, 『Chasing the Chinese Dream』 저자

"이 책에 등장하는 노동자들의 생산라인에서의 경험과 과학적 경영체계를 설명하는 장을 읽으며, 마르크스의 『자본론』에서 '생산의 숨겨진 거처'로 이끌리던 때와 비교할 수밖에 없었다. 이 책은 그러한 예리한 설명과 분석을 가독성 있고 접근하기 쉽게 제시한다는 점에서 큰 성과를 거뒀다."

–제프리 허먼슨Jeffery Hermanson,
국제노동조합교육연맹International Union Educational League

차례

중국과 전 세계 노동자들을 위해

표와 그림 목록

표

그림

서문

우리가 살아왔음을 증명하는 유일한 방법은 죽음이다.

폭스콘 직원과 같은 노동자들에게 죽음의 활용은

우리가 살아왔음을, 사는 동안 절망만을 안고 있었음을

증명하는 것일 테다.

— 2010년 5월 27일, 한 중국 노동자의 블로그[1]

홍콩과 인접한 중국 선전深圳의 폭스콘 전자공장에서 노동자들이 자살했다는 소식을 처음 들은 것은 2010년 1월이다. 그 후 몇 달 동안 우리는 언론에서 "자살 급행열차suicide express"라고 명명된 보도들을 면밀하게 추적했다. 9번째 '폭스콘 투신자'가 자살한 5월 11일 이후 우리를 비롯한 몇몇 대학 연구진과 학생들은 더 많은 자살을 막기 위해 무엇을 할 수 있을지 논의했다. 그리고 일주일 뒤 폭스콘과 중국 정부, 중화전국총공회中華全國總工會[2]가 '연쇄 자살'을 끊기 위해 결단력 있게 행동할 것을 촉구하는 성명을 발표했다.

신세대 농민공農民工들은 집을 나서는 순간부터 자신들의 부모처럼 농사지으러 고향에 돌아가야겠다고 생각하지 않는다. 그러나 아무리 열심히 일해도 도시에 집을 구할 가능성이 거의 없다는 것을 깨닫게 되면, 노동의 의미 자체가 무너진다. 앞길은 막막해지고, 퇴로는 가로막힌다. 이와 같은 상황에 갇힌 노동자들은 심각한 정체성 위기에 직면하고, 심리적·정서적 문제로 확대된다. 이처럼 사회 구조적 조건의 더 심원한 수준에 도달하면, 폭스콘 노동자들의 '퇴로 없음' 심리를 이해하는 데 근접하게 된다.[3]

2010년 12월까지 폭스콘 시설에서 18명의 노동자가 자살을 시도했다. 그중 14명이 사망했고, 4명이 심각한 상해를 입고 살아남았다. 이들의 나이는 17세에서 25세까지 다양하며, 하나같이 농촌 출신 농민공으로 중국의 새로운 노동자계급을 상징하는 이들이었다.[4]

폭스콘의 모회사 홍하이정밀공업鴻海精密工業은 1974년 2월 대만의 궈타이밍郭台銘에 의해 설립됐다. 폭스콘Foxconn이라는 상표는 폭스콘이 여우fox 같은 속도로 커넥터connector를 생산하겠다는 회사의 목표를 암시한다. 40년간 폭스콘은 소규모 가공 공장에서 진화해 중국 전역과 전 세계로 공장을 확장하고 있는 하이엔드급 전자제

땅에 놓인 큰 현수막에는 "피땀의 대가가 얼마인가?", 오른쪽 상단 현수막에는 "꿈은 산산조각이 났습니다"라고 적혀 있다. 2010년 5월 28일 타이베이에서 시위자들이 폭스콘에서 죽은 노동자들을 추모하기 위해 꽃을 놓고 있다.

품 제조 분야에서 선두 주자가 됐다. 폭스콘은 아시아, 아메리카, 유럽에 200개 이상의 자회사와 지사를 두고 있다. 세계 전자제품 제조와 첨단기술을 주도하기 위해 분투하는 가운데, 폭스콘의 포부는 세계 경제 및 기술의 초강대국이 되려는 중국의 목표와 조우하게 된다. 폭스콘은 빈틈없는 사업 관행, 합병과 인수, 특허 취득, 중국 정부와의 기민한 관계 형성 등을 통해 놀라운 성장을 이뤘다.

이 회사는 자신의 기술적 한계를 넘어서겠다고 단언한다. "홍하이 폭스콘의 지속적인 교육과 장기적인 투자, 지역의 세계화에 대한 헌신은 선도적인 고등교육 기관들과의 긴밀한 협력 관계를 이끌어낼 뿐만 아니라, 홍하이 폭스콘이 중화권에서 최대 수출기업이자 체코의 두 번째 수출기업이 되게끔 했다."[5] 중국 내에서 거의 100만 명에 가까운 노동자를 고용한 폭스콘은 세계에서 가장 큰 산업고용주다.[6] 그러나 폭스콘의 진정한 우선순위는 무엇일까? 그 우선순위에는 "지속적인 교육에 대한 약속, 장기적인 국민에 대한 투자"가 포함되어 있을까?

중국은 폭스콘의 글로벌 기업 제국과 그 수익성의 중심지다. 2018년 폭스콘은 중국 전체 수입과 수출의 4.1%를 차지했으며,[7] 매출은 1,750억 달러, 5조2,000억 대만달러를 넘어섰다.[8] 회사 측 주장은 거창하다.

"폭스콘은 컴퓨터Computer, 정보통신Communications, 가전제품Consumer Electronics 등 3C 부품업계를 선도하는 세계적인 제조기업"이라는 것이다. 폭스콘은 "클라우드 컴퓨팅, 모바일 기기, 사물인터넷, 빅데이터, 인공지능, 스마트 네트웍스, 로봇·자동화에 집중하면서, 핵심 산업 인터넷 기술을 중심으로 정교한 역량을 구축하고 있다"고 자부한다.[9] 실제 폭스콘은 지적재산권과 기술 개발의 원동력을 활용하여 저부가 가치 가공·제조에서 더욱 수익성 높은 사업과 서비스로 전환하기 위해 노력해왔다. 다른 이들이 이와 같은 이슈들에 초점을 맞추고 있을 때, 우리는 다시 이 기업의 부흥이 100만 명의 직원에게 미치는 영향을 가늠하는 문제로 돌아온다. 이 직원들 대다수는 농민공이다.

애플, 폭스콘, 그리고 중국 노동자

폭스콘의 가장 큰 고객은 애플이다. 그러나 다른 세계적인 전자기업들도 있는데, 그중에는 알파벳(구글), 아마존, 블랙베리, 시스코, 델, 후지쯔, GE, HP, IBM, 인텔, LG, 마이크로소프트, 닌텐도, 파나소닉, 필립스, 삼성, 소니, 도시바 등도 있고, 레노버와 화웨이, ZTE, 샤오미 등과 같은 중국을 선도하는 기업들도 있다. 폭스콘은 아이폰과 아이패드, 맥, 애플TV, 엑스박스, 플레이스테이션, 위Wii, 킨들, 프린터 등 무수한 디지털 기기를 조립한다. 이 회사는 주로 세계적인 전자회사와 계약을 맺고, 동시에 자체적인 브랜드로 다양한 제품을 생산한다. 또 로봇과 인공지능이 이끄는 최첨단기술 개척자로서의 폭스콘이라는 브랜드를 중심으로 자신의 주요한 성장 영역을 모색하고 있다. 이는 세계 노동력과 경제 및 지정학의 미래에 심대한 영향을 준다.

애플과 폭스콘은 독립적인 기업이지만, 제품 개발과 엔지니어링 연구, 제조 공정, 물류, 판매 및 애프터서비스 영역에서 불가분의 관계에 있다. 1990년대 말까지 애플은 미국에 기반을 둔 제조공장 일자리와 연구 시설을 모두 해외로 내보냈다.[10] 애플은 아일랜드에 있는 매킨토시 컴퓨터 공장에 소수의 임직원만 남겨두었다. 이 아웃소싱은 애플의 성공이 국제 공급업체들과 노동자들, 특히 폭스콘과 중국 노동자들의 기여와 뗄 수 없는 관계에 있음을 의미한다.

애플의 성공 비결은 최근 몇 년 동안 아이폰과 그 아우라로 둘러싸여 있으며, 애플의 공동창업자이자 수십 년간 지배적 존재였던 스티브 잡스Steve Jobs(1955~2011)가 주도한 다양한 전자제품의 디자인과 마케팅으로 헤게모니적 위치에 올라선 가파른 성장에 초점이 맞춰져 있다. 2011년 8월 고故 스티브 잡스의 뒤를 이어 애플 CEO로 취임한 팀 쿡Tim Cook은 리앤더 카니Leander Kahney 기자로부터 "애플을 한 단계 끌어올린 천재"라는 찬사를 받았다.[11] 많은 사람이 갖고 싶어 하는 글로벌 메가 브랜드 제품이라는 미국의 성공 스토리 그늘엔 제품을 생산하는 대다수 중국 노동자의 삶과 복지, 그리고 공장생활의 매개변수를 결정짓는 애플과 폭스콘의 관계가 있다.

아이폰을 위해 죽다

"아이폰을 위해 죽다"라는 말에는 이중의 의미가 있다. 전 세계 소비자가 최신 모델을 구매하기 위해 줄을 서 있는 상황에서 중국 신세대 노동자들은 아이폰과 다른 첨단제품 생산에서 속도와 정밀도에 대한 회사 측의 요구를 정확히 충족시키기 위해 분투하고 있다. 애플의 성공은 질 좋은 제품을 빠른 속도로 생산하는 것과 직접적인 관련이 있다. 하드웨어와 소프트웨어, 디자인에 대한 통제권을 쥐고 있는 우세한 지위를 고려할 때, 애플은 폭스콘과 그 직원들의 조건을 설정하는 데 여전히 주도권을 쥐고 있다. 2010년 현재 폭스콘은 애플 아이폰의 독점적인 최종 제조업체일 뿐만 아니라, 그 밖의 많은 기술 대기업의 다양한 전자제품에 대한 주요한 도급업체이기도 하다.

폭스콘의 중국 내 시설들과 봉쇄된 기숙사 창문에 내걸린 자살 방지 그물은 연쇄 자살이 정점을 이룬 2010년 5월 말 이후, 청년 노동자들이 목숨을 던지도록 만든 절망과 비극에 대한 기업의 책임, 그리고 좀 더 인간

적인 일터를 만들기 위한 노동자들과 그 지지자들의 집
중적인 노력 등에 대한 기억을 되살린다.

중국에서의 집단 조사

2010년 여름, 우리는 중국, 대만, 홍콩의 연구원들과
협력하여 선전, 상하이上海, 쿤산昆山, 항저우杭州, 난징南
京, 톈진天津, 랑팡廊坊, 타이위안太原, 우한武漢 등 9개 도시
에 자리한 폭스콘의 주요 제조 현장에서 잠입 연구를
수행했다. 우리의 목표는 단지 폭스콘 생산의 숨겨진 거
처를 조사하는 게 아니라, 중국 정부와 세계적인 기술기
업들이 초국가적 생산의 맥락에서 노동자들을 보호하
기 위해 자신의 책임을 얼마나 이행했는지를 평가하는
것이었다.

2011년 봄, 우리는 50만 명의 노동자가 밤낮으로 스
마트폰과 태블릿, 그 밖에 여러 전자제품을 만들기 위
해 고군분투하는 선전시의 폭스콘 제조기지로 돌아왔
다. 우리는 두 개의 떠오르는 '애플 도시'인 허난河南성 정
저우鄭州와 쓰촨四川성 청두成都를 방문하기도 했는데, 각
각 아이폰과 아이패드를 조립하는 폭스콘의 새로운 거
대 공장들은 오래된 공장들이 있던 해안 지역의 공장들
보다 임금이 훨씬 낮았다. 자본의 움직임을 추적하고 여
러 방면의 연구를 통해 우리는 폭스콘이 지방정부의 강
력한 지원으로 성省들을 가로질러 빠르게 확장하고 있으

며, 중국에만 40곳 이상의 산업단지에서 24시간 고속생산 네트워크를 구축했음을 확인했다.

2013년 12월, 폭스콘 창업자이자 CEO 궈타이밍과 애플 CEO 팀 쿡에게 우리 연구가 밝혀낸 상태를 설명하고, 폭스콘 노동자들의 삶의 질에 대해 우려를 표명했다. 아울러 폭스콘 글로벌 사회환경책임위원회, 애플 공급사 책임프로그램, 공정노동위원회FLA(애플은 2012년 1월부터 2016년 10월까지 이 기관의 회원이었다)에 연락을 취했다. 우리의 목적은 저임금과 적은 혜택, 강제적인 초과근무와 기초적인 건강 및 안전 예방 조치의 결여, 10대 인턴 노동자 착취, 고용계약과 노동법에 보장된 권리 보장을 요구하는 노동자들에 대한 경영진의 압박 등 우리 연구가 밝혀낸 문제들에 대한 기업의 시각을 묻는 것이었다. 애플과 폭스콘은 파업, 화재, 폭발 사고, 노동자 자살 문제에서 대중을 상대로 한 기업 홍보에는 세심한 주의를 기울였다. 이 기업들을 노동 분야에서의 사회적 책임을 묻는 논의의 장에 참여시키려 노력했으나, 자기 합리화와 진부한 변명만을 늘어놓을 뿐이었다.[12]

이와 반대로, 노동자들은 자신들의 삶을 이해하려는 우리의 시도에 훨씬 더 잘 반응했다. 2019년 말 코로나바이러스 감염증이 확산될 때에도 계속된 다년간의 현장 연구는 폭스콘 노동자, 인턴, (인턴십 프로그램을 모니터링하는) 교사, 관리자, 그리고 정부 관계자와의 인터뷰를 바탕으로 한 현장조사와 광범위한 문서 연구로 보완했다. 이 책은 중국 노동자와 10대 인턴 학생들의 희망, 꿈, 생존을 위한 투쟁을 그들이 직접 그린 초상화인 인터뷰, 시, 노래, 공개서한, 사진, 동영상 등을 통해 보여준다.[13]

글로벌 노동체제에 대한 도전

폭스콘은 "전 세계 전자제품 작업장"의 왕이다. 폭스콘은 막대한 부를 얻었지만, 자신은 물론 경쟁 생산업체에 발주한 가격과 수량을 결정짓는 글로벌 브랜드 기업, 특히 애플에 종속되어 있다. 이렇게 치열한 경쟁 지형에서 폭스콘은 애플을 비롯한 다른 브랜드 기업들이 설정한 품질과 속도에 대한 요구를 충족시켜야 하기에 노동착취 문제에 취약하다. 폭스콘뿐만 아니라 애플 및 다른 브랜드들도 노동자의 파업과 시위가 발생하면 언론에 거명되어 비판받기 때문에 경제적으로나 평판에 있어서나 기업 이미지가 훼손될 수 있다. 이러한 상황에서 노동자들과 그 지지자들은 기업의 사회적 책임 담론을 활용하여 노동권에 대한 대중의 지지를 얻고, 때로는 국내외 소비자들의 지지를 호소하며, 기업이 법적·도덕적 규범을 준수하도록 압박하는 데 성공할 수 있다.[14] 특히 학생과 교수 등 대학 구성원 다수가 운동화,

티셔츠를 비롯한 대학 전용 상품과 관련된 사회운동에 참여해왔기에 기업의 노동착취에 관한 정보를 학습하고 기꺼이 행동에 나선다.

개혁개방 이후 최근 수십 년간 자본주의 생산방식이 도입되면서 중국은 수많은 노동자 파업과 시위가 발생한 고도로 논쟁적인 정치 현장이었다. 세계화된 전자제품 생산의 핵심 마디, 특히 새로운 모델 출시와 함께 판매가 급증할 것으로 예상되는 시기의 대규모 노동자 행동은 국가와 폭스콘, 애플을 포함한 글로벌 브랜드들에 중요한 메시지를 전달할 수 있으며, 때로는 노동자의 권익에 기여하기도 한다. 관료들은 사회적·정치적 안정을 유지하기 위해 기업들에 노동자들과 타협하도록 압력을 가하는 브로커 역할을 한다. 그러나 경영진이나 정부, 경찰과 맞닥뜨려야 하는 노동자들은 사회 질서를 어지럽혔다는 죄목으로 구속되거나 해고될 위험을 안고 있다.

중국의 노동관계는 여전히 불안정하다. 국가와 기업 사이의 권력 연합이 유지되면서 노동자들의 생활은 일정 정도 개선됐지만, 노동자들의 단결을 가로막는 법률 개정이 계속 추진되고 있다. 고통받는 노동자들은 정부와 언론, 관심을 보이는 대중의 주목과 반응을 끌어내려는 분쟁 해결의 법적·초법적 전술 사이에서 오락가락한다. 2013년부터 시진핑 체제하에서 폭스콘 직원을 포함한 저항하는 노동자들이 사측의 탄압에 항의하며 기본권 쟁취를 위한 투쟁을 계속해왔다. 그들은 비정부기구와 인권변호사에 대한 단속에도 불구하고, 때때로 학생과 시민의 지지를 받으며 계속 싸웠다. 폭스콘과 그 밖의 다른 공장 노동자들이 효과적으로 조직된다면, 더 나은 미래를 만들기 위한 사람들의 노력에 더 많은 영감을 줄 것이다.

1.
어느 자살 생존자

너무 절망적이어서 정신이 멍해졌어요.

— 톈위田玉, 17세의 자살 생존자[1]

2010년 3월 17일 아침 8시경, 톈위가 폭스콘 공장 기숙사 4층에서 몸을 던졌다. 불과 약 한 달 전, 그는 홍콩과 인접해 급속도로 발전하고 있는 중국 전자산업 발전의 첨단 거대도시 선전에 왔다. 선전시는 1980년에 중국의 첫 번째 경제특구로 지정됐을 때만 해도 여전히 대부분 지역이 농촌이었지만, 이후 수십 년간 엄청난 경제 성장과 인구 증가를 거치며 2010년 인구 1,000만 명이 넘는 대도시로 부상했다. 그중 광둥성과 다른 성省에서 온 농민공(유동인구로 알려진)의 규모가 거의 800만 명에 달한다.[2]

후베이湖北성의 한 농촌마을에서 온 톈위는 선전 폭스콘에 취직했다. 그가 목숨을 끊으려는 순간, 전 세계 소

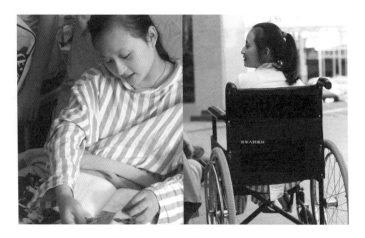

폭스콘 룽화龍華 공장단지 기숙사에서 추락해 하반신이 마비된 텐위가 광둥성에 위치한 선전 룽화인민병원에서 치료받고 있다.

비자가 아이폰4와 1세대 아이패드를 초조하게 기다리고 있었다. 톈위는 폭스콘 통합디지털제품 사업단iDPBG의 애플 생산라인에서 글라스 스크린의 품질 검사를 맡아 흠집 여부를 확인했다. 생산 주기가 점점 짧아져 작업 완료 시간이 빨라지고 초과근무 요구가 늘어남에 따라 톈위와 동료들은 극심한 압박을 받았다. 톈위는 추락에도 불구하고 기적적으로 살아남았지만, 세 곳의 척추와 네 곳의 고관절 골절로 하반신이 마비되고 말았다. 아마도 이 공장에서의 첫 번째 직업이 그의 마지막 직업이 될 것이다.

폭스콘에서 살아남기

톈위와의 첫 만남은 2010년 7월 선전시 룽화인민병원에서 이뤄졌다. 그곳에서 톈위는 자살 시도로 입은 부상을 치료하고 있었다. 그녀의 취약한 심신 상태를 알기에 연구원들은 자신들의 방문이 톈위와 가족들을 더 고통스럽게 하지 않을까 걱정했다. 하지만 톈위와 침대맡을 지키던 그의 부모는 연구자들을 환영해줬다. 그 후로 몇 주 동안 우리는 톈위와 신뢰관계를 맺으면서 그의 가정사와 폭스콘에 취직하게 된 상황, 조립라인에서 일하며 공장 기숙사에서 생활한 경험에 관해 이야기했다. 인터뷰를 진행하면서 톈위의 사연은 중국 신세대 농민공이 대다수인 폭스콘 직원의 일반적인 상황과 많은 공통점이 있음이 분명해졌다.

"저는 1993년 2월, 농사짓는 집안에서 태어났어요."
한때 농촌마을이었던 그곳은 현재 53만 명이 사는 라오
허커우老河口시의 일부가 됐다. 허난성과 닿은 한강汉江 쪽
에 자리하며, 1940년대 항일투쟁 과정에서 해방됐다.
토지 재분배 개혁에 이어 1950년대 중반에는 농업 생산
이 집단화 노선으로 조직됐다. 1970년대 후반 '농가별생
산책임제家庭聯産承包責任制'가 도입됐고, 1982년 인민공사가
해체되면서 농지가 개별 가구에 귀속됐다.

톈위는 "그 땅에서 우리 가족은 고작 1년에 1만5,000
위안을 벌 수 있었어요. 여섯 가족을 부양하기에는 턱
없이 모자랐죠. 작은 땅덩이에서 옥수수와 밀을 경작
하고 돼지와 닭 몇 마리를 길렀는데, 굶어 죽을 정도
는 아니었어요. 하지만 작은 가족 농지로 그저 생계만
유지하려 한다면, 더 나은 삶을 사는 건 어렵겠죠"라고
말했다.

톈위는 일찍이 부모가 중국 전역을 뒤덮은 이주노동
물결에 동참하면서 '농촌에 남겨진 아이(유수아동, 留守
兒童)'[3]로 자랐다. 그의 부모가 집에서 멀리 떨어져 공
장 노동자로서 가족을 부양할 때 할머니가 톈위를 키웠
다. 농촌에 남겨진 6,100만 명에 달하는 다른 아이들처
럼 톈위는 이웃 아이들과 놀며 어린 시절을 보냈다.[4] 부
모의 보살핌은 거의 없었다. 결국 톈위의 부모는 집을

고칠 충분한 돈을 번 후 다시 농사를 짓기 위해 고향으로 돌아왔다. 맏이인 톈위는 여동생과 남동생이 있는데, 나중에 청각장애인으로 태어난 남동생을 돌보고 싶다고 했다.[5]

농장에서 공장으로

2001년 중국이 세계무역기구WTO에 가입함에 따라 수출주도형 산업화는 확대됐지만, 보조금으로 인해 저렴한 해외 수입 농산물이 홍수처럼 밀어닥치면서 농민들은 커다란 어려움에 직면하게 되었다. 2005년 농업세 폐지와 이후 사회주의 신농촌社會主義新農村 캠페인에 따른 사회보험제도 설립 등의 이점들에도 불구하고, 대다수 청년이 도시와 제조업 일자리로 떠나면서 가계 기반의 농업과 농촌 발전에 대한 전망이 대체로 어두워졌다. 농촌 협동조합 설립과 대안적인 개발 계획을 위한 산발적인 노력에도 불구하고, 외진 농촌에서 지속가능한 농업이나 수익성이 있는 비농업 일자리 기회는 거의 없었다.

중학교 졸업 후 지역 내 직업학교의 단기 과정을 마친 톈위는 직장을 구하기 위해 고향을 떠나기로 결심했다. 농촌 청년인 톈위와 또래들에게 있어 미래의 유일한 희망은 오직 도시로 가는 것이었다. 2010년까지 텔레비전, 그리고 특히 인터넷과 이동통신기술로 상상만

했던 실제 도시생활의 창이 활짝 열렸다. 톈위는 이렇게 말했다. "저를 비롯해 제 또래 모든 청년이 도시에 가서 일도 하고 바깥세상도 볼 수 있다는 생각에 신이 났었죠."

춘절 연휴가 막 끝난 2010년 2월 초, 아버지가 일자리를 찾던 톈위에게 500위안을 쥐어줬다. 또 집에 연락할 때 쓰라면서 중고 핸드폰을 건네며 안전하게 잘 지내라고 격려했다. "사촌이 시외버스터미널로 바래다줬어요." 톈위는 도시로 떠나던 날 아침을 떠올렸다. "태어나서 처음으로 집에서 멀리 떨어지는 거었어요. 버스에서 본 공단의 첫인상은 선전이 텔레비전에서 본 것과는 너무나도 다르다는 거였죠." 톈위는 회사 채용센터에 간 2월 8일을 떠올렸다. "오전 내내 줄을 섰고, 입사지원서를 작성했어요. 손가락을 대고 전자 리더기에 신분증을 스캔하고, 혈액 검사를 받아 건강검진 절차를 마쳤어요." 그렇게 톈위는 취직을 했고, F9347140이라는 사원번호를 부여받았다. 컬러로 출력된 폭스콘 핸드북도 받았는데, 여기에는 신입사원을 향한 낙관적인 글로 가득차 있었다. "여러분의 새로운 꿈을 향해 서두르세요. 멋진 삶을 추구하세요. 폭스콘에서 지식을 넓히고 경험을 쌓을 수 있습니다. 이제 여러분의 꿈은 여기서부터 미래로 이어집니다."

간단한 점심식사를 마친 뒤 이어진 사원 오리엔테이

션에서 한 인사담당자가 톈위를 비롯한 신입사원들에게 말했다. "여러분의 잠재력은 오직 여러분 각각의 포부에 달렸습니다! 태어나는 건 선택할 수 없었지만, 여기에서 당신은 자신의 운명을 향해 나아갈 겁니다. 오직 꿈만 있다면, 당신은 솟구쳐 오를 겁니다!"

인사담당자는 젊은 신입사원들을 고무시키기 위해 애플의 CEO 스티브 잡스, 인텔 회장 앤드루 그로브Andy Grove, 마이크로소프트 창업자 빌 게이츠Bill Gates와 같은 기업가들의 이야기를 들려줬다. 실제 애플 못지않게 폭스콘 경영진은 노동자와 소비자를 위한 낭만적인 미래를 그리는 데 통달해 있었다.

"그리고는 저를 비롯한 수백 명의 신입사원이 회사 버스를 타고 폭스콘 채용센터에서 1시간쯤 떨어진 공장으로 이동했어요. 그때 폭스콘 공장이 석양에 황금빛으로 물들었죠"라며 톈위는 당시를 회상했다.

폭스콘 내부

폭스콘 관리자들이 '캠퍼스'라고 즐겨 부르는 이 거대한 룽화단지의 생산과 일상생활은 밀집된 인구 환경에서 이뤄진다. 이 복합단지에는 복층으로 된 공장, 기숙사, 창고, 병원 두 곳, 도서관 두 곳, 서점, 유치원, 교육기관(거창하게도 폭스콘대학이라 불린다), 우체국, 2대의 소방차가 있는 소방서, TV 방송국, 은행, 축구장, 농구

장, 테니스장, 육상 트랙과 운동장, 수영장, 사이버 극장, 상점, 슈퍼마켓, 카페, 식당, 게스트하우스, 심지어 웨딩드레스숍까지 있다. 컨테이너 트럭들과 지게차들이 쉴 새 없이 덜컹거리며, 애플을 포함한 여러 글로벌 대기업을 위해 아이폰이나 다른 전자제품을 생산하는 공장으로 돌아간다.

이 공장의 안내 책자에는 A에서 H까지 8개 구역, J와 L 2개 구역 등 총 10개 구역이 표시되어 있다. 이곳들은 다시 A1, A2, A3, J20, L6, L7 등으로 세분된다. 남쪽 정문에서 북쪽 정문까지 가려면 거의 1시간을 걸어야 하고, 동쪽 정문에서 서쪽 정문까지도 1시간이 걸린다. 톈위는 각 건물이 무엇인지도 몰랐고, 곳곳에 쓰인 영어 약자의 의미도 알지 못했다.

"출근 첫날 지각을 했어요. 공장이 너무 커서 길을 잃었거든요. 작업장을 찾는 데 시간이 걸렸어요"라고 톈위는 말했다. 지각해서 혼났느냐고 물었지만, 그가 너무 작은 목소리로 대답해 제대로 들을 수가 없었다.

자매인가, 이방인인가?

"오전 6시 반에 일어나 7시 20분 조회에 참석해요. 7시 40분에 일을 시작해서 11시에는 점심을 먹죠. 보통은 저녁식사도 거르고 오후 7시 40분까지 연장근무를 했어요." 다른 노동자들처럼 톈위는 성수기에 '12시간 표준근무'에 더해 매일 강제로 무급 근무면담에 참석했다. "점호 시작 20분 전에 생산라인 책임자에게 보고해야 해요. 그는 우리에게 '높은 생산성을 유지해라, 매일 생산목표를 달성해라, 규율을 잘 지켜라'라고 독촉했죠."

공장 안은 기계 소음만 가득한 채 침묵이 강요되는 장시간 노동이 일반적이다. 톈위는 "동료들끼리 친근하게 수다 떠는 건 쉬는 시간에도 거의 못 해요. 점심식사 땐 줄을 서고, 빠르게 먹어 치우죠"라고 덧붙였다. '애정으로 뭉친 따뜻한 가족'이라는 기업 이미지와는 달리, 폭스콘 노동자들은 고립과 고독을 자주 경험한다. 그중 어떤 상황은 노동자들 간의 유대감 형성을 방해하기 위한 경영진의 의도로 보인다.

관리자나 공장장, 라인장은 작업장에서 일하는 시간에는 대화를 금지한다. 특히 조립라인은 생산 일정이 촉박할 때 24시간 내내 중단 없이 운영된다. 밤새도록 전등이 환하게 들어오는 공장 안을 멀리서도 볼 수 있다. 톈위는 연장근무를 거부할 방법이 없었다. 톈위와 같은 신입사원들은 종종 '표준 작업 속도'를 지키는 노력과 무관하게 "너무 느리게 일한다"고 질타를 받는다. 전 세계 고객을 대상으로 세계 최고 수준의 제품을 생산하겠다는 회사의 요구를 강조하면서, 허용되는 불량률의 최대치를 낮게 세팅하기도 한다. 톈위는 자신이 작업한 스크린에서는 실수가 없었다고 여러 차례 말했지만, 라인장은 톈위가 하지 않은 실수에 대해서도 거듭 책임을 돌렸다.

톈위에게는 한 달을 통틀어 매월 둘째 주에 오직 하루나 이틀 정도의 휴일밖에 없었다. 그러니 '공장 도시'가 겸비한 수영장이나 다른 오락 및 교육 시설을 이용할 여유 따위가 없었다. 톈위는 "3월이 되자 야간 근무조로 전환했어요. 제품 스크린을 검사할 때 눈에 극심한 통증이 느껴졌죠"라고 말했다.

기숙사 생활

폭스콘 직원들은 공장 인근이나 기숙사에 거주한다. 일터와 일상 공간은 24시간 내내 고속생산을 할 수 있도록 압축되어 있다. 기숙사 건물은 가족의 보살핌과 사랑 없이 이 거대한 농민공 노동력을 '보관'한다. 싱글이든 기혼이든 각 노동자에게는 한 사람을 위한 작은 공간만이 할당된다. 이 '사적 공간'은 비좁은 공동생활 공간에 직접 만든 커튼을 쳐놓고 그 뒤에 자기만의 침대를 둔 것으로 구성돼 있다.

톈위의 룸메이트들은 6개의 사업팀과 7개의 생산부서에서 일한다. 각기 다른 부서와 다른 교대조에 일하는 사람들로 룸메이트가 배정되고, 저마다 다른 방언을 써서 교제 자체가 어렵다. 룸메이트들에 관해 이야기할

때 톈위는 "우리는 친하지 않았어요"라고 말했다. 그러
고 나서 우리에게 자신의 기숙사 방 기록부를 보여줬다.

표1.1 2010년 폭스콘의 기숙사 방 목록

	사원번호	사업단*	생산부서	기숙사 등록일
1	F9341932	NWInG	FKD	2010.01.29
2	F9450222	SHZBG	Mac BU (II)	2010.03.18
3	F9422526	CMMSG	AP (V)	2010.03.10
4	F9447733	CCPBG	TAMG TEAM	2009.07.27
5	F9425127	CMMSG	IPPD LX (I)	2010.03.10
6	F9347140(톈위)	iDPBG	DSPG DSD LCM	2010.02.08
7	F9341960	NWInG	FKD	2010.01.29
8	F9295026	PCEBG	ABD (II)	2009.12.21

NWInG: Net-Work Inter-Connection Business Group, 네트워크 연결제
품 사업단
SHZBG: Super Hong Zhun Business Group(Super Precision
Mechanical Business Group), 초정밀제품 사업단
CMMSG: Component Module Move Service Group, 정보시스템통합 및
서비스제품 사업단
CCPBG: Consumer and Computer Products Business Group, 소비자
및 컴퓨터제품 사업단
iDPBG: integrated Digital Product Business Group, 통합디지털제품 사업
단
PCEBG: Personal Computing Electronics Business Group, 퍼스널컴퓨
팅 전자제품 사업단

* 노동자들은 사업단이나 생산부서의 영문 약어에 대해 회사로부터 설명
을 듣지 못했다.

같은 기숙사 방에서 8명의 어린 소녀들이 지냈지만, 톈위는 "우리는 서로를 낯설어했어요"라고 설명했다. "우리 중 몇몇은 다른 사람들이 이사 나갈 때 막 들어왔어요. 룸메이트 중 후베이성 출신은 한 명도 없어요." 톈위와 같은 후베이성 사투리를 쓰는 사람은 아무도 없었다. 톈위의 아버지가 이것이 얼마나 중요한 문제인지 설명했다. "톈위가 선전에 처음 왔을 때는 이따금 다른 사람들이 말하는 걸 이해하지 못할 정도였죠."

톈위가 말했다. "폭스콘에서는 외로울 때 가끔 온라인 채팅을 했어요." 하지만 QQ 메신저에서 채팅하는 사람들은 시간과 공간이 멀리 떨어져 있는 경우가 많았다.[6] 먼 지방에서 온 신입사원의 경우 상호 신뢰나 이해를 바탕으로 우정을 쌓는 데 오랜 시간이 걸린다.

절망의 축적

톈위는 심각한 문제에 직면했다. "한 달 일하고 나서 월급 받는 날에 다른 사람들은 임금 직불카드를 받았는데, 저는 못 받았어요." 폭스콘에서는 노동자의 임금 지급에 필요한 현금 규모가 컸기 때문에 노동자 개인에게 현금이 아닌 직불카드로 임금을 지급했다. 직불카드는 룽화단지 및 다른 폭스콘 공장의 24시간 ATM기기에서 입출금과 송금을 할 수 있는 은행카드다.

톈위는 라인장에게 이유를 물었다. 그리고 자신이 룽

화에서 일하고 있음에도 불구하고 룽화에 개인정보 기록이 존재하지 않기 때문이라는 말을 들었다. 톈위가 모르고 있던 사이 폭스콘의 관란觀瀾단지 인사부가 톈위의 정보를 계속 갖고 있었고, 그가 실제로 일하는 룽화로 서류를 이관하지 않은 것이다. 룽화단지로 옮겨지기 전 톈위는 관란단지 채용센터에서 면접시험을 봤다. 이로 인해 폭스콘 룽화단지에서 톈위의 직불카드 계좌가 개설된 적조차 없다는 것이다. "저는 혼자서 버스를 타고 폭스콘 관란단지로 갈 수밖에 없었어요"라고 톈위가 말했다.

2007년 생산을 시작한 폭스콘 관란단지의 공장들은 2010년 초 13만 명의 노동자를 고용했다. 낯선 공장단지에 들어선 톈위는 "C10, B1, B2 블록 등 건물 각 층을 떠돌며 월급 직불카드에 대해 물었어요"라고 떠올렸다. 매니저와 관리자들이 책임을 회피하다 보니 제대로 된 사무실을 찾기 위해 헤맨 보람도 없이 하루가 지났다. 톈위는 자신의 직불카드에 대체 무슨 일이 생겼는지, 문제를 해결할 방법을 알지 못했다. "혼자서 이곳저곳을 돌아다녔지만, 아무도 저를 제대로 안내해주지 않았어요. 그들은 하나같이 다른 사람에게 물어보라고만 했죠."

톈위는 기본급 900위안과 시간 외 수당까지 더해 약 1,400위안에 달하는 월급을 받지 못했다. 당시는 3월 중순이었다. 그렇게 선전에서 한 달 이상 지낸 후 톈위는 부모님이 준 돈을 모두 써버렸다. "돈을 빌릴 데가 없었어요. 이런 위기의 순간에 마침 핸드폰도 고장 나서 선전에 사는 사촌과도 연락이 되지 않았죠." 톈위는 한계에 직면했다. 고단한 조립라인, 혹독한 공장 규율, 친구 하나 없는 기숙사, 가족과의 연락도 어려운 상태였다. 갖고 있던 돈도 떨어지고, 심지어 회사마저 월급을 주지 않아 상황은 더욱 악화했다. 톈위는 격정에 사로잡혔다.

한 번뿐인 삶

"너무 절망한 나머지 정신이 멍해졌어요." 3월 17일 이른 아침, 톈위는 기숙사 건물에서 뛰어내렸다. 12일간의 혼수상태에서 깨어난 후 톈위는 하반신이 마비됐음을 깨달았다. 그리고 반년 넘게 병원에 입원해야 했다. 결국 폭스콘은 "톈위와 가족들의 귀향을 돕는다"는 명목으로, "인도적 지원" 차원의 일회성 보상을 했다. 이는 직원 자살 시도에 대한 책임을 봉합하고, 국내외 언론의 시야로부터 사안을 제거하기 위한 시도였다. 톈위 아버지의 말에 따르면, 그것은 마치 "어떤 물건을 거래하는 것"과 같았다. 병원을 떠나면서 톈위는 100만 폭스콘 노동자의 삶과 노동자 보호에 관한 기업 및 정부의 책임에 대해 몇 가지 곤혹스러운 질문을 우리에게 남겼다.

2.
폭스콘:
세계에서 가장 큰 전자제품 제조기업

리더십은 결단력을 갖는 것입니다.

리더십은 의로운 독재입니다.

리더십은 실험과 실용성 사이의 싸움입니다.

— 폭스콘기술그룹 창립자이자 CEO 궈타이밍[1]

스티브 잡스가 애플의 창조적인 영혼이었다면, 궈타이밍은 폭스콘의 자칭 "결단력 있고 의로운 독재자"다. 1974년부터 궈타이밍은 "실험과 실용성 사이"의 싸움을 승리로 이끌면서 자신의 회사를 세계 최고의 전자제품 제조업체로 만들었다.[2] 2018년 『하버드비즈니스리뷰 HBR』는 궈타이밍을 세계에서 실적이 가장 좋은 100명의 CEO 중 18위로 선정했다.[3] 2019년 회사의 성공에 용기를 얻은 궈타이밍은 2020년 대만 총통선거에 출마하기 위해 그룹 회장직을 잠정 사임했다. 하지만 7월 후보 경선에서 가오슝 시장이자 국민당 후보가 된 한궈위^{韓國瑜}에게 패배했다.

폭스콘이 처음으로 직면한 시련은 야심찬 사업가 궈타이밍에게 모든 경쟁의 기회를 극대화할 것을 가르쳤다. 애플의 스티브 잡스가 대학 졸업생들과 예비 직원들에게 정기적으로 전한 충고는 "항상 배고파야 하고, 우직하게 나아가야 한다"는 것이다.[4] 이 슬로건의 궈타이밍 버전은 "배가 고파야 정신이 맑아진다"이다.[5] 그의 야망은 글로벌 브랜드에 서비스하는 저부가가치 제조산업을 넘어 로봇 주도 스마트 전기자동차 생산과 반도체, 빅데이터 기술, 의료 및 헬스케어 전자제품, e-비즈니스 소매업까지 확대됐다.

2010년 한 기업가는 이렇게 말했다. "20년 후에는 오직 2개의 기업만 있을 겁니다. 모든 걸 폭스콘이 만들고, 월마트가 팔 거예요."[6] 물론 과장이다. 하지만 여기에는 폭스콘의 비약적인 성장이 내재해 있다. 글로벌 경제 체제하에서 대만과 중국 및 다른 여러 지역에서 폭스콘의 미래는 폭스콘 직원을 비롯해 더 많은 노동자와 소비자의 삶을 결정지을 것이다.

궈타이밍의 폭스콘

궈타이밍의 부모는 1940년대 말 국공내전 시기 중국 산시성에서 대만으로 이주했다. 그는 1950년 10월 타이

베이에서 태어났다. 23세에 그는 타이베이 투청土城산업
단지에 사출 및 금형 공장을 세웠다. 이 자수성가한 기
업가는 중국의 세계 경제 재통합 과정에서 이점을 취하
고자 했던 대만 산업화 정책의 새로운 기회를 빠르게
포착했다. 1970년대 초 미국−중국 개방과 1980년대 중
국−대만 개방으로 중국은 국제무역의 기둥이자 해외투
자의 주요한 장소로 부상했다. 그러면서 서구에서 동아
시아로의 자본 이동과 글로벌 생산 네트워크의 급속한
전환의 길을 열고 있다.[7]

1985년 플라자 합의[8]는 대만의 미국달러화 대비 통화
량이 고조(최고 40% 상승)되는 결과를 낳았고, 이는 대만
경영계가 중국이나 동남아시아와 같은 저임금 국가들에
대한 투자를 확대하도록 만들었다.[9] 1982~1994년 대만
과 홍콩 기업들은 1,070억 달러를 투자했는데, 이는 이
시기에 새로운 중화권 산업 수출을 창출한 중국에 대한
외국인 직접투자 총액의 70% 이상을 차지한다.[10]

폭스콘의 성장은 미국과 유럽 및 동아시아의 거대기
업들이 해외로 생산지를 이전하고 위탁하는 세계적인
산업 구조전환 상황에서 가능했다. 세계적인 컴퓨터 기
업 IBM은 1960년대 자신의 조립품을 역외로 수출하
는 선구적인 기업이었다. IBM 시스템360 컴퓨터의 초
소형 전자공학 부품들은 일본과 대만 노동자들이 조립
했다. "노동 비용이 매우 싼" 동아시아에서 생산하는 것

이 뉴욕이나 심지어 미국 남부보다도 저렴했기 때문이다.[11] 백색가전 기업 '라디오 코퍼레이션 오브 아메리카 RCA' 역시 1970년대 대만의 수출생산단지에서 값싼 노동력과 느슨한 규제 환경의 이점을 이용했다.[12]

1978년까지 중국의 임금 수준은 미국의 약 3% 수준이었고, 대만이나 홍콩, 싱가포르를 포함한 주변 지역의 임금보다도 훨씬 낮았다.[13] 농민공의 무제한 공급으로 이후 4반세기에 걸쳐 계속된 중국 제조업의 임금 우위는 일반 산업과 특히 전자분야 노동의 주요 원천이었다. 실제로 1980~90년대 중국 노동자들의 소득은 일찍이 동아시아 다른 공업 국가들이 가장 높은 수준의 성장을 이룬 시기의 소득에 훨씬 못 미쳤다.[14] 노동 비용이라는 요인에 더해 많은 외국 전자기업이 자신의 제품을 중국과 전 세계 소비자에게 더 잘 팔기 위해 대만 하청 공급업체들이 중국으로 이전하도록 압력을 가했다.

동시에 중국의 기술 수준이 세계 시장을 위한 교육, 훈련, 생산의 급격한 확대에 발맞춰 발전했다. 대만과 홍콩 등지 화교들의 중국 투자는 급격히 성장하는 중국 산업에 자본과 기술의 주요 원천을 제공했다. 초기에는 섬유, 의류, 신발 등에 중점을 두었지만, 1980년대 중반에는 전자제품 및 기타 기술적으로 더 정교한 영역으로 확대했다. 폭스콘이 등장하기 전인 1985년까지 선전시의 전자산업은 "직원 수가 300명인 1개 회사 규모

에서 1만3,000명을 고용하는 60개의 회사 규모"로 성장
했다.[15]

폭스콘, 타이베이에서 선전으로

폭스콘은 1988년 선전에서 150명의 농민공 노동력으
로 시작됐다. 그중 100여 명의 젊은 여성이 손재주가 좋
고 순발력이 있어 조립 작업에 더할 나위 없이 적합했
다. 자료에 따르면, 1980년대 선전 경제특구에 있던 초
기 공장들의 노동력 중 약 70%가 여성이었는데, 이는
수출지향적 산업에서 전형적으로 나타나는 성별 분업
형태다.[16]

지난 40년간 중국 노동자들의 유동성은 매우 증가했
다. 돌아보면, 1958년 제정된 중국의 호구제도는 도시
와 농촌을 확연하게 구분함으로써 농민들이 집단으로
도시로 이주해 일자리를 찾는 것을 금지해왔다. 포스트
마오쩌둥 시대 중국에서 개혁개방에 가장 관심이 많았
던 지도자 덩샤오핑鄧小平(1904~1997)은 1980년대 농촌
출신 이주민들이 해안 지역 공장과 개발구역에서 일자
리를 구할 수 있도록 길을 열었다. 수억 명의 농민공이
도시의 일자리에 접근할 수 있게 되면서 이들은 진정한
새로운 노동자계급의 핵심이 될 수 있었다.

하지만 한 세대가 지난 지금, 중국 농민공은 도심의
아파트나 의료보장, 연금, 사회복지에 대한 권리 등 동

등한 시민권뿐 아니라, 모든 도시민에게 보장된 공립학교에 대한 접근권도 여전히 가로막혀 있다. 심지어 1990년대 후반부터 2000년대 초반의 상업화 과정에서 지역 거주자를 위한 주거 및 사회 서비스에 대한 자격 역시 크게 줄었다는 점 역시 주목해야 한다.

세기가 바뀐 2002년, 파산과 사영화, 기업 구조조정 과정에서 6,000만 명 이상의 도시 노동자가 국유 부문 일터에서 해고됐다. 즉 "10년 사이 1,993개의 국유 부문 작업장 중 44%가 감소"했다.[17] 국외 자본을 포함한 민영 부문이 증가하는 사이, 국유 및 집체 부문 일자리가 1995년 전체의 76%에서 2000년 41%, 2005년 27%로 가파르게 줄었다.[18] 도시의 노년층 노동자들이 누리던 '철밥통' 평생직장도 해체됐다. 2008년 세계 경기 불황에서 정리해고된 노동자 수가 다시 치솟자, 이들은 폭스콘을 비롯한 다른 일터에서 일자리를 놓고 경쟁해야 했다.

폭스콘은 글로벌 브랜드들의 개인용 컴퓨터와 핸드폰, 비디오 콘솔게임 외에 여러 가전제품을 생산하며 애플을 비롯한 여러 글로벌 브랜드에 저비용·고효율 서비스를 제공하는 다른 제조업체들을 빠르게 추월했다. 공단 주변의 가로등과 육교, 전광판 등에 붙은 채용 전단들은 청년들에게 폭스콘에 와서 일하라고 부추겼다. 몸과 마음이 건강한 16세 이상의 젊은 남녀가 조립라인에 채용됐다.

폭스콘 직원 수와 매출

중국에 투자한 지 3년이 지난 1991년, 궈타이밍은 대만 증권거래소에 주식을 상장했다. 1996년 말까지 폭스콘은 중국을 주요 기반으로 전 세계에서 9,000명의 임직원을 고용한 기업이 됐다. 2003년 직원 수가 10만 명에 도달했고, 급속히 확장 가도를 달리면서 2008년 70만 명을 돌파했다. 세계적 경기 침체기였던 2008년에 발휘된 회복력은 2009년 매출과 직원 수의 꾸준한 성장에서 확인할 수 있다. 폭스콘의 글로벌 노동력에 대한 급속한 확장은 2012년 130만 명으로 정점에 달했다. 2018년까지 폭스콘의 총 인력은 86만3,000명으로 감소했는데, 이는 노동력의 상당 부분을 하청이나 용역 노동자로 전환했기 때문이다([그림2.1], [표2.1] 참조).

그림2.1 1996~2018년 폭스콘 직원 수 및 매출

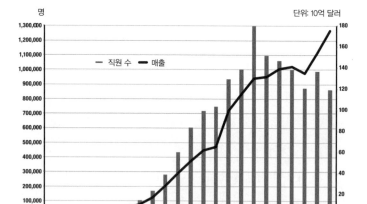

주: 직원 수 및 매출에 대해 공개적으로 접근할 수 있는 가장 오래된 회사 자료는 1996년 데이터이며, 출처는 여러 해에 걸쳐 폭스콘기술그룹이 발표한 자료다.[19]

1996년까지만 해도 공개적으로 이용할 수 있었던 초창기 기업 자료에 따르면, 폭스콘의 매출은 5억 달러에 불과했다. 이후 폭스콘이 지속적으로 확장할 수 있었던 결정적 요인은 2001년 중국의 WTO 가입이다. 이때부터 세계 시장에 대한 접근성이 커지면서 폭스콘을 비롯한 수출기업들이 가파르게 성장했다. 2003~2004년 사이 폭스콘은 모토로라 소유의 멕시코 내 단말기 조립공장과 핀란드 아이모주식회사Eimo Oyj의 단말기 조립공장을 인수하고, 대만의 궈지전자國基電子有限公司와 합병함으로써 컴퓨터 생산에서 모바일 통신장비 제조에 이르는 영역으로 확장할 수 있었다.[20] 〈코먼웰스 매거진 CommonWealth Magazine〉은 "궈타이밍은 스칸디나비아와 남미, 아시아에서 번개처럼 빠르게 인수합병을 주재했으며, 불과 1년 만에 세 대륙에서 합병을 마무리한 대만의 첫 경영자가 됐다"고 신속하게 보도했다.[21] 폭스콘의 중국 내 생산기지는 엄청난 성장과 수익성을 통해 여전히 가장 중요한 거점이다. 렁처강Tse-Gang Leng은 2005년까지 "훙하이 순이익의 90%가 중국 내에서 창출됐다"고 추정한다. 그 후 중국과 전 세계에서 훙하이정밀공업의 통합이 심화했다.[22]

표2.1 1996~2018년 폭스콘 직원 수 및 매출

연도	폭스콘 직원 수	매출(단위: 10억 달러)
1996	9,000	0.5
1997	14,000	0.7
1998	20,000	1.2
1999	29,000	1.8
2000	44,000	2.8
2001	47,000	4.4
2002	69,000	7.1
2003	104,000	10.7
2004	168,000	17.2
2005	280,000	28.0
2006	433,000	40.5
2007	603,000	51.8
2008	717,000	61.8
2009	748,000	65.3
2010	935,000	99.9
2011	1,001,000	115.0
2012	1,300,000	130.1
2013	1,097,000	131.7
2014	1,061,000	139.0
2015	1,000,000	141.2
2016	873,000	135.1
2017	988,000	154.7
2018	863,000	175.6

주: 직원 수 및 매출에 대해 공개적으로 접근할 수 있는 가장 오래된 회사 자료는 1996년 데이터이며, 출처는 여러 해에 걸쳐 폭스콘기술그룹이 발표한 자료다.[23]

노동자 자살이 빈발한 2010년, 폭스콘은 처음으로 1,000억 달러의 매출을 달성했다. 2012년 한 산업 관련 조사에 따르면, 폭스콘은 "가장 근접한 경쟁업체에 비해 4배 가까이" 수주를 맺은 가장 큰 제조업체가 되었다. 폭스콘의 확장은 너무나 거대해서 애플과 같은 대형 고객사들의 성장과 높은 관련성이 있다.[24] 총 연매출로 측정했을 때 2016년 일본 샤프사 인수와 로봇 기술 투자로 인한 소폭 하락(1,351억 달러)으로 1996년 이래 처음 매출이 떨어졌음에도 불구하고, 2018년 폭스콘은 1,756억 달러라는 유례없는 매출 성과를 올렸다. 장전웨이江振瑋(대만 타이중시 경제국 산업개발부장)와 옌호우둥顏厚棟(대만 펑지아대학 경제학과 교수)의 분석에 따르면, 폭스콘의 성공은 산업 혁신과 국제화된 생산 네트워크에 기인한다.[25] 아직 연구되지 못한 것은 중국과 전 세계에서의 폭스콘의 노동 활용 방식과 통제 전략이다.

폭스콘의 수익

폭스콘은 원자재 추출부터 가공, 최종 조립에 이르기까지 다양한 시설 및 24시간 연속 조립에 걸친 수직 통합과 유동적인 조정을 기반으로 하는 네트워크를 구축해왔다. 수익 면에서 살펴보면, 폭스콘은 2018년 회계연도에 파나소닉(26억 달러)[26]과 샤오미(20억 달러)[27]를 포함한 여러 강력한 고객사보다 높은 수익을 기록했다.

물론 폭스콘의 수익은 43억 달러(129억 대만달러)로 세계에서 가장 가치 높은 기업인 애플에 비해서는 적다.[28] 2018년 애플은 595억 달러의 엄청난 이익을 냈는데, 이는 폭스콘의 13배 이상이다([표2.2]와 [그림2.2] 참고).[29]

표2.2 2018년 세계 17대 기술기업의 매출 및 수익

	매출 (단위: 10억 달러)	수익 (단위: 10억 달러)
애플	265.6	59.5
삼성전자	221.6	39.9
알파벳(구글)	136.8	30.7
페이스북	55.8	22.1
인텔	70.8	21.1
마이크로소프트	110.4	16.6
마이크론 테크놀로지	30.4	14.1
SK하이닉스	36.8	14.1
TSMC	34.2	12.0
텐센트	47.3	11.9
도시바	33.3	9.1
화웨이	109.0	9.0
IBM	79.6	8.7
소니	78.2	8.3
HP	58.5	5.3
SAP	29.2	4.8
홍하이정밀공업(폭스콘)	175.6	4.3

출처: 2019년 포춘 글로벌[30]

폭스콘의 낮은 수익률을 검토하면서 중국의 많은 분석가가 폭스콘의 연구개발 진전에 대해 회의적인 입장을 밝혔다. 상하이 샨샨파이낸스 펀드매니저 우칸Wu Kan은 이에 대해 "시장은 폭스콘이 실제 얼마나 많은 첨단기술을 보유하고 있는지 의구심을 갖고 있다"고 말했다. 상하이 형성에셋 펀드매니저 다이밍Dai Ming도 "폭스콘은 이윤율이 낮은 데다 스마트 제조 개발 계획은 아직 초보적 논의 단계에 있다"고 지적했다.[31]

그림2.2 2018년 세계 17대 기술기업의 수익 및 매출

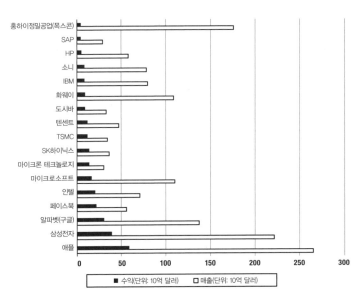

출처: 2019 포춘 글로벌[32]

폭스콘은 효율성과 수익을 높이기 위해 연구, 특허 취득, 자동화 및 디지털화로 꾸준히 가치 사슬의 상위 단계에 올라서고 있었다. 칭화-폭스콘 나노기술연구센터는 중국을 이끄는 명문대학 중 하나인 칭화대학에 자리해 있다. 이곳의 과학자들은 더 높은 강도와 더 가벼운 무게와 같은 특성을 이용하기 위해 나노 단위('나노'는 10억분의 1을 의미)의 물질을 연구한다. 일찍이 2010년 폭스콘은 나노기술, 열전달, 광학 코팅, 전자기계, 반도체 장비, 무선 네트워킹 등 분야에서 세계적으로 3만 9,870개의 특허를 따냈다. 2016년에는 7만9,600여 건으로 두 배나 늘었고,[33] 2018년에는 8만6,600개로 증가함으로써 기술기업 폭스콘의 성공을 입증했다.[34] 그해 산업용 로봇과 클라우드 서비스 장비를 제조하는 자회사 폭스콘 산업 인터넷 회사Foxconn Industrial Internet Company가 상하이 증권거래소에 상장됐다.[35]

노동자와 '폭스봇Foxbots'

몇 년 동안 궈타이밍은 그가 '폭스봇'이라 부르는 대규모 로봇 부대를 배치하는 꿈에 몰두했다. 사내 용어로 '조화로운 인간harmonious men'이라 덧붙여진 '폭스봇'은 스프레이나 용접, 압착, 광택, 품질 검증, 인쇄회로기판 조립 등이 가능한 자동기계다. 2012년 1월 타이베이의 폭스콘 본사에서 일주일간 열린 기획 워크숍에서 궈타이밍은 고위 경영진을 위해 인간 격투가가 강철 로봇으로 대체된 미래의 복싱경기를 다룬 할리우드 영화 '리얼 스틸Real Steel'을 상영했다. 그는 로봇의 미래를 엿볼 수 있는 이 짧은 체험에 흥분했다. "예전에 영화를 보러 가면, 늘 아내가 좋아하는 영화를 보고 나는 자 버렸거든. 그런데 이 영화는 정말 혁신적이고 로봇이나 자동화에 대해 아이디어가 엄청나서 참조할 게 많아."[36]

폭스콘의 혁신 비전은 중국 정부가 추진하는 첨단기술 개발 정책과 일치한다. 2014년 궈타이밍은 〈블룸버그Bloomberg〉와의 인터뷰에서 회사 전략을 상세히 설명한 바 있다.

> 기존의 노동집약적 현장을 지속하고 싶지 않아요. 단순하고 따분하니까요. … 우리는 첨단기술에 기대고 싶습니다. 효율성에 의존하고 싶어요. 기술과 효율성은 새로운 미래이자 비즈니스 전략입니다.[37]

화낙FANUC의 전직 디렉터이자 폭스콘의 자동화 기술 부서위원회 위원장 다이자펑戴家鵬은 2016년 7월에 발표한 글에서 "폭스콘은 수십만 개의 자동화 장비 말고도 완전하게 작동하는 산업용 로봇 4만 대를 설치했다"고 보고했다.[38] 하지만 지난 10년간 폭스콘 내부의 주된 변화는 노동자를 로봇으로 대체하는 것이 아니라, 정규직

직원을 학생 인턴과 하청 노동자로 대체하는 것이었다. 여전히 로봇 공학은 폭스콘의 생산 체제에서 상대적으로 작은 부분을 차지하며, 폭스콘 공장의 조립라인에서 로봇은 인간의 역할을 단지 보완하는 수준에 머물러 있다.

중국 내 폭스콘 생산공장

폭스콘은 중국에서 가장 거대한 민간 부문 고용주다. 2018년 폭스콘은 중국 투자 30주년을 맞았다. 홍콩과 접한 선전을 중심으로 운영되는 이 대만 기업은 중국 남부의 주강 삼각주, 양쯔강 삼각주(상하이와 장쑤성·저장성 동부에 걸쳐 집중되어 있음), 그리고 보하이만 권역(베이징北京, 톈진, 허베이河北성·산둥山東성·랴오닝遼寧성 주변 지역) 등의 지리적 클러스터로 이전했다. 이 지역들은 과거 남부 해안 지역에 제한되어 있던 기업 특혜 정책을 신규 투자를 장려하기 위해 확장하면서 형성됐다. 폭스콘은 더 균형 있는 성장을 위해 국가 기금을 활용했고, 전국에 걸쳐 산업적인 공급 기반을 개발하기 위해 중서부 지역과 북동부 지린吉林성에 새로운 시설들을 추가로 건설했다.

오늘날 폭스콘은 19개 성과 베이징, 톈진, 상하이, 충칭重慶 등 4대 주요 도시에 총 40곳 이상의 제조단지를 운영하고 있다([그림2.3] 참조).[39] 특히 몇몇 성에는 복합적 제조 시설을 갖추고 있다. 예를 들어, 폭스콘은 중국에서 가장 인구가 많고 번영한 지역인 광둥성의 선전과 광저우廣州, 둥관東莞, 후이저우惠州, 포산佛山, 중산中山, 주하이珠海 등에서 운영된다. 중국 남부에서 폭스콘은 광둥–홍콩–마카오 대만구에서 새로운 프로젝트들을 추진하고 있는데, 이곳은 빠른 속도로 발전하는 광둥성의 9개 도시와 홍콩, 마카오특별행정구역으로 이뤄져 있다.[40] 이곳의 기업가와 관료들은 세계적인 혁신 클러스터와 무역 권력을 만들고 싶어 한다. 2016년 폭스콘은 일본 전자업계의 선두 주자 샤프의 기술 노하우를 광둥성의 성도省都 광저우로 전수함으로써 초고화질 패널 제조시설을 설립하기로 했다. 광저우 시정부는 투자 확보를 위해 폭스콘에 "다른 개발업자들에게 부과된 금액의 극히 일부 또는 5% 남짓의 가격인 9억8,900만 위안에 126만㎡의 부지를 매각"했다.[41] 2018년 폭스콘은 마카오 접경에 자리한 주하이에 반도체 공장을 착공했다. 폭스콘 주하이공장은 인공지능과 5G(5세대 무선 기술) 고속 네트워크를 위한 집적 회로와 고성능 칩에 주력했다. 시정부는 "주하이에서 폭스콘의 발전을 위해 사업 환경을 최적화하고, 질 좋고 효과적인 서비스를 제공하는 노력을 아끼지 않겠다"고 밝혔다.[42] 2018년 10월 24일 55㎞에 달하는 홍콩–주하이–마카오 대교가 개통되고 과학자 및 기술 전문가와의 연결이 강화됨에 따라 대만구의 발전이 향후 몇 년간 폭스콘 시설의 지역적인 중요성을 더욱 높일 것이다.

그림2.3 1974~2020년 중화권 내 폭스콘 시설

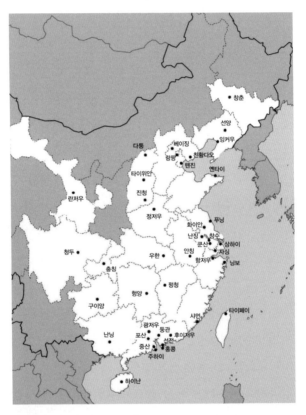

출처: 폭스콘기술그룹, 2020년[43]

폭스콘은 첨단 디지털 인프라와 상용 서비스들의 이점을 취하면서 중국 동부의 저장성과 장쑤성에서 컴퓨터, 통신·네트워크 장비, 자동차 전장품, 정밀금형 등의 제조기술을 업그레이드해왔다. 상하이를 주축으로 한 양쯔강 삼각주에서 엔지니어링 혁신과 기술 연구 및 개발, 브랜딩 등 더 큰 가치를 창출하기 위해 노력하고 있다. 중국의 동북부 성들에서 폭스콘은 바이오플라스틱과 첨단기술 제품, 인공지능 투자를 부활하는 프로그램을 진행·확장해왔다. 전통적으로 중공업과 군사 기반이던 지역 경제(랴오닝성, 지린성, 헤이룽장黑龍江성)는 공급망의 클러스터를 형성하면서 다양한 새로운 산업과 서비스로 재구성되고 있다.

이에 더해 주목할 점은 폭스콘의 내륙 확장이다. 2018년 기준 폭스콘의 대다수 신입사원이 "중국 남부와 중부, 남서부에 위치"하며, 해안 지역보다 법정 최저임금이 상당히 낮은 지역의 혁신 주도 성장을 위한 토지 및 인적자원을 활용하고 있다.[44] 허난성 정저우시의 폭스콘 아이폰 공장과 쓰촨성 청두시의 아이패드 공장은 모두 자살 비극이 일어난 2010년 후반에 운영을 시작했다. 애플 측은 두 지역에서 폭스콘 생산시설을 독점적으로 이용할 수 있다.

남서부 지역 구이저우貴州성의 구이양貴陽산업단지는 선전으로부터 1,100㎞ 이상 떨어져 있다. 궈타이밍의 특별보좌관 루이스 우Louis Woo는 "폭스콘이 구이양으로 가는 주된 이유 중 하나는 넓은 노동자 인력풀"이라고 말했다.[45] 아마 이곳에서도 폭스콘은 고부가가치 산업과 서비스, 그리고 일자리를 확보하고자 지방정부가 제공하는 풍성한 인센티브에 이끌렸을 수 있다. 이는 구이양이 "미지의 도시"에서 "중국의 빅데이터밸리中國數谷"로 빠르게 변화하고 있음을 시사한다.[46]

폭스콘은 화웨이를 비롯한 중국의 다른 기술기업들과 마찬가지로 구이양 주변 구이안신구貴安新區에 데이터베이스센터를 설립했다. 구이안신구는 "중국 정부의 서부 개발 계획에 따라 개발된 지역 중 하나로, 8번째 국가급 신구"다.[47] 정부 당국은 '서부 대개발' 계획을 대대적으로 추진함으로써 주요 기업들이 사업을 등록하는 데 걸림돌을 제거하면서 1980~90년대 산업과 수출 주도 개발에서 소외되어 있던 지역들로의 재이전을 추진했다. 2018년 5월, 애플 역시 자신의 중국 아이클라우드iCloud 사업을 관영 '구이저우-클라우드 빅데이터GCBD'와 손잡고 구이안으로 이전했다.[48] 텐센트Tencent나 알리바바 등 중국의 대기업들도 정부와의 협력을 통해 구이안신구에 데이터 인프라를 구축했다.

중국 북서부 지역에서도 폭스콘은 일대일로一带一路 전략[49]의 기회를 활용해 간쑤甘肅성의 최대 도시이자 성도인 란저우蘭州에서 생산량을 확대했다. 이 생산기지는 동

남아와 중동 시장 진출 관문인 이 지역에서 전자제품 출하를 위한 클라우드 컴퓨팅 및 빅데이터 서비스와 더불어 정보기술 산업에 특화됐다.[50]

요약하면, 폭스콘은 자신의 투자를 연해 지역에서 중국 전역으로 확대했다. 이러한 방식으로 폭스콘은 중앙정부와 지방정부가 제공하는 기반시설 지원과 무수한 인센티브에 힘입어 중국 접경 시장에 대한 접근성과 저임금의 이점을 모두 취할 수 있었다. 폭스콘의 슬로건은 "중국을 근거지로, 세계에 발자취를"이다.[51] 끊임없이 팽창하는 이 "전자 제국"은 특허 축적, 기술 진보와 더불어 주로 중국 및 세계 노동자들의 노동을 기반으로 우뚝 섰다.

3.
애플, 폭스콘을 만나다

이곳

애플의 완벽함을 부각시키는 거품들

하지만 우리의 내일은 아니야

스캐너가 반복적으로 표시하는 "OK"

하지만 우리 맘속에선 "FAIL"이 아님을 의미할 뿐

24시간 내내 깜빡이는 램프가 아이폰을 비추네

우리의 낮과 밤을 허비하며

수천 번 반복되는 흠잡을 데 없는 작업

고통스럽고 무감각한 어깨의 한계를 시험하고

모든 나사는 부지런히 돌아가네

하지만 그들이 우리 미래를 되돌릴 순 없어

— 폭스콘의 한 아이폰 조립 노동자[1]

애플은 노동자들이 밤낮으로 아이폰을 조립하는 생
산현장인 바로 **이곳**에서 폭스콘과 조우했다. 2000년부

터 폭스콘은 다른 여러 전자제품 가운데 애플의 아이맥을 만들기 시작했다. 2002년 정교한 전자제품 부품들과 생산 서비스에 대한 수요가 급증함에 따라 폭스콘은 중화권 최대 수출기업이 되었고, 이는 현재까지도 굳건하게 유지되고 있다.[2]

폭스콘 공장에서의 자살 사건이 잇따르자, 2011년 애플은 아이폰과 아이패드 주문량 일부를 다른 공급업체들로 옮겼다. 이는 공급업체를 다양화하고 매스컴의 부정적인 관심으로부터 폭스콘을 보호하려는 것이었다. 이후 수년 동안 애플은 폭스콘에 대한 의존도를 줄이기 위해 얼마간의 조치를 취했지만, 두 기업의 명운은 깊게 꼬여 있다. 콴타 컴퓨터Quanta Computer나 페가트론Pegatron 등 중국 기반의 다른 제조업체들과도 계약을 맺고 있지만, 애플은 그 어느 곳보다도 폭스콘에 의존하고 있다.

애플의 전설적인 리더, 스티브 잡스

애플 컴퓨터는 1976년 스티브 잡스와 스티브 워즈니악Steve Wozniak, 로널드 웨인Ronald Wayne이 설립하고, 이듬해인 1977년 캘리포니아에서 법인으로 등록했다. 두 스티브는 로스앨터스의 목장식 주택에 딸린 차고에서 애플 I 컴퓨터를 발명했고, 1977년에 애플 II 로 업그레이드했다.[3] 기업과 학교의 주문으로 애플은 1980년 미국에서 상장기업으로 등록했고, 아일랜드 코크시 홀리힐에 직원 60명 규모의 공장을 열었다.[4] 1981년에는 싱가포르 등지에서 애플Ⅱ 개인용 컴퓨터 주문을 늘리기 위해 동남아시아의 새로운 공장 시설들과 계약했다. "우리 사업은 디자인하고, 교육하고, 마케팅하는 것이었습니다. 저는 애플이 할 수 있는 최소한의 일을 해야 한다고 생각했죠. … 하청업체들이 안고 있는 문제들은 내버려뒀어요." 1977년부터 1981년까지 애플 컴퓨터의 CEO였던 마이클 스콧 Michael Scott은 이렇게 말했다.[5]

디자인과 능률적인 비즈니스 프로세스, 핵심 제품 개발 계획을 우선시한 애플은 1984년 급성장하는 PC 시장에서 IBM과 경쟁하기 위해 매킨토시를 출시했다. 맥은 그래픽 기능을 활용한 사용자 중심의 인터페이스와 마우스 입력 장치로 PC를 개선했다. 1984년 1월 애플은 캘리포니아주 프리몬트시 웜 스프링스 대로에 약 14만㎡의 공장을 열었다. "당시 이 시설은 로봇이나 적기 생산방식의 자재 납품, 선형 조립라인 같은 제조방식을 활용하는, 미국에서 가장 자동화된 공장 중 하나였어요."[6] 2년 후 맥의 조립라인은 비용 절감을 위해 미국 콜로라도주 파운틴시와 아일랜드 코크시로 이전했다.

맥의 진보에도 불구하고 애플은 IBM과 경쟁할 수 없었다. 1985년 잡스는 회사를 장악하기 위한 권력투쟁에서 밀려나 사임했다. 1980년대 후반 맥은 새로운 디자인과 소프트웨어 표준을 정립해 급성장하는 시장 일부를 개척했지만, IBM은 계속해서 시장을 지배했고 애플은 막대한 재정난을 마주했다. 1990년대 중반에 이르러 애플은 파산의 벼랑 끝에 서게 됐다. 〈와이어드 매거진Wired magazine〉이 1997년에 발행한 잡지 표지에는 "기도하라"라는 말이 적혀 있었다.[7] 그해 델의 창업주이자 CEO 마이클 델Michael Dell이 애플에 관한 생각을 묻는 기자들의 질문에 "나라면 회사 문을 닫고 주주들에게 돈을 돌려줄 겁니다"라고 대답했다.[8] 하지만 애덤 라신스키Adam Lashinsky는 "위험할 정도로 모두가 애플에 무관심했던 암흑기에도 이 조직은 개인용 컴퓨터를 개척했다는 자부심을 유지했다"고 회고한다.[9]

캘리포니아에서 애플이 디자인하고, 중국에서 폭스콘이 조립하는

"다르게 생각하라"는 스티브 잡스가 애플로 돌아온 1997년에 내세운 캠페인 슬로건이다. 그해 애플은 잡스가 애플을 떠나있을 때 설립한 NeXT를 인수했다. 애플은 특유의 허세를 드러낸 광고에서 잡스를 알베르트 아인슈타인Albert Einstein, 마틴 루서 킹Martin Luther King, 마하트마 간디Mahatma Gandhi, 존 레넌John Lennon, 마리아 칼라스Maria Callas, 밥 딜런Bob Dylan 등 20세기의 성공 아이콘들과 함께 등장시켰다. 이에 대해 잡스는 이렇게 설명했다. "누군가는 그들이 미쳤다고 생각할 수도 있지만, 나는 우리가 천재들이라고 생각합니다. 왜냐하면 스스로 세상을 바꿀 수 있다고 생각할 만큼 미친 사람들만이 세상을 바꿀 수 있기 때문이죠."[10]

애플의 모든 제품은 직관적이어야 한다. 즉 명료하고 세련되며, 사용하기 쉬워야 한다. 맬컴 글래드웰Malcolm Gladwell은 〈뉴요커New Yorker〉에 기고한 칼럼에서 애플의 CEO 스티브 잡스가 "완벽한 것을 원했지만, 그 완벽한 게 뭔지 알아내는 데 시간이 걸렸다"고 설명했다.[11] 잡스는 애플의 브랜드 이미지를 쇄신하면서 IBM 노트북 씽크패드—"검은 시가 박스"라고도 불린다—의 디자이너 리처드 쉐퍼Richard Sapper를 영입하려 했으나 실패했다.[12] 그리고 얼마 후 애플 디자인스튜디오의 최고 디자인 책임자로서 제품 디자인팀을 이끌게 될 조니 아이브Jony Ive와 일하기 시작했다. 그러면서 그는 회사의 미래에 대한 강한 자신감을 얻게 됐는데, 그 강점은 디자인과 작동의 간소화에 초점을 맞춘다는 것에 있다.

1998년 애플은 IBM이나 델과 경쟁하기 위해 업그레이드된 운영체제를 갖춘 아이맥 PC를 출시했다. 아이맥은 오리지널 매킨토시 컴퓨터의 토대 위에서 동시대적인 디자인과 첨단기술을 결합해 만들어졌다. 더 많은 i 라벨 제품이 뒤따랐다. 그런데 여기서 "i"의 의미는 무엇일까? 잡스는 한 슬라이드를 사용해 소문자 i를 설명했다. "인터넷internet과 개인individual, 알려주다instruct, 알리다

inform, 영감을 주다inspire의 i입니다."[13) 아울러 상상imagine, 충동impulse, 밝히다illuminate, 실증하다illustrate, 직관력 있는 intuitive, 유혹적인irresistible, 필수적인indispensable 등을 추가할 수도 있다고 덧붙였다.

애덤 라신스키는 "불만이 아닌 다른 종류의 느낌을 주는 델 노트북을 상상할 수 있나요?"라고 좀 과장해서 말했다.[14) 『포춘Fortune』은 "무엇이 애플에 돈을 벌어주는 가?"라는 짧은 물음에 "애플은 전자제품과 음반, 영화, 비디오 및 음악 제작 등 여러 산업을 뒤흔들 정도로 새롭고 기발한 상품을 꿈꾸며 숨 가쁘게 성장할 방법을 보여줬다"라고 설명했다.[15) 2000년 1월 애플의 시가총액이 20억 달러 미만에서 160억 달러 이상으로 늘어남으로써 잡스와 새 경영진들의 리더십 아래 부활을 증명했다.[16)

실리콘밸리에서 선전으로

애플의 공동창업자인 스티브 잡스는 맥을 "미국에서 만들어진 기계"라고 자랑한 바 있다.[17) 실제로 맥의 생산 시기는 생산과 조립이 해외로 이동하기 전, 무엇보다도 중국과 동아시아로 이동하기 전에 만들어졌다. 애플은 폭스콘과의 협업과 아웃소싱을 통해 21세기 전환기에 새로운 제품을 만들고 마케팅하는 강자의 지위에 올라설 수 있었다. 선전시 폭스콘의 대규모 생산시설에서는 "PC 케이스용 철강원료 조달부터 완제품 조립까지"
완전한 생산 공정을 구축해 애플과 델 등의 고객사들로
부터 계약을 따냈다.[18]

한 생산 관리자는 법인 역사에서 애플 내 두 주요 사
업단인 통합디지털제품 사업단과 혁신디지털시스템 사업
단IDSBG이 "폭스콘에서는 슈퍼스타가 됐다"고 말했다. 12
개 이상의 '사업단들'은 수익을 극대화하기 위해 폭스콘
내에서 속도와 품질, 효율, 엔지니어링 서비스, 부가가치
를 놓고 경쟁한다. 그는 다음과 같이 상세히 설명했다.

> 처음에는 애플의 계약을 다루는 작은 사업단 하나만
> 있었어요. 우리는 맥을 조립해 미국과 다른 지역의 애
> 플 매장에 출하했죠. 이후 우리는 맥과 디지털 플레
> 이어 아이팟, 아이폰의 주문량을 더더욱 늘렸어요.

2001년 클릭휠 사용자 인터페이스와 흰색 이어폰이
달린 디지털 음악플레이어 아이팟을 개발하면서 애플
은 새로운 방향으로 나섰다. 클릭, 클릭, 클릭! 그것은
우리의 손가락과 귀에 맞는 음악이었다! 가볍고 아름다
운 아이팟은 수십 년 전 소니 '워크맨'이 그랬듯 개인화
된 음악의 형식을 바꿨다.

2003년 폭스콘은 "세계에서 가장 빠른 PC"로 출시된
애플의 파워맥 G5 데스크톱에 알루미늄합금 케이스를

공급했다.[19] 파워맥에서 맥북프로에 이르기까지 폭스콘 경영진과 노동자들은 높은 수준의 정밀성 표준과 효율성을 유지하면서 제품의 복잡성을 빠르게 장악하고 생산 주기를 단축하는 능력을 보여줬다. 애널리스트 토마스 딘지Thomas Dinges는 "아웃소싱 제조를 위한 최근의 사업 환경에서 성공의 핵심 요소는 시장으로의 납품 속도를 단축하는 것에 있다"라고 강조한다. 폭스콘 경영진들은 "성취를 위해서는 비용만이 아니라 속도에 집중해야 한다"는 관점을 공유하며, 정밀한 운용 공식으로 도출해내고 있다.[20] 실제로 핵심은 효율성, 곧 품질 또한 보장되는 속도다. 그러나 생산 속도를 높이는 것은 비용 감소를 위해 노동자들이 희생될 가능성이 있음을 의미한다.

아이팟이 디지털 음악을 좋아하는 세대를, 맥이 데스크톱 컴퓨터 기술의 상태를 정의했다고 할 때, 애플의 소비자들은 그것들이 어디에서 어떻게, 어떤 조건에서 만들어졌는지 궁금해한 적 있을까? 전자제품 생산과 배송의 촉박한 일정, 글로벌 소비 수요의 급격한 상승과 하강으로 인해 전 세계 공급업체 노동자가 빠른 작업 속도와 초과근무 강요라는 가혹한 형태의 압박을 받고 있다.

"당신의 컴퓨터를 정리하라"

제조업 일자리들의 세계적인 전환으로 연구자와 언론인, 활동가들은 중국의 수출 주도 전자산업의 노동조건을 조명하기 시작했다. 2004년 잉글랜드와 웨일스, 카리타스 인터내셔널 일부를 기반으로 하는 가톨릭교회의 해외개발 및 구호기관인 '가톨릭해외개발기구CAFOD'는 "당신의 컴퓨터를 정리하라"는 제목의 보고서를 발표했다. CAFOD는 중국과 태국, 멕시코 전자제품 노동자들의 노동조건에 관심의 초점을 맞췄다. 연구자들은 "2003년에 컴퓨터 공장에서 출하된 1억3,846만8,000대의 PC는 몇몇 실리콘밸리 유토피아에서 만들어지지 않았다"는 것을 발견했다.[21] 실제로 대다수가 농촌 출신인 중국과 태국, 멕시코의 공장 노동자들이 생산을 맡았고, 이들은 사회적 보호를 거의 받지 못하며 저임금의 기나긴 늪에 빠졌다.

2004년 7월 폭스콘 노동자들은 선전당대사회관찰연구소深圳當代社會觀察研究所에 생산 스케줄을 맞추기 위해 "3주에 단 하루의 휴가"밖에 없었다고 토로했다. 주야간 근무 교대도 3주마다 이뤄졌다. 22살의 한 여성 노동자는 극심한 노동 압박이 어떤 결과를 낳았는지 말해줬다. "저는 케이블에 꽁꽁 싸이는 악몽을 꿨어요. 자유로워지려고 노력할수록 일상은 저를 더욱더 단단하게 조였죠."[22] 특히 회사의 압력이 심한 시기에 많은 이의 삶이 "케이블에 감긴 채" 생산라인의 톱니바퀴로 전락한다. 의식과 무의식의 경계 사이에서 이 노동자는 필사적으로 자신을 찾으려 노력했다. 이 노동자만 그런 것이 아니었다.

폭스콘의 '아이팟 시티'

구매사들의 구매 일정과 관행은 공급업체 노동자들의 가혹한 초과근무나 엄격한 규율과 밀접하게 연결된다. 2006년 6월 영국 언론 〈메일 온 선데이Mail on Sunday〉는 애플의 음악플레이어를 생산하는 폭스콘 룽화 공장을 "아이팟 착취 공장"이라고 폭로했다. 이 '아이팟 시티'에서 노동자들은 생산 성수기 동안 일주일에 6~7일을 출근해 하루 12~15시간씩 일했다.[23)]

중국의 노동법은 주간 40시간 노동을 규정하고, 노동자가 동의할 경우 하루 3시간 또는 월 36시간까지 연장근무를 할 수 있다. 애플은 관련 법률에 규정된 표준 노동시간을 준수하도록 공급업체에 요구하지만, 실제로는 노동조건을 제대로 감찰하지 않는다.

원래 애플은 "폭스콘 문제"와 거리를 두려 했으나, 〈BBC 뉴스〉의 "아이팟 '노예' 주장을 조사하다"라는 도발적인 특집 기사로 인해 공급업체의 노동조건을 살펴볼 수밖에 없었다.[24)] 노동시간과 관련해 애플은 "비상사태나 이례적인 상황을 제외하고는 연장근무를 포함한 주간 노동시간을 60시간 내로 제한해야 하며, 노동자가 최소 1주일에 하루는 쉴 수 있어야 한다"고 규정한다. 또 "어떤 경우에도 노동시간은 관련 법률에서 정한 최대 시간을 초과할 수 없"으며, 공급업체들은 "관련 법률에 따라 휴가 및 휴일을 제공"해야 한다.[25] 그렇다면 애플은 폭스콘이 초과근무 금지 조항 등의 중국 노동법이나 애플 자신의 공급업체 행동 강령Apple Supplier Code of Conduct을 모두 위반하고 있다는 사실에 어떻게 대응했을까?

2006년 8월 17일 애플은 "1,200시간당 처리할 수 있는 작업량"에 관해 조사한 뒤 「아이팟 제조에 대한 보고서Report on iPod Manufacturing」를 발표했다.

> 강제적인 초과근무 사례는 발견되지 않았지만, … 우리는 직원들이 행동 강령에서 허용하는 시간보다 장시간 일한다는 것을 발견했다. 행동 강령은 일반적인 근무시간을 60시간으로 제한하고, 매주 최소 하루 이상의 휴무를 요청한다. 여러 생산라인의 교대근무에서 7개월 동안의 기록[2006년 1~7월]을 검토한 결과, 주당 한도 시간의 35%를 초과했다. 직원들은 6일 연속으로 정해진 시간의 25% 이상을 근무했다.[26]

폭스콘 노동자들은 기자들에게 초과근무가 "강제적"으로 이뤄진다고 반복해서 말했다.[27] 폭스콘 경영진들은 구매사가 지배적 위치를 차지하는 공급 사슬에서 애플의 신제품 준비기와 연휴 혼잡기 내에 생산목표를 달성하지 못하면 계약이 파기될 수 있음을 매우 잘 알고 있었다. 그 결과 폭스콘은 강압적 관리와 초과근무를 계속 강제했고, 종종 불법적인 수준에 다다르기도 했다.

선전시 정부 역시 이러한 폭력적인 작업장 환경을 외면했다. 폭스콘은 2006년 7월 〈제일재경일보第一財經日報〉의 편집장 윙바오翁寶와 왕여우王佑 기자를 타깃으로 삼았는데, 이들은 룽화 아이팟 조립공장의 노동권 침해에 대한 후속 보도를 주도하고 있었다. 사건이 알려지기 이전에도 폭스콘의 명예를 훼손했다는 혐의로 두 기자에게 3,000만 위안(미화 370만 달러)의 벌금이 예상되는 상황에서 선전시 인민법원이 두 기자의 개인계좌와 자산 동결에 나선 바 있다. 언론사가 아닌 언론인 개인을 겨냥한 기업의 명예훼손 소송은 중국에서는 처음 있는 일이었다. 하지만 파리에 본부를 둔 '국경없는기자회Reporters Sans Frontières' 주도로 대중의 거센 항의가 잇따르자, 폭스콘은 명예훼손 소송을 취하하고 상징적인 금액인 1위안(미화 12센트)의 합의금을 수용했다.[28]

뉴욕 '언론인보호위원회Committee to Protect Journalists'의 조엘 사이먼Joel Simon 사무국장은 이렇게 말했다. "폭스콘이 소송을 철회한다고 하니 기쁩니다. … 하지만 공판 전에 법원이 내린 개인 자산 동결과 같은 혹독한 처벌은 언론 자유를 희생해 기득권의 이익에 기여하겠다는 정부의 의지를 반영합니다."[29] 이 소송은 궁지에 몰려 있던 탐사 기자들에게 불길한 신호를 보냈다.

법정 소송에도 불구하고, 혹은 어느 정도는 그 소송 때문에 폭스콘 "아이팟 노예"에 대한 폭로는 논란을 불러일으켰다. IBM과 델, HP를 비롯한 여러 거대 기술기업이 초국적 생산 네트워크에서 윤리적 관행을 보장하기 위해 개별 공급업체들에 행동 강령을 제시한 바 있다. 이 기업들은 자신들의 공통된 이익을 지키기 위해 집단적으로 '전자산업시민연대EICC'(현재는 '책임감있는산업연합RBA')를 강화하고자 했다.[30] 2006년 12월 애플은 불과 1년 전에 발표한 공급업체 행동 강령을 전면 개편했다. 업데이트된 행동 강령의 서두는 이렇게 시작한다. "애플은 공급 사슬 내의 노동환경이 안전하고, 노동자가 존중과 존엄성을 갖고 대우받으며, 생산 과정에 환경적 책임이 있음을 보장하기 위해 최선을 다하고 있다."[31] 애플은 어떻게 약속을 이행하겠다는 걸까?

2007년 아이폰의 탄생

2007년 1월 애플 컴퓨터는 애플주식회사Apple Inc.로 사명을 변경했다. '컴퓨터'라는 단어를 삭제한 것은 회사의 단순화에 대한 기호와 더불어 비컴퓨터 제품군의 급성장과 그에 대한 기대를 반영한 것이었다. 샌프란시스코에서 열린 맥월드 엑스포 연설에서 스티브 잡스는 "맥과 아이팟, 애플TV, 아이폰 중 오직 하나만 컴퓨터입니다. 그래서 우리는 이름을 바꾸기로 했습니다"[32]라고 말했다. 그리고는 아이폰을 와이드스크린 아이팟과 모바일폰, 인터넷 통신 기기를 하나로 합친 제품으로 소개했다. 그는 "아이폰은 다른 모바일폰과 비교해 말 그대로 5년은 앞선 혁명적이고 마술적인 제품"이라고 역설했다. 또한 자신의 자긍심을 숨기지 않았다. "우리는 모두 손가락이라는 궁극의 도구를 갖고 태어났고, 아이폰은 마우스가 만들어진 이래 가장 혁명적인 사용자 인터페이스를 만들기 위해 그것을 사용하고 있습니다."[33]

아이폰 출시와 함께 애플은 2007년까지만 해도 모바일폰의 세계 선두 주자들이던 노키아와 모토로라를 앞질렀다. 우리는 손가락을 움직여 스크린의 핸드폰 버튼을 잠금 해제한다. 우리는 아이폰의 화면상 버튼들을 수없이 두드린다. 우리는 유리 위에 두 손가락을 올리고 벌려 사진을 확대한다. 많은 이에게 스마트폰은 팔과 다리, 정신의 기능을 확장해 일상생활의 많은 요소를 재규정하는 "다섯 번째 팔다리"가 됐다.

애플의 수석 디자이너 조니 아이브는 2007년 1월 출시된 아이폰을 이렇게 회상한다.

엄청 불안했어요. 움직이고 소리도 나는 물리적 버튼을 사용하던 사람들이 어떻게 가만히 있는 유리 화면을 터치할 것인지 많이 신경 썼습니다. [하지만] 당연하다고 생각하는 어떤 가정들에 끊임없이 의문을 제기하는 건 매우 중요합니다.[34]

모바일폰 사용자 인터페이스에 관한 오랜 가정들은 하룻밤 사이에 산산조각이 났다. 애플은 타의 추종을 불허하는 디자인으로 계속해서 많은 사람을 흥분시킬 것이다. 이러한 주장은 여전히 널리 받아들여지고 있다.

컴퓨터 작동 방식에 대한 아이디어들이 있었습니다. 우리가 그것을 바꿨죠. 음악이 어떻게 연주되어야 하는지에 대한 아이디어들이 있었습니다. 우리가 그것을 바꿨어요. 모바일폰이 어떠해야 한다는 식의 아이디어들이 있었습니다. 우리가 그것을 바꿨습니다.[35]

제임스 스튜어트James Stewart는 〈뉴욕 타임스New York Times〉에 이렇게 썼다. "마이크로소프트는 모든 사람의 책상 위에 컴퓨터가 놓일 것이라고 예견했다. IBM 대형 컴퓨터가 모든 방에 채워지게 될 것이라는 급진적인 아이디어였다. 그런데 애플은 한 단계 더 나아갔다. 애플의 비전은 주머니마다 컴퓨터가 채워질 거라는 것이었다."[36] 컴퓨터는 아이폰이라는 핸드폰 하나로 설계되고 기능할 수 있게 되었다.

아이폰 노동자

2008년 6월 애플은 아이폰3G(3세대) 모델을 출시했는데, 그것은 빠른 속도로 인터넷에 접속할 수 있는 모바일폰이었다. 그러면서 "아이폰 출시 후 불과 1년 만에 두 배 정도 빠른 신제품인 아이폰3G를 절반 가격에 출시한다"고 밝혔다.[37] 이때부터 페이스북 창립자이자 CEO인 마크 저커버그가 아래와 같은 방식으로 애플과 수익성 좋은 동반관계를 맺었다.

> 페이스북은 아이폰3G에서 더욱더 멋지게 구현됩니다. 인근에 있는 친구를 탐색하거나 간편하게 사진을 찍어 바로 페이스북 계정에 업로드할 수 있습니다. … 아이폰은 이동 중에 페이스북을 즐길 수 있는 가장 인기 많은 방법의 하나입니다.[38]

아이폰이 어떻게 중국에 있는 폭스콘 노동자들에 의해 만들어졌는지 세상에 알려진 점은 별로 없다. 폭스콘의 한 인사담당자는 우리와의 인터뷰에서 애플의 구매 정책이 회사에 미치는 영향에 대해 이렇게 평가했다.

2008년 글로벌 금융위기 시기에 폭스콘은 대량 주문을 유지하기 위해 커넥터나 인쇄회로기판, 조립 부품 가격을 인하했어요. 물론 제품 마진도 줄었죠. 하지만 최저선은 지켜졌습니다. 즉 폭스콘은 아이폰 수주에 대한 손실을 발표하지 않은 겁니다. 우리는 맞춤형 엔지니어링 서비스와 품질 보증에 프리미엄을 부과함으로써 마진이 줄어드는 와중에도 흑자를 유지할 수 있었습니다. 아이폰의 업그레이드는 부분적으로 우리 회사 수석 엔지니어들의 연구와 건설적인 제안에 의존했습니다.

또 그는 애플의 가격 억제에 관한 결정적인 요점을 밝혔다. 폭스콘은 아이폰 수주를 유지하기 위해 애플에 부과하는 가격을 인하할 수밖에 없었다. 이러한 부분에서 애플은 품질과 납품 속도를 보장하는 폭스콘의 능력을 인정했다.

2009년에 아이폰 총판매량은 2,073만1,000대였고, 2010년에는 93% 증가한 3,998만9,000대를 팔았다.[39] 애플과 다른 기업들로부터 갑작스레 밀려온 긴급 주문으로 폭스콘 노동자들은 자살 충동을 느낄 정도로 밤낮없이 고되게 일했다.

[그림3.1]은 2010년 회계연도 1분기부터 2018년 회계연도 4분기까지의 아이폰 판매량을 보여준다([표3.1]도

함께 참조). 애플이 세계 스마트폰 시장에서 받는 압박이 가중되던 시기에도 아이폰은 시간이 흐르며 세계적인 인기를 얻어왔다는 점이 분명하게 나타난다. 연말 연휴와 새해에 아이폰 출하량이 급증했다는 점에도 주목해야 한다. 애플의 최대 공급업체인 폭스콘은 주기적으로 노동시간을 연장하고, 애플 제품의 호황과 불황의 추세에 맞춰 노동력 투입을 조정해야 했다. 뒤에서 구체적으로 살펴보겠지만, 폭스콘은 직원들의 장기 계약은 회피하고 유연한 고용을 늘릴 동기가 충분했다.

그림3.1 2009~2018년 아이폰 판매량

단위: 100만

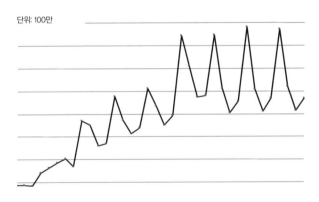

| 1 Q3 Q1 Q3 Q1 Q3 Q1 Q3 Q1 Q3 Q1 Q3 Q1 Q3 Q1 Q3 Q1 Q3 Q1 Q3 |
| IO '10 '11 '11 '12 '12 '13 '13 '14 '14 '15 '15 '16 '16 '17 '17 '18 '18 |

주: 애플은 2019년 회계연도부터 단종된 아이폰 판매를 중단했다(9월 28일 중단).
출처: 다년간에 걸친 애플의 분기별 실적 보고서[40]

표3.1 2009~2018년 아이폰 판매량

애플	아이폰 판매량(단위: 100만)				합계
회계연도	Q1(9~12월)	Q2(12~3월)	Q3(3~6월)	Q4(6~9월)	
2010	8.74	8.75	8.40	14.10	39.99
2011	16.24	18.65	20.34	17.07	72.30
2012	37.04	35.06	26.03	26.91	125.04
2013	47.79	37.43	31.24	33.80	150.26
2014	51.03	43.72	35.20	39.27	169.22
2015	74.47	61.17	47.53	48.05	231.22
2016	74.78	51.19	40.40	45.51	211.8
2017	78.29	50.76	41.03	46.68	216.76
2018	77.32	52.22	41.30	46.89	217.73

주: 애플은 2019년 회계연도부터 단종된 아이폰 판매를 중단했다(9월 28일 중단).
출처: 다년간에 걸친 애플의 분기별 실적 보고서

누구의 가치인가? 아이폰의 가치 책정

2010년 애플은 아이폰의 판매가격에서 58.5%를 수익으로 가져가는 세계 제조업에서 유례없는 성과를 거두며 위용을 과시했다([그림3.2] 참조). 특히 주목할 점은 '중국제' 아이폰에서 중국 내 인건비가 차지하는 비중이 가장 작다는 사실인데, 이를 환산하면 아이폰4 소매가 549달러 중 10달러로 고작 1.8%에 불과했다. 터치스크린 디스플레이나 메모리칩, 마이크로프로세서와 같은

가장 정교한 전자제품 부품들을 생산하는 미국과 일본, 한국 기업의 수익이 아이폰 가격에서 차지하는 비중은 14% 이상이었다. 원자재 가격 비중은 전체 가격의 5분의 1을 조금 넘었다(21.9%). 즉 폭스콘이 아이폰의 독점적인 최종 조립업체로서 틈새시장을 개척하는 동안 수익의 가장 큰 몫을 애플에 빼앗긴 것이다. 이와 같은 노동의 국제 분업에서 전자제품 가공과 조립 부문의 폭스콘 노동자들은 극히 적은 몫을 가져갈 뿐이었다.

그림3.2 2010년 아이폰의 가치 분배

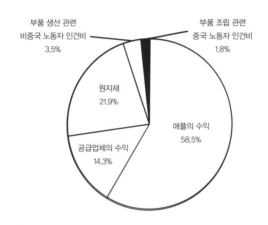

주: 2010년 기준 아이폰4의 소매가 549달러를 백분율로 계산했다. '유통 및 소매' 금액은 AT&T나 버라이즌 등의 통신사가 직접 지불하기에 표시되지 않는다.
출처: 크레이머·린든·데드릭, 2011년으로부터 인용[41]

일반적으로 세계적인 기술 브랜드들은 "계약업체의 수를 줄이고, 그 업체들과 장기적인 관계를 유지하는 것"을 선호하지만, 제이슨 데드릭Jason Dedrick과 케네스 크레이머Kenneth Kraemer는 이 브랜드들이 "비용이나 품질, 고유 역량에 따라 공급업체들 사이에서 특정 제품의 계약을 바꿔치기도 한다"는 점을 발견했다.[42] 이후 애플은 이익을 극대화하기 위해 공급업체를 서로 경쟁시키는 일반적 관행을 따라 아이폰 생산 물량 일부를 인건비가 더욱 낮은 또 다른 대만 공급업체 페가트론으로 옮겼다.[43]

아이폰7이 출시된 2016년까지 애플은 한국의 삼성이나 화웨이와 샤오미를 필두로 한 여러 중국 기업들과의 치열한 경쟁에도 불구하고, 아이폰 수익을 통한 시장 지배력을 유지했다. 애플은 32GB 모델의 소매가 649달러 중 283달러(약 44%)를 가져갔다. 이에 반해 중국 노동자들은 649달러의 1.3%에 불과한 8.46달러만을 번 것으로 추정됐다.[44] 2016년 7월 애플은 아이폰 10억 대 판매를 달성했다. 애플은 성명을 통해 다음과 같이 자찬했다.

아이폰은 역사상 가장 중요하며, 세상을 변화시킬 성공적인 제품 중 하나가 되었습니다. 그것은 변함없는 동반자 이상입니다. 아이폰은 진정 우리의 일상

에 필수적이고, 종일 우리가 하는 많은 일을 가능하게 합니다.[45]

비록 많은 사람이 이 새로운 "일상생활의 필수 요소"를 찬양해야 할 것인지 혹은 한탄해야 할 것인지 궁금해하지만, 이런 자찬이 터무니없는 허세는 아니었다. 2017년 1월 9일 애플은 아이폰 출시 10주년을 기념해 "아이폰10: 혁명은 계속된다iPhone at Ten: The Revolution Continues"라는 이벤트를 열었다.[46] 애플의 슈퍼프리미엄 아이폰X는 최저 999달러에서 출발하는 가격으로 2017년 11월 출시됐다. 아이폰은 첫 출시 이후 10년간 전 세계에서 10억 대 이상이 팔렸다. 파리 전자통신 콘퍼런스에 참석한 한 임원은 회사의 급부상을 언급하며 이렇게 말했다. "애플이 성공한 진짜 이유는 아이폰 때문이죠. 그것은 모든 일을 단순하게 만들어 소비자의 의사결정 과정을 최소화합니다."[47]

애플의 제품과 서비스

2019년 회계연도에 맥과 아이패드로 벌어들인 수입이 급감하면서 아이폰이 애플 매출에서 차지하는 비중이 절반을 넘었다(제품과 서비스 판매로 인한 애플의 매출 내역은 [표3.2], [그림3.3] 참조). 합산하면, 애플의 매출액(2,600억 달러)은 주로 서비스(디지털 콘텐츠 및 고객 서비스) 중

가와 '웨어러블·홈·액세서리' 카테고리의 매출 증가가
주도했다.

표3.2 2010~2019년 애플 제품 및 서비스의 연간 매출

	2010~2011 (9월 24일 종료)	2018~2019 (9월 28일 종료)
	단위: 100만 달러	
아이폰	45,998	142,381
맥	21,783	25,740
아이패드	19,168	21,280
웨어러블·홈·액세서리	11,927	24,482
서비스	9,373	46,291
합계	108,249	260,174

그림3.3 2010~2019년 애플 제품 및 서비스의 연간 매출

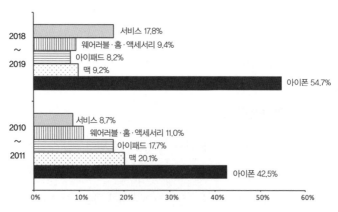

주: 애플의 태블릿 컴퓨터인 아이패드는 2010년에 출시됐다. 웨어러블·
홈·액세서리에서는 2015년 4월 애플TV, 2015년 4월 애플워치, 2016년 12
월 블루투스 무선이어폰 에어팟, 2018년 2월 무선 스피커 홈팟, 2019년 5

월 아이팟 7세대 모델인 아이팟터치, 그리고 다른 애플 브랜드 제품들과 서드파티 액세서리들이 출시됐다. '서비스' 부문에는 아이튠즈 스토어(소비자가 온라인으로 음악, 영화 및 TV쇼를 구매할 수 있는 서비스), 애플스토어, 애플 플레이(모바일 결제 서비스), 애플 뮤직, 애플케어, 아이클라우드, 그밖에 다른 서비스의 매출이 포함된다.
출처: 2013년과 2019년 애플의 연간 재정보고서[48]

아이폰이 애플의 수익 중 가장 큰 부분을 차지했지만, 애플은 한편으로 다른 수익원들로 빠르게 뻗어나가고 있었다. 2008년 애플은 500개의 애플리케이션(앱)을 갖춘 온라인 마켓플레이스 앱스토어를 선보였다.[49] 향후 10년 동안 아이폰, 맥, 아이패드, 아이팟터치, 애플워치, 애플TV 등으로 이어지는 성공적인 업그레이드로 인해 애플리케이션 수가 비약적으로 늘었다. 게임과 영화, 노래 등 앱 다운로드 판매량도 하나같이 빠르게 증가했다. 2017년 1월 1일 온라인 앱스토어는 전 세계적으로 약 2억4,000만 달러를 판매해 역사상 가장 인상적인 하루로 기록됐다.[50] 2019년 1월 1일에는 총 3억2,200만 달러를 돌파할 것으로 예상됐다.[51] 앱스토어에서 최고 매출을 기록한 시장에는 미국과 중국, 일본, 영국이 포함됐다.

애플의 중국 시장

중국에서 애플은 전자제품 일부와 부품의 조달, 조립, 데이터 스토리지, 가공 등에 대한 투자를 늘려왔다. 2017년부터는 이사벨 게 마헤Isabel Ge Mahe 애플 중화권 부사장을 중심으로 "중국에서의 혁신과 지속가능성을 위한 고객·정부·사업 인맥을 더욱 공고히 하"고 있다.[52] 다차원적인 중국 시장에서의 성장은 애플과 다른 많은 기업에 매우 큰 영향을 미칠 것이다.

2019년 회계연도(9월 28일 종료)에 의하면, 애플은 미주에서 가장 빠른 성장률을 보이며 45%의 매출을 기록했다. 유럽 시장에서는 안정을 유지(23% 초과)했고, 중화권에서는 16.8%의 매출을 올렸다([표3.3]과 [그림3.4] 참조). 중국 경제 둔화는 애플뿐 아니라 세계 경제에도 문제가 될 수 있다.

표3.3 2013~2019년 애플의 지역별 연간 매출

애플 회계연도	2014년	2015년	2016년	2017년	2018년	2019년
	단위: 100만 달러					
미주	80,095	93,864	86,613	96,600	112,093	116,914
유럽	44,285	50,337	49,952	54,938	62,420	60,288
중화권	31,853	58,715	48,492	44,764	51,942	43,678
일본	15,314	15,706	16,928	17,733	21,733	21,506
아시아· 태평양 지역	11,248	15,093	13,654	15,199	17,407	17,788
전체	182,795	233,715	215,639	229,234	265,595	260,174

주: 여기서 미주(America)는 북아메리카와 남아메리카를 모두 포함한다. 유럽은 유럽 국가뿐 아니라 인도, 중동, 아프리카까지 포함한다. 중화권에는 중국, 홍콩, 대만이 포함되며, 나머지 아시아·태평양 지역에는 호주와 애플의 다른 보고 분야에 포함되지 않은 아시아 국가들이 포함된다.
출처: 2016년과 2019년의 애플 연간 재정보고서[53)]

그림3.4 2013~2019년 애플의 지역별 연간 매출

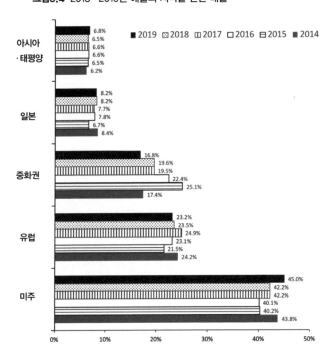

주: 여기서 미주(America)는 북아메리카와 남아메리카를 모두 포함한다. 유럽은 유럽 국가뿐 아니라 인도, 중동, 아프리카까지 포함한다. 중화권에는 중국, 홍콩, 대만이 포함되며, 나머지 아시아·태평양 지역에는 호주와 애플의 다른 보고 분야에 포함되지 않은 아시아 국가들이 포함된다.
출처: 2016년과 2019년의 애플 연간 재정보고서

애플은 다른 메이저 경쟁사들과는 달리 전 세계로 확장하기 위해 노력했다. 중국의 순수한 국가 경제 규모는 부인할 수 없을 만큼 거대하지만, 2018년 국내총생산 GDP 성장률이 6.6%로, 이는 1990년 이래 가장 낮다.[54] 중국이 애플을 포함한 다른 다국적 기업들에 경제를 개방하고 산업 고도화를 가속하여 시장 개혁을 지속하고 있지만, 성장률 저하의 압박은 여전히 심하다. 그럼에도 불구하고 중화권 시장(중국, 홍콩, 대만)이 커다란 비중을 차지하는 해외 매출은 최근 몇 년간 애플 전체 매출의 55~60%를 차지했다.

애플, 팀 쿡, 그리고 중국 노동자

2012년 3월 애플의 새로운 CEO가 된 팀 쿡은 베이징을 방문해 리커창李克强 총리를 만났다. 당시 리 총리는 애플에 "중국과의 협력을 강화하고 중국 서부지역 개발에 적극적으로 참여하여 노동자 보호에 더 많은 관심을 쏟고 중국과 개발 기회를 공유해야 한다"고 강조했다.[55] 애플과 같은 세계적 기업들은 글로벌 아웃소싱과 하청 계약을 통해 적극적으로 고용을 줄임으로써 여러 영역에서 막대한 이윤을 기록하고 있다. 과연 팀 쿡 등의 회사 경영진이 중국 노동자들에게 더 많은 관심을 보였는가에 관해선 굉장한 논란의 여지가 있다.

앨라배마주 오번대학교에서 엔지니어링과 경영학을

전공한 팀 쿡은 1988년 듀크대학교에서 MBA를 취득했다. 이후 10년 동안 IBM, 인텔리전트 일렉트로닉스, 컴팩 컴퓨터 등에서 일했고, 1998년 애플에 입사하라는 스티브 잡스의 제안을 수락하여 이후 지금까지 애플에 머물고 있다.[56] 팀 쿡은 애플의 사업부 수석 부사장과 글로벌 판매 및 운영부 부사장을 역임하는 등 승진 가도를 달렸다. 그리고 2005년 마침내 최고운영책임자COO가 됐다.[57] 이후 6년간 그는 스티브 잡스의 건강이 악화할 때마다 최고경영자 권한대행을 맡았다.

2011년 10월 5일, 스티브 잡스가 췌장암과의 오랜 싸움 끝에 56세의 나이로 세상을 떠났다. 애플의 새로운 CEO로 선임된 팀 쿡은 창업자의 비전에 대한 충성심을 맹세했다. "스티브는 오직 그 자신만이 만들 수 있었던 회사를 남기고 떠났습니다. 그의 정신은 애플의 토대로서 영원히 계속될 것입니다."[58] 그리고 그달 말 애플은 아이폰의 다음 세대 버전으로서 "스티브를 기리는" 아이폰4S를 출시했다.

2013년 이후 애플은 플렉스FLEX(과거 '플렉스트로닉스')와 텍사스주 오스틴에서 맥프로 데스크톱 컴퓨터 제조 계약을 맺고, 일부 부품 수입에 대한 관세 면제 혜택을 취하며 "미국식 혁신의 힘"이라는 지렛대를 활용했다.[59] 중국의 거대한 생산기지에 비해 그것은 형식적인 생색내기에 지나지 않지만, 미국 제조업 차원에서 팀 쿡은 찬사를 받았다.

2015년 『타임Time』이 팀 쿡에게 세계에서 가장 영향력 있는 100명 중 한 명이라는 왕관을 씌웠을 때, 팀 쿡의 프로필을 써달라는 의뢰를 받은 민주당 하원의원 존 루이스John Lewis는 팀 쿡의 능력이 애플에 "상상도 못 할 수익성과 더 큰 사회적 책임"을 가져다줬다며 찬사를 보냈다.[60] 2018년 8월 초 애플은 1976년 차고에 차려진 영세 컴퓨터 생산업체에서 시가총액 1조 달러를 초과하며 세계에서 가장 가치 높은 상장기업으로 스스로 변모했다.[61] 참으로 "상상도 못 할 수익성"이 맞다. 하지만 이 회사의 과장 광고는 차치하더라도, 애플이 말하는 "더 큰 사회적 책임"에 대해 신뢰할만한 증거가 있는가? 지난 몇 년 사이 애플 제품의 생산자이자 소비자가 되어버린 폭스콘 노동자들은 애플과 폭스콘을 어떻게 바라볼까?

4.
폭스콘의 관리

성장, 너의 이름은 고통이다.

가혹한 환경은 좋은 것이다.

목표를 달성하지 않으면, 태양은 다시 떠오르지 않는다.

매분, 매초 효율성을 소중히 여겨라.

실행력은 바로 속도, 정밀도, 정확성의 통합이다.

— 『궈타이밍 어록郭台銘語錄』, 궈타이밍[1]

『궈타이밍 어록』은 폭스콘의 궈타이밍이 회사의 작업 기풍을 모아 펴낸 책이다. 이 책은 궈타이밍의 초상화와 함께 폭스콘 공장 벽을 장식하고 있으며, 노동자와 직원을 추동하기 위해 행동 규정을 강조한다. 궈타이밍은 "연구실 밖에는 첨단기술이 없고, 규율의 이행만이 있다"고 선창한다. 『마오쩌둥 어록毛澤東語錄』의 주요 주제가 반란에 대한 요구였다면, 표면적으로 "붉은 보물책紅寶書"이라 불리는 『마오쩌둥 어록』이 모델인 『궈타이밍 어

록』은 그 구호를 "복종하라, 복종하라, 절대적으로 복종하라!"고 바꿔버렸다.[2]

마오쩌둥의 반란, 소란, 심지어 혁명에 대한 요구는 평생 지속되어 "노간부", "악습", "반혁명분자", "우파" 등의 숙청과 타도로 이어졌다. 1966년에서 1976년에 이르는 문화대혁명 이후 개혁파들은 마오주의의 연속혁명과 계급투쟁 개념을 거부했다. 하지만 이러한 거부가 마오쩌둥 이후 중국 사회와 작업장에서의 불평등 증가라는 문제를 은폐할 수는 없었다.

폭스콘에서 신입사원들은 회사 규칙에 복종하도록 훈련받으며, 기업 이익 우선과 개인주의적 성공 모델을 강조하는 조직문화를 주입받는다. 귀타이밍의 말을 따라 이를 가장 잘 견뎌내는 사람들은 성과급과 승진으로 보상받거나 혹은 보상받게 된다고 선전한다. 하지만 열심히 노동하는 것이 노동자들에게 보상이 될까? 폭스콘이 자살 파동으로 노동자와 직원에 대한 입장을 완화했는가? 구매자가 우월적 지위에 있는 글로벌 생산 사슬에서 공급업체들에게 더 공정하고 인간적인 경영을 조성할 여지가 얼마나 있는가?

직원 자살의 여파

2010년 5월 폭스콘의 홍보담당 이사 류쿤劉坤은 이 회사가 중국에만 100만 명이 넘는 직원을 두고 있으며,

자살 원인은 늘 다양하다고 지적했다. 〈가디언Guardian〉
은 회사 관계자들의 "규모를 고려할 때, 폭스콘의 자살
률은 중국의 상대적으로 높은 자살률과 큰 차이가 없
다"라는 무신경한 발언을 인용해 보도했다.[3]

그러나 자살은 어떤 인구집단에서든 고르게 분포하
는 것이 아니다. 연구에 따르면, 노인 자살이 중국 자살
의 40% 이상이다.[4] 폭스콘의 연쇄 자살은 폭스콘이라
는 단일 기업이 위치한 선전 혹은 선전 인근 공장들의
젊은 노동자에게서 대부분 발생했다는 점에 유의해야
한다. 베이징의 의료 전문가들에 따르면, 중국 청년 자
살의 88%가 농촌에서 발생하는데, 도시에 사는 이 젊
은 노동자들의 자살이 왜 급증한 걸까?[5] 자살 사건의
집중은 기업, 산업을 비롯해 그보다 더 폭넓은 사회적
맥락에서 새롭고도 중요한 설명을 요구한다.

폭스콘의 대응은 자살을 결심한 이들이 뛰어내리는
것을 막기 위해 창살과 자살 방지 그물을 설치한 것처
럼 방어적 맥락이었다. 궈타이밍은 젊은 노동자들을 자
살로 몰아넣은 원인을 조사하는 대신, 2010년 5월 중
순 악령을 물리친다며 선전 공장에 승려들을 데려왔다.
폭스콘은 이와 동시에 모든 취업 응시자에게 36개 질문
으로 구성된 심리테스트를 이수하도록 요구했다. 이 회
사는 자살에 대한 책임이 전적으로 노동자에게 있다고
간주했다. "개인의 문제들"을 처리할 능력이 부족한 직

원들이 문제의 원인이라는 것이다.

게다가 폭스콘의 인사담당 부서는 전 직원이 회사의 면책 조항이 포함된 '자살 금지 서약서'에 서명하게 하는 매우 비열한 해결책을 고안했다.

> 자살과 자해를 포함하여 폭스콘이 책임질 수 없는 부상이나 사망이 발생할 경우, 본인은 회사의 규정 및 법적 절차에 따라 사건을 처리하는 데 동의한다. 본인 및 가족은 회사의 명예가 훼손되지 않고 안정적으로 운영될 수 있도록 법에 명시된 것 이상의 추가 보상을 요구하지 않는다.[6]

이 자살 금지 '서약서'에 따르면, 폭스콘은 모든 법적 책임을 회피하려 할 뿐 아니라 미래에 발생할 수 있는 모든 자살의 책임을 노동자 개인에게 지우려 했다. 이후 노동자들의 격렬한 비판이 있자, 폭스콘은 이 서약서를 철회했다.

2010년 6월 1일 랜초 팰로스 버디스에서 열린 'D8 콘퍼런스'(《월스트리트 저널WSJ》이 2003년부터 매년 주최한 "D: All Things Digital"의 8번째 콘퍼런스)에서 스티브 잡스는 폭스콘의 비극적인 자살 사건에 대해 애플이 "전면적으로 관리하고 있다"고 주장했다. 그는 이어서 폭스콘을 변호하며 다음과 같이 이야기했다.

폭스콘은 노동착취 공장이 아닙니다. 폭스콘에 가보면 알 겁니다. 공장인데도, 맙소사, 그곳에는 식당, 극장, 병원, 수영장까지 있어요. 공장으로는 꽤 괜찮은 곳이죠.[7]

맙소사… 하지만 잡스의 숨 가쁜 언급에서 애플 제품을 생산하기 위해 박봉에도 불구하고 장시간 초과노동을 의무적으로 해야 하는 노동자들은 어디에 있는가? 그리고 폭스콘뿐만 아니라 애플의 기업으로서의 책임에 대한 인식은 어디에 있는가?

폭스콘의 "관심과 사랑" 프로그램

폭스콘의 인사 부서는 더 강한 유대감과 소속감을 조성하기 위해 선전시를 시작으로 중국 전역 40여 개 공장에 '관심과 사랑 상담전화'를 개설했다. 24시간 상담 직통전화 외에도 2010년 여름에 새로 설치한 직원돌봄센터에서 사회복지사, 상담사, 노동조합 상근자가 어려움을 겪는 노동자를 돕기 위해 '바로 상담 서비스'를 제공했다. 회사는 새로운 노동정책을 발표하면서 "폭스콘은 직원을 존중하고, 개선을 지속해나가며, 사회복지에 기여하고, 지속가능성을 달성하겠다"는 공약을 거듭 강조했다.[8]

자살 방지 그물이 설치된
폭스콘의 노동자 숙소.

자살 방지를 위해 창살을 설치하고 창문을 잠가놓은 폭스콘의 노동자 숙소. 이 안전장치들은 노동자들이 창문 밖으로 몸을 내던지는 것을 막기 위해 설치됐다. 이는 어떤 일이 있어도 창문이 굳게 잠겨 있음을 의미한다. 만약 화재가 발생해도 노동자들은 꼼짝없이 안에 갇히게 된다.

생산라인에 걸린 선홍색 현수막에는 "손에 손잡고 마음과 마음을 이어 폭스콘은 나와 함께 성장합니다"라고 쓰여 있다. 이는 노동자와 회사가 하나의 운명임을 암시한다. 폭스콘 경영진은 부드러운 태도로 유명한 적이 없었으니, 그들의 유머는 기대할 것도 없다. 그럼에도 불구하고 그들은 생산현장의 노동자들을 위로하기 위해 분위기 있는 음악을 틀었고, 스트레스를 해소하라며 피트니스룸에 관리자들의 사진을 붙인 샌드백을 달아놓았다.

2010년 6월 애플이 소집한 자살 예방 전문가팀은 "심리 상담사 대거 고용, 24시간 돌봄센터 설립, 충동 자살 방지를 위한 대형 그물 설치" 등 일련의 신속한 조치를 폭스콘에 권고했다.[9] 당시 애플의 최고운영책임자 팀 쿡을 비롯해 애플 경영진과 동행한 전문가 2명도 "현장 상황을 잘 파악하고 더는 자살이 발생하지 않도록 폭스콘이 취한 긴급 조치를 평가하기 위해 궈타이밍과 고위 임원진을 만났다."[10]

또 애플은 "1,000명 이상의 노동자를 대상으로 삶의 질, 스트레스 원인, 심리적 건강 및 기타 업무 연관 요인들에 관한 독립적인 조사"를 의뢰했다. 조사원들은 "노동자들과 직접 면담하고 관리자들과 따로 만났으며, 직접 노동 및 생활 조건을 평가"했다. 그러나 애플과 폭스콘은 조사의 양적, 질적 결과를 대중에게 공개하지는

'직원돌봄센터'와 '관심과 사랑 상담전화 78585'를 홍보하는 폭스콘의 포스터. 상담 직통 전화번호는 중국어로 읽으면, "도와주세요, 도와주세요!"의 발음과 유사하다. 포스터의 상담사는 "언제 어디서든 당신 마음의 소리를 듣고, 당신의 어려움을 해결해드립니다"라고 약속한다.

않았다. 대신 애플은 폭스콘에 "노동자 정신 건강 지원"과 "핫라인 직원과 돌봄센터 상담사 교육 개선 및 모니터링 효율성 개선"을 권고했다. 최종적으로 애플은 폭스콘의 자살 대응을 긍정적으로 평가하면서 "폭스콘의 대응이 확실히 생명을 살렸다"고 결론 내렸다.[11]

폭스콘의 자살 사태와 그 대응의 시사점에 대한 애플의 평가에서 세 가지 점이 두드러진다. 첫째, 애플은 폭스콘에만 전적으로 집중하면서 모든 책임에서 거리를 두었다. 둘째, 폭스콘과 마찬가지로 애플은 이 문제를 심리학과 정신 건강의 영역으로 제한했으며, 폭스콘뿐만 아니라 애플이 가한 압력과 관련 있을지도 모르는 임금 및 과도한 초과근무 등의 쟁점에서 회사의 정책을 무시했다. 셋째, 자살로 이어질 수 있는 회사의 관행은 언급하지 않은 채 인명을 구하기 위한 그물망 사용 등 폭스콘의 대응 조치를 긍정적으로 평가했다.

2010년 8월 18일, 그 해에만 17번째 자살 사건이 발생한 직후 폭스콘은 선전시 룽화경기장에서 '사기 고양 집회'를 조직했다. 2만 명의 노동자가 회사 행진에 참여했는데, 많은 이가 궈타이밍을 연호하며 "나도 사랑해, 너도 사랑해, 궈타이밍도 사랑해"라고 쓰인 화려한 포스터를 들고 있었다. 자살로 얼룩진 무정한 일터가 기업에 대한 애정으로 채워질 수 있을까?

폭스콘의 군사화된 관리 시스템

매일 아침 7시가 되면 수십만 명의 폭스콘 노동자가 공장의 주요 출입문들을 드나들며 사람들의 물결이 1시간 넘게 이어진다. 야간 근무자들이 다리를 건너 공장 주변에 생겨난 쇼핑몰과 노천시장으로 쏟아진다. 주간 근무자들은 같은 다리를 건너 반대 방향으로 출근한다.

노동자들은 공장 문으로 들어가는 순간, 인근의 소규모 전자제품 처리 공장보다 훨씬 심한 보안 시스템의 감시를 받는다. 어깨가 떡 벌어진 무서운 얼굴의 보안요원이 "폭스콘은 한 나라가 군대를 가진 것처럼 자체 보안대가 있다"라고 말했다. 노동자들은 작업장에 도착하기 전에 연속해서 전자게이트와 특별 보안구역을 통과해야 한다. 폭스콘의 철저한 보안 조치는 자사의 저작권 보호, 제품 손실 방지, 대량 생산목표 달성을 위한 비밀 엄수에 대한 애플의 우려로 인해 더욱 강화된다. 기술 발전으로 폭스콘은 룽화캠퍼스의 주요 출입구에 신원 확인 부분이 개선된 안면 인식 시스템을 설치했다.

조립라인의 한 여성 노동자가 "우리는 핸드폰, 디지털 녹음기 등 어떤 금속 물체도 작업장에 반입할 수 없어요"라고 설명했다. 이 보안 조치는 폭스콘과 고객사들의 지적 재산권과 비즈니스 데이터를 보호하기 위한 것이다. 그녀는 계속해서 불만을 토로했다. "제 옷에 달린 금속 단추도 제거해야 해요. 안 그러면 들어갈 수 없거

폭스콘 노동자들은 회사의 금속 탐지 출입구를 통과하기 위해 비금속 벨트를 매야 한다.

든요. 보안요원들이 제 금속 단추를 떼어버릴 거예요."

조립라인에서 노동자와 학생 인턴은 부라인장, 라인장, 팀장, 감독관 등 여러 층위의 관리를 받는다. [그림 4.1]에서 보듯이, 폭스콘의 관리등급 체계는 13단계로 나뉘어 있다. 갈수록 짧아지는 제품 주기와 전 세계 가전 수요의 계절적 변동에 대처하기 위해 궈타이밍의 지휘 아래 정교한 생산 시스템이 구축되어왔다. 고위 관리자는 기업 발전 전략을 수립하고 연간 매출 및 수익 목표를 설정하며, 중간 관리자는 실행 계획을 수립하고 속도 및 정확성 보장을 책임진다.

그림4.1 2010년 폭스콘의 관리등급 체계

주: CEO 궈타이밍
출처: 폭스콘 기업 정보

2007년 〈월스트리트 저널〉과의 인터뷰에서 제이슨 딘Jason Dean 기자는 폭스콘의 궈타이밍을 "군사령관"에 비유하며, "그는 자신이 영웅으로 여기는 13세기 몽골의 정복자 칭기즈 칸Genghis Khan 사원의 염주를 차고 있었다"고 말했다.[12] 감독관과 관리자를 포함한 "폭스콘 제국"의 강력한 "장군들"은 무료 여행, 거액의 보너스, 호화 상품, 회사 주식, 주택 수당 등으로 보상받는다. 중국의 설날 행사 기간에 우수 직원은 개인의 성공이라는 현대적 맥락으로 국가의 "모범 노동자"를 변형한 "폭스콘 올해의 스타"로 선정된다.[13] 이렇게 뽑힌 소수 인원은 대만의 폭스콘 본사를 방문하고, 아리산 국립공원, 르웨탄日月潭, 타이베이 101빌딩 등 유명 관광지를 여행할 수 있다. 반면, 순종적이지 않고 반항적이라 여겨지는 노동자들은 처벌을 받거나 공개적으로 망신을 당하는 경우가 많다.

"100만 마리의 동물 관리"

2012년 1월 15일 궈타이밍은 "인간도 동물인 만큼 100만 마리의 동물을 관리한다는 것은 내게 골칫거리다"라며 노무관리의 고충을 설명한 바 있다.[14] 이 발언은 들불처럼 퍼져나갔다. 그는 각기 다른 동물을 개별적인 기질에 따라 어떻게 통제해야 하는지 기업 고위 간부들에게 강의하러 온 타이베이 동물원 관장을 만나 이

같이 발언했다. 25세의 한 폭스콘 노동자는 자신의 블로그에 "폭스콘에서의 쓰라린 삶"이라는 제목의 글을 올렸다.

이틀 전 궈타이밍은 직원들을 동물이라고 했다. 나는 이 말이 그의 진심에서 나왔다고 본다. … 그는 오로지 자신의 이윤, 고객사, 아이폰만 생각한다. 당연히 그는 우리 삶의 괴로움, 100만 명이 넘는 사람들의 삶을 느낄 수 없다.[15]

결국 폭스콘 홍보 부서는 해명 자료를 발표했다. "궈타이밍의 발언은 모든 인간이 동물 왕국의 일원이기에, 동물원 관장 진 선생의 경험을 통해 사업에 적용할 교훈을 배울 수 있다는 뜻이었다. 이 발언은 특정 집단이 아닌 모든 인간을 대상으로 한 것이다."[16] 이 해명은 궈타이밍의 원래 발언을 순화한 것이었다.

규율과 처벌

노동자들이 교대근무 준비를 할 때 관리자들은 "좋습니까?"라고 묻는다. 그러면 노동자들은 일제히 "좋습니다! 정말 좋습니다! 아주 아주 좋습니다!"라고 큰소리로 대답해야 한다. 이 훈련은 규율 잡힌 노동자를 양성하기 위한 것이라고 한다. 레이저 납땜을 하는 한 노동자가 다음과 같이 말했다. "교대시간 전에 호루라기가 3번 울려요. 첫 번째 호루라기가 울리면, 일어나서 의자를 정돈해야 합니다. 두 번째엔 작업 준비를 하고 특수 장갑이나 장비를 착용하고요. 세 번째 호루라기가 울리면, 앉아서 작업을 시작하죠."

근무시간 중에는 "대화 금지, 웃음 금지, 취식 금지, 수면 금지"가 제1의 공장 규칙이다. 규율을 위반하면 처벌받는다. 한 라인장은 "10분 이상 화장실에 가면 구두 경고를 받고, 근무시간에 잡담하면 서면 경고를 받는다"고 설명했다.

폭스콘은 노동자들이 더 열심히 일하도록 벌점 정책을 유지한다. 한 여성 노동자는 "이 정책 때문에 사소한 위반을 해도 벌점을 받아요. 저는 손톱이 길다고 벌점을 받은 적도 있어요. 이외에도 정말 많은 게 있어요. 벌칙이 한 번이라도 있으면 월 상여금을 못 받죠"라고 토로했다.

징계 방법으로는 성과급 취소, 승진 거부, 해고 등이 있다. 폭스콘 직원 수첩에 명시되지 않은 처벌도 있는데, 예를 들어 폭언이나 『궈타이밍 어록』 강제 암기 등이다. "성장, 너의 이름은 고통이다." 한 여성 노동자는 이 어록 구절과 관련한 징계 집행을 이야기했다. "제 친구는 스마트폰에 나사 조이는 일을 담당했어요. 한번은 실수로 나사를 놓쳐서 품질관리(QC)에서 걸린 적이 있어요. 이 일을 알게 된 라인장이 친구에게 고함을 쳤고, 『궈타이밍 어록』의 구절을 300번이나 외우게 했어요!"

"가혹한 환경은 좋은 것이다"는 궈타이밍이 자주 인용하는 구절이다. 인터뷰에서 여러 여성 노동자가 그동안 견뎌야 했던 의례적인 집단 처벌에 관해 설명했다. 이들의 경험을 가장 분명히 표현한 노동자의 말은 다음과 같다.

어떤 때는 업무가 끝난 뒤 100명 모두가 남아야 해요. 누군가 징계받을 때마다요. 한 어린 여공에게 차렷 자세를 한 채 큰소리로 자아비판을 하게 했어요. 그땐 모두가 들을 수 있을 정도로 목소리가 커야 해요. 라인장이 작업장 맨 끝에 있는 노동자에게 그녀가 저지른 실수가 똑똑히 들리는지 확인했죠. 이에 당황한 여공이 울기 시작하면서 목소리가 아주 작아졌어요. 그러자 라인장이 소리쳤어요. "만약 누군가 1분을 놓치면 [작업 속도를 따라가는 데 실패하면], 나머지 100명이 얼마나 더 많은 시간을 낭비해야 하는지 알아?"

폭스콘 노동자들은 바쁜 시기가 되어 연장근무가 잦아지면, 작업일 내내 반복적인 업무를 해야 한다. 또 강행군 속도를 유지하면서도 세세한 부분까지 꼼꼼하게 신경 써야 한다. 한 노동자는 직원 평가에서 '불만족 성과'로 'D등급'을 받게 되면 '해고' 당한다고 말했다.

산업공학

산업공학은 폭스콘의 거대한 생산 운영의 핵심이다. 엔지니어들은 20세기 초를 휩쓴 미국식 "과학적 관리" 시스템인 현대 테일러주의의 현란한 전시 속에서 전체 제조 공정을 세밀하게 연구하여 과정을 단순화하고 표준을 정한다. 또 이를 실행에 옮겨 비용을 최소화하고 효율성을 극대화한다.[17] 프레더릭 윈즐로 테일러Frederick Winslow Taylor(1856~1915)는 철강회사의 엔지니어로, 노동 과정을 미세한 요소로 분해하고 노동자들을 압박해 노동 강도를 극대화하는 방식으로 기업 경영과 생산성 제고 절차의 원칙을 공식화했다. 이는 미국을 비롯해 많은 지역의 노동 조직을 변화시켰다.

테일러주의는 일본에서 채택되어 시행됐으며, 1970년대 이후로는 도요타와 연관되어왔다.[18] 폭스콘의 "8S" 정책은 조직 성과를 개선하기 위한 일본의 "5S" 경영 방식을 모델로 했다. 폭스콘의 8S는 5S인 Seiri(整理: 정리), Seiton(整頓: 정돈), Seiso(淸掃: 청소), Seiketsu(淸潔: 청결), Shitsuke(しつけ: 습관화)에 Safety(安全: 안전), Saving(節省: 절약), Security(保險: 보안)를 추가한 것이다. 실례로 노동자의 앉거나 서 있는 자세도 작업 자체

못지않게 엄격하게 감시된다. "우리는 바닥의 흑황색 지정선을 넘어선 안 됩니다." 한 노동자가 조립라인에서 일할 때 의자가 놓여야 할 위치를 설명하며 한 말이다. 또 매초 단위로 수익이 계산된다. 한 노동자는 "내가 기계를 조작하는 동안 기계도 나를 조작하는 것 같아요"라고 말했다.

> 라인에서 마더보드를 가져와 로고를 스캔하고, 정전기 방지 백에 넣어 라벨을 붙인 뒤 다시 라인에 놓아요. 이 작업은 2초가 걸리죠. 저는 10초마다 5번 이 일을 해요.

조립에서 표준운영절차SOP를 완료하는 데 소요 시간은 보통 25~30초다. 이는 노동자들이 단시간에 매우 강도 높게 일해야 함을 뜻한다. 전자부품들이 빠르게 움직이고, 노동자의 젊음도 기계의 리듬에 따라 닳아 없어진다.

초박형의 신형 아이폰은 너무 쉽게 긁혀서 조립하는 동안에는 보호 케이스에 넣어둬야 한다. 이 경우 노동자들의 섬세한 작업은 더욱 어려워지지만, 이 작업을 완료하는 데 추가시간이 주어지진 않는다. 한 노동자는 "우리는 기계보다 더 빨리 일해요"라며, "폭스콘 경영진은 엔지니어를 소중히 여기지만, 엔지니어들은 우리의

적이죠. 우린 그들을 증오해요"라고 덧붙였다.

> 엔지니어들이 스톱워치를 들고 돌아다니면, 우리는 일부러 작업 속도를 늦춰요. 저는 7초 안에 나사 8개를 조일 수 있어요. 하지만 작업 속도가 빠를수록 생산 할당량이 많아지니까 저와 동료들이 속도를 늦추는 거예요. 그러면 엔지니어들이 다시 와서 테스트할 수밖에 없어요.

하지만 시간이 흐르면서 경영진은 노동자와의 싸움에서 계속 승리했다. 엔지니어들은 작업 매뉴얼을 개정했다. "이제 우리는 효율성과 생산성을 높이기 위해 양손을 모두 써야 해요. 한시도 손을 가만히 둘 수 없을 정도예요." 나사 조임 작업을 하는 노동자가 설명했다. "예를 들어, 오른손으로 전동 드라이버를 잡고 왼손으로 나사를 고정해요. 그런 다음 다른 인쇄회로기판을 집어들죠. 저는 쉴 새 없이 나사를 조여요."

아이폰 한 대에는 100개가 넘는 부품이 있다. 모든 노동자는 한 가지 작업에 특화되어 있으며, 수개월 동안 매일 10시간 이상 빠른 속도로 반복 동작을 수행한다. 일명 "선진 생산 시스템"은 인간의 생기나 성취감을 파괴한다. 한 노동자는 자신을 기계 톱니바퀴로 묘사했다.

저는 정전기 조립라인의 일부인 육안 검사대의 톱니바퀴예요. 바로 옆의 납땜 오븐에서 스마트폰 마더보드를 넘겨주면, 두 손을 뻗어서 받아와요. 그리고는 머리를 좌우로 계속 돌리며 마더보드의 좌우상하를 끊임없이 살피죠. 일단 뭔가 발견하면 크게 소리쳐요. 그러면 저와 같은 또 다른 인간 부품이 와서 어떤 오류가 있는지 물어보고 고쳐요. 저는 같은 일을 하루에 수천 번 반복해요. 머리에 녹이 스는 것 같아요.

조립라인에서의 노동은 점차 노동자의 인간성을 말살시킨다. 폭스콘대학의 사다리를 타고 오르면, 여기서 탈출할 수 있을까?

폭스콘대학

스스로 동기 부여를 하는 직원들은 폭스콘대학의 시간제 수업을 통해 급여 인상과 승진에 기반이 되는 새로운 기술을 습득하고 보상 점수를 획득하려 한다. 2001년 룽화 공장에 설립된 이 기업 대학은 등록한 직원들을 대상으로 우수 사업 관행을 홍보하고 기술훈련 제공을 목표로 한다. 또 자격을 갖춘 직원들에게는 학위를 수여하고 장학금도 준다. 경영 수업의 주요 주제는 지구화, 디지털화, 실험, 혁신, 자동화, 다양화 등이

폭스콘대학 포스터: 우리는 '지식과 교육의 개척자'이며, '서비스와 혁신의 선구자'다.

다. 회사 측은 "언젠가 우리 직원 **모두**가 폭스콘대학에서 공부할 것"을 계획하고 있다.[19] 폭스콘은 이를 실천으로 옮겨 젊은 농민공을 재교육하고 계속 고용하기 위해 "2016년부터 농촌 출신 노동자를 적극적으로 지원하고 훈련하는 프로젝트에 10억 위안을 투자하고 있다."[20]

폭스콘대학은 스탠퍼드대학, 휴스턴대학, 칭화대학, 베이징대학 등과의 "광범위한 파트너십"을 자랑한다. 그리고 "싱크탱크들과 협력해 과학 연구 및 인적 교육을 시행하고, 기술과 지식 공유를 촉진한다"고 밝혔다.[21] 이러한 경험을 바탕으로 폭스콘은 청두와 정저우 생산기지에 새로운 대학을 세워 산업 고도화를 지향하는 도시 간 교육 네트워크를 만들었다. 몇몇 라인장은 인터뷰에서 폭스콘대학 스마트폰 앱을 통한 "온라인 교육 및 훈련 e−러닝 플랫폼"의 활성화가 학습을 더욱 유연하게 만들 것이라 믿었다. 그러나 노동자들이 시간적·금전적인 제약과 의무적인 초과근무로 지칠 대로 지쳐서 대다수 조립라인 노동자를 위한 고등교육과 훈련은 그저 먼 꿈으로 남아 있다.

라인장의 악몽

폭스콘에서 비인간화와 스트레스를 경험하는 것은 노동자들만이 아니다. 최하위 관리직인 라인장 역시 스트레스를 받고 있다. 이들은 종종 노동자들에게 불만을 분출한다. 결과는 악순환이다. 23세의 라인장 왕평후이 王峰輝는 "상급 관리직들이 왜 생산 할당량을 못 채웠냐고 물으면 그 이유를 설명해야만 해요. 그러면 어떻게 문제를 해결할 건지 묻죠. 하지만 할당량이 너무 높게 정해져 있어서 목표 달성이 불가능하다고 말하진 못해요"라고 이야기했다. 매일 근무가 끝나면, 강도 높은 생산 할당량이 그의 악몽이 된다.

왕평후이와 노천식당에서 맥주를 마시며 대화를 나눴다. 노동자들이 2~3명씩 무리 지어 야식을 사러 나왔다. 주변의 소란과는 달리 우리 테이블은 착 가라앉았다. 그가 라인장으로 승진한 것에 대한 복잡하고 모순적인 심경을 이야기했다.

윗사람들에게 욕을 먹으면 우리도 노동자들에게 잘 해주지 못해요. 노동자들 감정을 너무 많이 고려하면 일을 끝낼 수 없을 거예요. 일이 바쁘다 보니 자꾸 화를 내게 되죠.

왕평후이는 "회사가 할당량을 정하면 노동자들에 의존해 완료해야 하는데, 일부 노동자가 관리와 감독을 거부해요. 이게 큰 문제가 되죠"라고 말했다. 이처럼 라인장들은 경영진과 노동자 사이에서 샌드위치 신세다.

그는 최근 난처한 일을 겪었다. "학생 인턴 몇 그룹이 작업장에 파견됐는데, 그룹마다 인원이 100명이 넘었어요. 이전에는 작업장에 400명밖에 없었거든요. 그렇게 미숙한 학생 인턴이 한꺼번에 들어오면 불량이 급증하기 때문에 엄청난 압박이 됩니다." 마감일이 다가오면 상황은 더 우려스럽다. "우리 라인은 통과율이 99.65%로 정해져 있어요. 그전에는 불량품이 하루 3~4개 나왔지만, 학생 인턴이 투입된 후론 1시간 만에 불량품이 20개나 나올 때도 있었어요. 매일 그 기준을 넘으면 안 되는 폐기 할당량이 정해져 있거든요. 이렇게 높은 불량률을 상부에 제출할 순 없어요"라며 한숨을 쉬었다.

라인장들은 하루도 마음 편할 날이 없어요. 노동자들이 도착하기 전에 조립라인을 배치하고, 도구들을 가져다 놓고, 모든 보고 양식을 정리해둬야 하거든요. 만약 오늘 오후 3시에 주문서대로 나가야 하면, 부장이 직접 라인에 와서 속도를 내라고 재촉할 거예요.

왕평후이는 다른 많은 라인장처럼 경영진의 요구와 노동자가 겪는 압박 사이에 끼어 불안하다. 일상적인 관리에서 말다툼은 가장 낮은 층위에서 터져 나온다. 평후이는 "때때로 부장들이 직접 작업장에 찾아와요. 실적이 안 좋다고 생각하면, 노동자들과 직접 소통하지 않고 라인장이 노동자를 혼내도록 하죠. 그리고는 라인장에게 책임을 묻고요. 안 좋은 일이 생기면 저도 화가 나서 아랫사람을 괴롭히게 돼요. 윗사람은 아랫사람에게 화를 쏟아낼 수 있지만, 노동자들은 누구에게 화풀이할 수 있을까요? 몇몇 노동자가 건물에서 뛰어내린 건 이런 이유 때문 아닐까요?"라고 말했다.

폭스콘의 "관심과 사랑" 캠페인은 매우 부드럽지만, 생산량과 이윤이라는 엄격한 목표는 반드시 달성해야 한다. 고통 없이는 얻는 것도 없다. 궈타이밍은 "고통은 성장의 일란성 쌍둥이"라고 쉴 새 없이 강조했다. 마지막 인터뷰에서 왕평후이는 "퇴근 후 게슴츠레한 눈에 생기가 없고 머리와 얼굴이 먼지투성이라면, 그 사람이 바로 폭스콘 노동자예요!"라고 탄식했다.

저임금과 장시간 노동

2010년 상반기에 자살 사건이 잇따르자 폭스콘은 모든 노동자에게 상당한 임금 인상을 해주겠다고 발표하고, 10월부터 월 2,000위안의 "대폭 임금 인상"을 대대적으로 선전했다. 이대로만 시행된다면, 당시 선전의 최저임금 기준인 월 1,100위안과 비교했을 때 폭스콘의 기본급이 81.8%나 높은 것이었다! 회사의 보도자료는 다음과 같다.

[2010년] 10월 1일부로 우리는 중국 내 모든 사업장에서 전면적인 최저임금 인상을 시행했습니다. 이번 조치는 [2010년 7월~9월] 3개월에 걸친 노동자 평가에 따른 것으로, 현재 인력의 85%가 이번 임금 인상 자격을 얻었으며, 나머지 15%는 평가를 통과하지 못했기에 이후 재평가를 진행할 것입니다.[22]

2010년 4분기에 당시 폭스콘 직원의 85%인 93만 7,000명이 월 2,000위안의 기본급을 받았다면, 이후 수년간 회사 재무제표에 인건비의 급격한 증가가 뚜렷이 나타났을 것이다. 그러나 폭스콘의 "2010년 사회 및 환경 책임 보고서"를 살펴보면, 임금 지출이 크게 늘었다는 증거를 찾을 수가 없다. 2010년 자살 비극과 부정적인 언론 보도에도 불구하고 폭스콘은 2009년 대비 매출이 53%나 증가해 거의 3조 대만달러에 달했음을 강조했다.[23] 게다가 2011년 가을 회사의 채용 광고에 명시된 폭스콘의 월 기본급은 선전에서 1,550위안으로 새로 조정된 지역의 최저임금보다 겨우 230위안 높았다.[24] 분명히 이 금액은 1년 전에 약속한 월 2,000위안에 훨씬 못 미친다.

폭스콘 임금 문제에 관한 진실은 무엇인가? 2012년 3월 FLA는 중국 남서부 쓰촨성 청두 1만6,648명, 선전 룽화 8,256명, 관란 1만262명 등 총 3만5,166명을 대상으로 폭스콘 노동자의 임금 보고서를 발표했다.[25] FLA 는 워싱턴에 본부를 두고 있으며, 노동자의 권리를 보호하기 위해 노력하는 기업과 시민사회 조직의 협회다. 애플이 의뢰한 이 조사에 따르면, 폭스콘 노동자의 초과근무수당을 포함한 월 평균임금은 룽화 2,687위안, 관란 2,872위안, 청두 2,257위안이었다.[26] 이 결과를 중국 정부가 집계한 임금 통계와 비교하면, 폭스콘 노동자의 소득은 농민공의 평균수입인 월 2,290위안(초과근무수당 포함)과 비슷한 수준이다.[27] 중요한 것은 FLA 보고서의 다음과 같은 결론이다.

> 임금 만족도와 관련해 64.3%의 노동자가 기본적 필요를 충족시키기에 급여가 충분치 않다고 생각했다. 법정 최저임금이 낮은 청두에서는 임금에 대한 불만이 더 두드러졌다. 청두 노동자의 72%는 자신의 월급이 기본적 필요를 충족시키지 못한다고 대답했다.[28]

2010년 이후 대폭 임금 인상을 자랑하는 회사의 대대적인 홍보에도 불구하고, 선전 및 청두의 폭스콘 노동자들은 기본적 필요를 충족하는 데 어려움을 겪는 것으로 나타났다.

〈폭스콘 위클리〉(2010년 11월 6일 자)는 헤드라인에서 "임금 인상으로 눈가에 기쁨이 넘쳐난다. 2010년 10월 1일부터 중국 전역의 모든 공장에서 폭스콘 노동자의 임금이 월 2,000위안으로 크게 올랐다"고 보도했다. 직원들은 11월 첫째 주에 10월 급여를 받는다.

"전국의 인재를 모아 원대한 꿈을 그려나가자."(2011년 가을 폭스콘 채용 광고). 이 광고에는 (1) 채용 기준, (2) 채용 시기 및 일자, (3) 급여 및 복지 등 3개 항목이 적혀 있다. 지원자는 남녀 모두 16세 이상에 신체적·정신적으로 건강해야 하고, 전염병이나 잠복 질환이 없어야 한다. 학력은 중학교 졸업 이상이면 지원할 수 있다. 폭스콘의 수습 기간은 6개월이다. 수습 후 기본급은 월 1,650위안으로, 100위안 인상된다. 3개월 후 평가를 통과한 직원은 매달 2,000위안을 받는다. 초과근무수당과 복리후생비까지 합쳐 매월 2,000~3,300위안을 받을 수 있다.

2014년 1월 아이패드 조립반으로 지명된 혁신디지털 시스템 사업단 노동자들은 룽화 폭스콘 노동자의 기본급이 월 1,800위안에 불과하다는 사실을 확인했다.[29] 선전 행정당국이 2015년 3월에야 최저임금을 12% 인상해 월 2,030위안이 되었는데, 이는 처음으로 2,000위안을 넘어선 것이었다.[30] 이에 따라 폭스콘은 임금을 상향 조정했다. 결국 임금은 인상됐지만, 폭스콘은 막대한 수익을 기록하던 시기에도 생활임금 보장에 앞장서는 것과는 거리가 멀었다.

폭스콘 제국에 갇히다

임금 및 근무시간 정책을 포함한 폭스콘의 관리체제는 해당 지역 노동시장의 경쟁력에 의해 좌우될 뿐만 아니라, 부분적으로는 글로벌 기업의 고압적인 구매 관행에 대한 대응이기도 하다. 엄격한 납품 요건과 주문 변동으로 인해 애플 및 기타 유명 기업에서 폭스콘과 초국적 제조업 분야의 소규모 공급업체로 생산 압력이 옮겨간다.

극심하게 빠른 속도와 높은 생산성에 대한 사업적 요구 때문에 노동자와 경영진 사이의 반목과 갈등이 발생하고 있으며, 생산현장의 불만을 낳고 있다. 다시 말해, 구매자 주도의 이윤 극대화를 목적으로 하는 글로벌 생산체계로 인해 "사람 중심 경영"으로의 전환이 크게 제약받고 있는 셈이다.

폭스콘 제국의 노동자들은 24시간 상담 직통전화가 관리 통제 기능을 한다고 경멸하면서 돌봄센터를 "감시센터"라고 불렀다. 그 이유는 민원 제기자들의 신상이 경영진에 보고됐기 때문이다. 이러한 사생활 침해를 알게 된 많은 노동자가 직통전화와 상담 서비스 이용을 중단했다. 노동자들과 마찬가지로 학생 인턴들도 일터에서 압박감을 느꼈다. 이제 학생 인턴에 관한 이야기를 할 차례다.

5.
학생 인턴들의 목소리

자, 보세요!

생산라인에서 하루에 10시간 넘게 서 있으면

뭘 배울 수 있다고 생각하세요?

실습이라는 게 뭡니까?

그건 우리가 학교에서 배우는 것과

어림 반푼 어치도 상관이 없어요.

매일 한두 개의 간단한 동작을 반복하고 있으면,

마치 로봇이 된 것 같아요.

– 장린퉁張臨潼, 16세의 폭스콘 학생 인턴

2011년 3월 쓰촨성 중장中江현 중장직업학교 학생 60
명이 인턴을 하기 위해 폭스콘 청두 공장 앞에 도착했
다.[1] 그중 일부 학생은 학교의 실습 통지를 받자마자 오
게 되어 마대 자루에 옷 몇 벌만 겨우 챙겨왔다. 한 학
생이 다음과 같이 설명했다. "선생님 말씀으로는, 쓰촨

2011년 3월 3일 폭스콘 청두 아이패드 공장에서 실습하기 위해 도착한 직업학교 학생들. 이들은 대부분 16세였다.

성의 모든 직업학교가 반드시 지방정부와 협력해야 하고, 그 일환으로 학생들을 폭스콘으로 실습 보냈다고 합니다." 그리고 "시市급 병원에서 심각한 질환을 앓고 있다는 증명서를 발급받은 학생을 제외하고는 전부 곧바로 출발해야 했어요"라고 덧붙였다. 대형 버스 2대를 타고 청두로 온 학생들은 바로 공장의 전자게이트 앞에 서서 폭스콘 직원의 설명을 30분 동안 들어야 했다. 나중에 안 사실이지만, 이들은 중국에서 폭스콘이 모집한 최초의 "학생 인턴"이 아니었다.

폭스콘의 새로운 피, 학생 인턴

직업학교는 1996년 제정된 중국의 직업교육법에 명시된 바와 같이 교육과 생산의 통합을 강조하는 노동-학습모델을 따른다. 직업학교는 9년(초등교육 6년, 중학교 3년)의 학업을 마친 지원자를 대상으로 취업 위주의 교육 과정을 제공한다. 1990년대 직업학교와 일반고등학교를 등록한 10학년에서 12학년까지 학생들의 비율은 거의 비슷했다.[2] 그 시기 직업학교 졸업생은 도시 국유기업이나 도시 집체기업에 배정됐다. 이들은 안정적인 소득과 고용 안정, 복지 혜택 등을 누리며 공장의 조직 위계에서 승진할 기회가 있었다. 1990년대 후반 이후 많은 중소 국유기업이 문을 닫으면서 학생 인턴이 국외 자본과의 합자기업이나 외국인 독자 투자기업에서 일하게 되는 경우가 많아졌는데, 그중 폭스콘은 중국에서 최대 산업고용주였고 현재까지도 그러하다.

노동과 고용 환경이 더 경쟁적으로 변해가면서 중국의 지도자들은 직업훈련에 대한 투자를 확대하여 노동생산성을 높이고자 노력했다. 3년간 열린 직업교육 및 훈련에 관한 전국회의 이후 2005년 국무원은 "직업교육 발전을 가속하기 위한 결정"이라는 제목의 문건을 발표했다. 형편이 어려운 학생들이 학비를 면제받고, 새로운 학습과 교육을 시범적으로 실시하도록 1,000개의 시범 직업중학교를 설립했다.[3] 2008년 글로벌 금융위기에서 빠르게 회복하면서 숙련 노동자들이 많이 부족해지자 국가 발전 우선순위에서 기술교육의 중추적 역할이 다시 주목받기 시작했다.[4] 직업고등학교 학생 수는 2001년 1,170만 명에서 2010년 2,240만 명으로 두 배 가까이 증가했으며, 중국의 직업교육 체계는 세계 최대 규모가 되었다.[5]

고등학교 진학률은 일반고등학교는 2002년부터, 직업고등학교는 2003년부터 급속도로 증가했다. 이후 2011~2018년 직업고등학교에 진학한 학생 수는 2,200만 명에서 1,560만 명으로 급격히 감소했다([그림5.1] 및 [표5.1] 참조). 2010~2020년 국가 중장기 교육개혁과 발전규획 강요에 따르면, 2020년까지 전체 고등학생의 절반인 2,350만 명이 직업학교에 진학할 수 있도록 입학정원을 늘릴 것을 요구했다.[6] 이는 2020년 12월까지 달성할 수 없는 목표였다. 새로운 교육정책의 강조에도 불구하고 직업교육이 매력을 잃은 이유가 무엇일까?[7]

중국의 저출산과 일부 해외 유학 기회(홍콩 및 마카오 포함)가 늘어난 것을 고려하더라도, 직업교육의 메리트가 떨어진 것은 설명이 필요하다. 교사, 학부모, 학생들이 기술훈련보다 학업 성취도를 우선시하는 것과는 별개로,[8] 기업과 정부의 위법행위라는 프리즘을 통해 숨겨진 문제를 밝혀내야 한다. 이 위법행위는 폭스콘을 비롯한 고용주들이 지방정부와 결탁해 학생 인턴십 프로그램을 남용한 것이다.

그림5.1 2001~2018년 중국의 일반고등학교 및 직업고등학교 학생 수

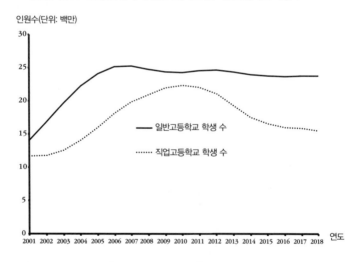

출처: 중화인민공화국 교육부(2015년, 2019년)[9]

표5.1 2001~2018년 중국의 일반고등학교 및 직업고등학교 학생 수

	일반고등학교 학생 수	직업고등학교 학생 수
2001	14,050,000	11,703,000
2002	16,838,000	11,725,000
2003	19,648,000	12,546,000
2004	22,204,000	14,092,000
2005	24,091,000	16,000,000
2006	25,145,000	18,099,000
2007	25,224,000	19,870,000
2008	24,763,000	20,857,000
2009	24,343,000	21,941,000
2010	24,273,000	22,374,000
2011	24,548,000	22,043,000
2012	24,672,000	21,127,000
2013	24,359,000	19,230,000
2014	24,005,000	17,533,000
2015	23,744,000	16,567,000
2016	23,666,000	15,990,000
2017	23,745,000	15,925,000
2018	23,754,000	15,553,000

출처: 중화인민공화국 교육부(2015년, 2019년)[10]

학생 인턴십

중국 직업교육에서 필수적인 인턴십은 그 형태가 매우 다양하다. 일부는 학생들이 스스로 주도해 선택하는 반면, 다른 일부는 학위 요건을 부분적으로 채우기 위

해 교육기관이 대신 조정하기도 한다. 3년에서 6년까지 (중등교육 수준 3년, 고등교육 수준 3년) 지속하는 프로그램 수강생들에게 중요한 문제는 광범위한 직업 프로그램들 가운데 인턴십 훈련이 효과가 있는가이다.

장비 및 기계 기술자를 양성하는 학생 수 6,000명의 한 직업학교는 다음과 같은 사명을 선언하고 있다.

한 가지 기술을 익혀 성공을 만들어내자.
한 가지 기술을 익혀 미래를 만들어내자.

자동차 수리 및 정비 전문학교인 주마뎬직업기술학원 駐馬店職業技術學院도 학생모집 홍보자료에 "실기 교육"의 중요성을 다음과 같이 상세히 설명한다.

우리나라에는 좋은 정책이 있어서 형편이 어려운 가정은 등록금을 내지 않습니다!
기술을 배우지 않고 일자리를 찾는 것은 평생의 실수입니다!
주마뎬직업기술학원에서 진짜 기술을 배우세요!
부를 쫓는 것은 한계가 있지만, 기술과 노하우는 부를 가져다줍니다!
주마뎬직업기술학원은 인재의 요람입니다!

이 학교의 마케팅 캠페인은 예비 학생들에게 진로 개발 및 생애 보장을 위해 탄탄한 기반을 마련할 기술을 제공하는 능력에 초점을 맞춘다. 폭스콘도 비슷한 마케팅 전략을 사용한다. 2011년 회사 문서에 따르면, 학교와 기업의 파트너십에서 "폭스콘은 직업학교와 협력하여 학생들이 프로그램을 이수한 뒤 취업할 수 있는 실용적인 기술훈련을 제공한다"라고 되어 있다.[11] 하지만 "실용적인 기술훈련"을 제공하는 프로그램은 정확히 어떤 것일까?

좋은 인턴십 프로그램은 실습 위주의 참여형이며, 학생들의 성장과 발전에 기여하고 학업 분야와 연관된 것이다. 그러나 폭스콘은 작업장에서의 훈련 내용과 기술 평가 방법에 대해 어떤 것도 언급하지 않았다. 폭스콘 인턴십 프로그램을 감독한 14명의 교사가 알려준 바에 따르면, 폭스콘의 인턴십은 학생들의 훈련 요구를 완전히 무시한 채 공장의 생산 수요를 채우기 위해 3개월에서 1년까지 연장되기도 했다.

폭스콘의 인턴십

폭스콘은 2010년 여름에만 전국에서 15만 명의 학생 인턴을 고용했다. 이는 회사 전체의 중국 고용인력인 100만 명의 15%으로,[12] 지난 30년간 5만 명이 넘는 인턴을 고용해 세계 최대의 인턴십 프로그램으로 인용되

는 디즈니대학의 사례를 왜소하게 만드는 것이었다.[13]

베스트셀러 제품 중에서도 아이폰과 아이패드의 수요가 지속되면서 폭스콘의 노동에 대한 수요도 여전히 강했다. 2010년 선전 공장에서는 "중국 전역의 200개가 넘는 직업학교에서 온" 2만8,044명의 학생 인턴이 애플 제품을 독점 생산하는 통합디지털제품 사업단 직원들과 함께 일하도록 배치됐다. 이는 2007년 선전 폭스콘 공장에 배정된 4,539명보다 6배로 늘어난 수치다.[14]

폭스콘 학생 인턴은 주야간 교대근무, 하루 10~12시간 근무, 성수기 주 6~7일 근무 등 정규직과 동일한 노동조건을 적용받았다. 이런 조건은 2007년 중등직업학교 인턴십 행정지침의 "인턴은 하루 8시간 이상 노동하면 안 된다"[15]와 2010년 교육 공문의 "인턴은 하루 8시간 외 초과근무를 해서는 안 된다"[16]라고 명시된 조항에도 불구하고 적용됐다. 미성년자보호법에 따르면, 인턴의 노동시간은 8시간으로 제한해야 할 뿐만 아니라 학생들의 안전과 신체 및 정신 건강을 보장하기 위해 모든 훈련이 주간에 실시되어야 한다. 이 법은 18세 미만의 청소년을 보호하고, 이들의 균형 잡힌 발달과 건강한 성장을 목표로 제정됐다. 이 법 제20조는 직업학교를 포함해 모든 학교는 "학생들의 수면, 여가활동, 신체활동을 위한 시간을 보장하기 위해 부모나 기타 보호자와 협력해야 하며, 학업 부담을 늘리지 않아야 한다"고

규정한다.[17]

폭스콘은 정부와 결탁해 인턴에 관한 법률 조항과 취지를 조직적으로 위반했다. 실례로, 2010년 섬유와 패션을 공부하던 16세의 차오왕曹旺은 쓰촨성 청두시 하이테크산업개발구에 도착하자마자 "인턴십 기간" 내내 나사만 조이게 될 뿐임을 알게 됐고, 건축을 전공하던 16세의 천후이陳輝는 아이패드 케이스에 광택 내는 일만 하게 됐다. 석유화학을 전공하는 17세의 위옌잉于艶英은 아이패드 박스 라벨링 작업을 하게 됐고, 경영관리 과정을 전공하던 17세의 황링黃玲은 생산라인에서 품질 검사 업무를 담당하게 됐다. 인터뷰 대상이었던 38명의 학생 인턴은 미술, 건축, 석유화학, 자동차 수리, 한약학, 비서업무, 컴퓨터공학, 경영관리, 회계, 섬유, 전기, 기계공학 등을 전공했다. 이들 중 겨우 5분의 1에 불과한 8명만이 인턴십을 의무적으로 수행해야 하는 3학년 졸업반 학생이었다. 이들의 평균 연령은 16.5세로, 중국의 법정 최저 노동연령인 16세보다 약간 많았다.

2011년 폭스콘 청두의 일명 "아이패드의 도시"에서 학생 인턴과 신입 노동자들은 다른 최저임금 노동자들과 똑같이 월 950위안을 받았다. 하지만 동료 노동자들과는 달리 학생 인턴은 수습 기간 통과 여부와 상관없이 월 400위안의 숙련 보조금을 받을 수 없었다. 게다가 학생 인턴들은 다른 생산직 노동자들과 동일한 업무를 하지만, 폭스콘은 이들을 사회보장 시스템에 등록할 필요가 없다. 중국 법에 따르면, 학생 인턴은 직원으로 분류되지 않기 때문이다. 비록 노동에 대한 임금은 받지만, 학생 인턴의 법적 지위는 여전히 학생이다. 이와는 대조적으로 노동자는 회사와 본인이 부담하는 포괄적인 사회보장 프로그램인 5가지 보험(양로보험, 의료보험, 출산·육아보험, 산재보험, 실업보험) 가입과 주택기금 의무가입의 혜택을 받을 수 있다.[18] 이를 산술적으로 살펴보면, 여름 1달간 중국 여기저기의 폭스콘 공장에서 일한 15만 명의 학생 인턴에게 사회보장 혜택을 제공하지 않아 얻은 절감액만 3,000만 위안이며, 이는 인원수(15만 명)와 1인당 평균 지급액(200위안)을 곱한 수치다.[19] 간단한 계산에 불과하지만, 이를 통해 고용주들의 비용 절감이 어떻게 이뤄지는지 잘 이해할 수 있다. 그리고 이 금액은 1개월의 보험 지출액일 뿐, 많은 학생 인턴이 1년 내내 노동한다. 게다가 모든 복지 혜택을 없애고 인턴십 종료 및 연장의 권리를 보유하고 있으니 폭스콘은 인턴들의 희생으로 엄청난 비용을 절감하고 있다. 정부는 이러한 폭스콘의 인턴십 프로그램이 학생 인턴의 이익을 보호하려는 정부 정책을 위반한다는 사실을 무시하고 있다.

노동을 통한 학습

쓰촨성 몐양綿陽시 출신인 류스잉劉思穎은 2010년 가을 학기부터 시작된 인턴십 경험을 이렇게 회상했다.

올해는 전자기계 전공의 마지막 해입니다. 제 전공을 너무 좋아해서 열심히 공부했어요. 심지어 여름 방학 때도 학교 도서관에서 살다시피 하며 수업 내용을 복습했어요. 제 계획은 원래 화웨이에서 인턴을 하는 것이어요. 하지만 선생님이 우리 반 42명 모두 폭스콘에서 인턴십을 하라고 설득하셨어요. 폭스콘이 화웨이를 포함해 전 세계 고객을 보유 중이고, 첨단기술 연구에 수십억 위안을 투자하고 있다는 걸 강조하면서요. 우리가 폭스콘에서 인턴을 하면 엄청 많은 걸 배울 수 있을 거라고 하셨죠.

화웨이는 애플의 스마트폰 패권에 맞선 직접적인 도전자이자 세계 최고의 정보통신기술 솔루션 제공업체로 성장했다. 또 차세대 전자제품과 인공지능 애플리케이션의 국제 경쟁을 선도하겠다며 5G 기술 경쟁에 뛰어들었다. 2014년에는 '브리티시 비즈니스 어워드British Business Awards'에서 올해의 중국 투자자로 선정되기도 했다.[20] 화웨이와 폭스콘 본사는 선전시 룽화구 메이관고속도로梅觀高速公路를 사이에 두고 맞은편에 있다.

류스잉은 인턴을 시작할 때부터 "제품 뒷면 케이스에 부품을 부착하는 인쇄회로기판 생산라인에 묶여 있었다." 학생들이 이후에 설명한 것처럼, 첫날부터 기술과 지식을 배우는 기술훈련을 받기보다는 조립라인에 배치되어 단일 작업을 반복적으로 수행했다. 류스잉이 우리에게 말했듯이, 그 일은 "기술이나 사전 지식이 전혀 필요하지 않았다." 이는 인턴십 프로그램과는 전혀 관계없는 일이었다.

비록 화웨이의 인턴십 프로그램이 폭스콘의 프로그램보다 더 나은지는 알 수 없지만, 류스잉은 스스로 회사를 선택하지 못해 인턴십 경험을 날려버린 것을 후회했다. 쓰촨성 정부가 폭스콘의 "학생 인턴" 할당량을 채우라고 압박했기에 학교는 전 학급을 등록하고 명목상 인턴십일 뿐인 폭스콘 인턴십에 대한 학생들의 반대를 억눌렀다.

류스잉은 "야간근무 시 서쪽을 바라볼 때마다 붉게 번쩍거리는 화웨이의 형광 표지판이 보이는데, 그때마다 마음이 괴로워요"라고 말하고는 긴 침묵에 빠져들었다.

감독관으로서의 교사들

폭스콘의 학생 인턴은 자신들이 학교 교사와 회사 관리자의 권한에 종속된 이중 관리체제 속에 있음을 깨닫게 된다. 교사는 두 가지 역할을 한다. 하나는 학생들이 공장 규칙을 따르게 하는 집행관의 역할이고, 다른 하나는 학생들이 노동 상황에 낙담하여 집으로 돌아가지 못하게 조언하는 상담사의 역할이다. 차이蔡 선생은 폭스콘 공장에 도착한 첫 주 동안 출근을 꺼리는 학생들에 관해 얘기했다.

저는 학생들에게 감정을 다스리며 냉정해지라고 조언합니다. 여기를 떠나면 부모님이 실망하시진 않을지 잘 생각해보라고요. 화요일 밤에는 학생들이 괜찮은지 보러 숙소에 찾아갔어요. 학생들은 '그렇게 나쁘진 않아요'라고 했죠. 금요일 밤에 다시 찾아갔더니, 학생들이 '아주 좋다'고 하더군요. 작업 리듬에 점차 익숙해지고 있었어요.

교사 평가의 주요 기준인 학생 인턴의 높은 유지율을 확보하기 위해서는 학생들의 사기를 살려줘야 하기에 교사들은 인턴십 기간 내내 학생들의 정서 관리에 집중한다.

그러나 인턴 학생들은 몸이 아플 때도 교사나 회사 감독관이 자신들을 도울 수 없다고 여겼다. 16세의 왕메이이王美懿는 포장 작업장에 배정된 기간에 심한 생리통으로 고생해야 했다.

이전에는 생리주기가 비교적 규칙적이었는데, 10월
엔 일주일이나 밀렸어요. 겁이 났죠. 생산라인에 에어
컨이 있는데도 너무 아파서 땀범벅이 될 정도였어요.

11월과 12월에도 그녀의 생리주기가 불규칙했고, 통
증도 지속했다. 게다가 라인장은 '여성 문제'를 얘기하기
엔 불편한 젊은 남성이었다. "그런 당혹스러운 이유로
선생님께도 생리통이 있다고 보고하지 않았어요. 학교
에서는 수업이 하루에 6교시만 있어서 충분히 쉴 수 있
었는데, 폭스콘 공장에서는 그러지 못했어요. 생산목표
가 밀리면 쉴 수가 없거든요. 선생님께 불평해도 소용없
어요."

주간에는 교사들이 학생들의 출석을 감시했다. 그들
은 회사 인트라넷을 통해 학생 출석 기록에 접근할 수
있었다. 거기에는 교대근무 시작 시간, 식사시간, 야근
시간, 교대근무 이후 시간이 적혀 있었다. 이러한 정보
를 통해 교사는 "학생이 사라졌을 때" 신속히 대응할
수 있었다. 어떤 때는 교사가 학생의 병가 신청을 확인
하고 승인 여부를 결정하기도 했다. 인턴들이 보기에 교
사는 공장 관리직의 일부였다. 한 학생이 다음과 같이
설명했다.

선생님들이 여기에 와 있는 진짜 이유는 우리가 그

만두는 게 두렵기 때문이에요. 선생님들은 우리 중 침울한 아이들을 신경 쓰면서 계속 남으라고 충고하죠. 징계 문제 해결에도 나서고요. 우리 반에 사고뭉치가 하나 있는데, 걔는 늘 온라인 속에서 살아요. 공장 기숙사에서 24시간 내내 플레이스테이션만 하거든요. 게임 하느라 이틀 동안 출근도 안 했어요. 선생님은 그 아이가 아픈 줄 알았는데, 결국 걸려서 서면 경고를 받았죠.

교사들은 학생 인턴들을 진정시키고 노동력의 안정성을 유지하는 데 있어 회사 노조와 유사하게 중요한 역할을 한다. 교사 감독관들은 규정 준수를 책임지고 회사가 징계문제를 직접 처리할 필요가 없도록 회사를 보호한다. 그리고 학생 인턴들의 행동을 규제하는 부모의 역할을 담당함으로써 회사가 생산목표를 달성하는 데 도움을 준다.

고용주들은 교사 감독관의 추가적인 역할이 얼마나 회사에 도움이 되는지 잘 알고 있다. 2010년 6월 폭스콘 공장의 기숙사 단지에서 12명의 노동자가 자살한 이후 회사는 선전 대형 공장 두 곳의 노동자 공개 채용을 일시적으로 중단했다. 한 인사담당자는 이를 "회사의 보상을 받으려고 투신자살하려는 이들의 진입을 막기 위한 조치"라며 경멸적으로 언급했다. 하지만 젊은 학생 인턴들의 고용을 중단하지는 않았다. 그는 "만약 어떤 학생이 정서적으로 불안정하거나 심각한 질환이 있다고 밝혀지면, 책임 교사에게 해당 학생을 데려가라고 요청할 수 있습니다. 이런 식으로 우리는 자살 리스크를 방지하고, 교사의 도움을 받아 노동조건을 감찰하죠"라고 설명했다.

학교-기업 파트너십

인터뷰에 응한 많은 교사가 인턴십 기간에 학교 급여뿐 아니라 폭스콘으로부터 감독관 역할에 대한 추가 급여를 받았기 때문에 인턴십 프로그램에 교육적 가치가 없다는 사실을 학생과 부모들에게 숨겨왔다. 2011~2012년 교사들은 노동 통제 강화 역할을 한 대가로 폭스콘으로부터 매달 2,000위안을 받았다. 이들은 학생 인턴의 직업 프로그램에 관한 교육 조항을 노골적으로 어기고 있으며, 학생들은 회사와 교사로부터 학교 프로그램의 기술훈련 목표를 훼손하는 조건들을 받아들일 것을 강요받는다. 한 직업학교의 사명은 다음과 같다.

학교와 기업의 통일

이론과 실천의 통일

교사와 기술자의 통일

학생과 직원의 통합

그러나 현실은 매끄러운 통일이 아니었으며, 학생 인턴들이 직면한 약속과 현실 사이의 불일치가 엄청나게 컸다. 17세의 리웨이李偉는 인턴십 경험을 회상하며 다음과 같이 말했다. "2009년 9월 자동차 수리 과정에 등록했어요. 커리큘럼에 따라 특성화 과정이 3년인데, 2년은 학교에서 진행하고, 마지막 1년은 인턴십을 해요." 그러나 프로그램을 시작한 지 1년도 채 되지 않아 2010년 6월 같은 반 친구들과 폭스콘으로 파견되어 꼬박 7개월 동안 자동차가 아닌 아이폰 관련 일을 해야 했다. 리웨이는 "완전히 진이 빠지는 일이었어요. 시간 낭비였죠"라고 결론 내렸다.

학생들이 학교로 복귀한 지 얼마 되지 않아 학교는 더 많은 수의 인턴십을 준비하기 시작했다. 리웨이는 매우 화가 났다.

> 학교는 여전히 특성화 수업계획을 마련하지 않은 상태로 인턴십 배정을 시작했어요. 전문 분야의 핵심 수업도 못 받아서, 우리는 자동차 수리의 기본 기술도 파악하지 못했어요. 그런데 자동차 회사에서 인턴십을 할 수 있을까요? 충분한 지식을 교육받지 못했으니 취업 경쟁에서 이기지 못할 거예요.

학생들은 라인에서 일하고 공장 기숙사에서 생활하

면서 이수하지 않으면 졸업하지 못한다는 위협을 받으며 폭스콘의 "인턴십 프로그램"을 준수해야 한다. 일부 인턴은 제시간에 출근하지 않고, 의욕 상실로 태업하는 등 여러 방식으로 자신들의 실망감을 드러냈다. 그들은 이곳에서의 일을 비하하며 인턴십을 시간 낭비로 받아들였다. 그래서 폭스콘이 우수 학생에게 수여하는 "열심히 일하는 꿀벌상"만으로는 그들에게 강한 헌신과 충성심을 심어주지 못했다.

한 중국문학 교사는 학생 인턴 제도가 1930~40년대 학생들을 학대했던 "계약 노동제"와 다르지 않다고 보았다. 그는 가난에 시달리던 마을의 어린이와 청소년이 노동청부업자에게 팔려가 상하이의 일본인 소유 면직 공장에서 밤낮으로 혹사당하던 절망적인 시기와 유사하다고 말했다.[21] 그는 자신의 인턴십 프로그램 코디네이터 역할에 대해 쓴웃음을 지으며 "전 현대판 청부업자예요"라고 털어놓았다. "제 외동딸이 17살이에요. 지금 대학 입시를 준비 중이죠. 결과가 어떻든, 딸아이가 이 회사에서 인턴을 하거나 취업하지 못하게 할 겁니다. 더 중요한 건 폭스콘에는 교실과 작업장의 통합을 통한 진정한 학습이 없다는 거예요. 오늘날 중국의 직업교육은 심하게 왜곡됐어요."

정부의 동원을 통한 학생 인턴십

대학을 졸업한 31세의 주시朱熹는 소규모 국유기업 공장에서 7년간 일하다가 2020년 10월 개업한 폭스콘 청두 공장의 인사부에 입사해 정부와 직업학교, 폭스콘을 연결하는 업무를 맡았다. 그는 다음과 같이 설명했다.

저는 지난 1년간 정부 고위 관료들과 매달 회의를 열어 폭스콘의 필요에 딱 맞춘 '넘버원 프로젝트'를 진행했습니다. 함께 술도 마시고 담배도 피우며 좋은 업무관계를 구축하면서 그들에게 정기적으로 회사의 채용 일정을 알려줬어요.

쓰촨성 정부는 폭스콘의 '넘버원 프로젝트' 지원을 우선시했다. 2008년 5월 쓰촨을 강타한 진도 7.9 규모의 대지진으로 8만7,150명이 사망하고 480만 명의 이재민이 발생한 후 몇 년 동안 지방정부는 재건 자금을 모으기 위해 투자 유치 노력을 배가했다.[22] 새로운 송전선이 세워지고 고속철도와 공항 활주로가 건설됐으며, 공장에 고층 기숙사도 지어졌다. 폭스콘은 지상 운송의 확대뿐 아니라 주요 항공사가 미국, 유럽, 아시아 시장과 신속히 연결되도록 화물 및 승객 수용 능력을 늘려주는 업그레이드된 항공 서비스 혜택도 받았다. 폭스콘 최고운용책임자 쫭훙런은 세계 전자제품 분야에서 "청두가

확고부동한 도시가 되도록 돕겠다"고 약속했다.[23]

중국에서는 연해 지역은 물론이고 내륙 지역 간에도 외국인 투자를 유치, 확보하려는 경쟁이 치열하다. 앤드루 로스Andrew Ross는 세계적 차원에서의 자본 도피에 관한 자신의 책에서 "첨단산업 육성에서 국가가 손을 썼다는 증거를 발견하지 않기란 불가능하다"고 말한다.[24] 제조업에서 금융업에 이르기까지 쓰촨성 및 청두시 정부는 전략적 계획과 협력에 적극적으로 나서고 있다.

관료들은 폭스콘의 거대한 생산단지를 비롯해 8명이 사용하는 방이 한 층당 24개 있는 18층짜리 기숙사를 건설하는 데 일부 자금을 지원했다. 1차로 지어진 공장단지에서 2㎞ 떨어진 남성 노동자 생활구역에는 2만 명이 거주했다. 폭스콘의 경제적 영향력이 워낙 커서 궈타이밍은 청두의 노동자들 사이에서 "폭스콘 시의 시장"으로 널리 알려졌다. 또 지방정부는 폭스콘을 위해 교통 서비스까지 보조했다. 이에 폭스콘 직원, 학생 인턴과 교사들은 회사 전용 버스를 타고 출퇴근한다.

청두시 교육국 관계자는 "쓰촨성 관할의 모든 직업학교는 의무적으로 폭스콘 학생 인턴십 프로그램에 참여해야 한다"고 말했다. 지역의 교육 당국은 폭스콘의 인턴십 프로그램과 연계하기에 적합한 직업학교를 직접 선별했다. 정부는 학교의 협력을 보장하기 위해 회사가 필요한 학생 인턴 등록 목표를 채운 학교에만 자금을

폭스콘의 아이패드 조립 공장은 쓰촨성 청두시 하이테크산업개발지구에
있다. 2011년 2월 국무원 합동조사단은 이 구역의 건설과 개발에 초점을 맞
춰 현장 감시를 진행했다.

쓰촨성 청두시 피두郫都구의 폭스콘 공장행 50인승 공공버스가 줄지어 서
있다. 버스 기사들은 정부가 정한 할인 요금으로 폭스콘에 교통 서비스를
제공한다.

버스에 걸린 정부의 현수막에는 "지진과 재해에 맞서 싸우는 정신으로 폭스콘의 버스 대절 업무를 완수하라"고 쓰여 있다.

지원했다.

[그림5.2]는 폭스콘이 학생 노동력 채용 계획을 수립하면, 지방정부의 최고위급 관료가 업무팀을 이끌고 각 행정단위(시市, 구區, 현縣, 진鎮, 향鄉)에 걸쳐 해당 지역 직업학교의 협조를 통해 채용 시기와 할당량을 맞추는 방법을 보여준다.

한 학기에 해당하는 2011년 9월부터 2012년 1월까지 7,000여 명의 학생이 폭스콘 청두의 조립라인에서 일했으며, 이는 공장 노동력의 10%에 달한다. 참여 학교 중 하나인 푸장직업기술학교는 2011년 9월 22일 162명의 학생을 파견해 3개월간 인턴십을 실시했으며, 이후 아이패드 생산 요구에 따라 기간을 연장했다. 이보다 더 큰 펑저우기술학교는 309명을 모집했고, 인턴십 기간 내내 각각 3명의 남녀 교사를 함께 파견했다. 이는 2011~2012년 폭스콘 청두 인턴십 프로그램 전반에 걸쳐 유지된 1:50의 교사 대 학생 비율의 전형적인 사례다.

우리의 조사와는 달리 FLA는 "2011년 9월부터 [폭스콘] 청두에서는 **인턴을 한 명도 채용하지 않았다**"라고 밝혔다(강조는 저자).[25] FLA 조사관들은 2012년 3월 6일부터 9일까지 청두의 아이패드 공장을 잠시 방문했지만, "2011년 9월 이후" 7,000여 명의 학생 인턴을 남용했음을 밝혀내지 못했다. 그들은 사전 예고된 조사와 후속 검증 과정에서 폭스콘에 속은 것일까? 애플의 마

감일을 맞추기 위해 밤낮으로 아이패드를 조립할 7,000
여 명의 십 대 학생 인턴이 대량 투입되어 남용됐음을
그들이 정말 몰랐을까? 어떤 이유에선지 FLA 조사팀이
폭스콘 청두에서 벌어지는 노동 남용 문제를 경시하거
나 무시했다고 볼 수 있다.

그림5.2 2011~2012년 쓰촨성 폭스콘의 학생 인턴십 채용

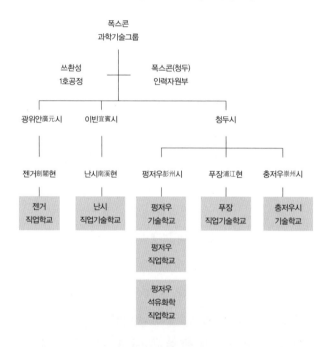

참고: 폭스콘, 지방정부(성급에서 현급까지), 쓰촨성 관할 직업학교의 삼각
동맹을 통한 학생 인턴 채용에서의 다층적인 권력관계를 설명하기 위해
단순화했다. 여기서 지정한 7개 직업학교는 폭스콘 인턴십 프로그램에 참
여하는 학교로, 지역 뉴스나 학교 웹사이트에 공개적으로 나와 있는 곳들

이다.

출처: 쓰촨성에서 수집한 현장 데이터.

정부를 동원한 폭스콘

선전에서 청두, 정저우에 이르기까지 투자 유치 및 유지를 위해 '입찰 전쟁'을 벌이는 정부 관료들은 인턴십과 일자리를 찾으려는 학생과 졸업생을 대상으로 폭스콘의 거대한 채용 업무를 지원해왔다. 한 진鎭의 담당 공무원은 "2010년 자살 파동 이후 상급 정부로부터 폭스콘에 대한 사회의 부정적인 인상을 없애야 한다는 과제를 안게 됐다"고 상세히 설명했다. 해당 정부의 각 부서는 인터넷, 라디오, 텔레비전, 포스터, 전단, 전화, 직접 방문, 소셜미디어 등으로 메시지를 배포해 폭스콘의 기업 문화를 선전하고 "채용 대상이 이를 정확하게 이해하도록 안내한다." 즉 정부가 폭스콘을 위해 홍보활동을 하는 것이다!

폭스콘은 이제 누구나 다 아는 이름이 되었고, 회사의 노동 채용 할당량을 채울 수 있도록 마을과 학교에는 선전들로 가득 차 있다. 폭스콘을 위한 서비스와 관련해 정부 부서 간 노동 분업은 다음과 같았다.

1. 인력자원 및 사회보장 부문은 채용 관련 사업을 최우선 순위로 한다.

2. 교육 부문은 학교-기업 간 협력을 주선하고, 할당된 목표대로 졸업생과 학생 인턴 수를 채우며, 계획한 일정에 따라 학생을 공장으로 보내 교사의 적절한 감독을 받도록 한다.

3. 재정 부문은 채용에 투입할 충분한 재정을 마련한다.

4. 공안 부문은 구직자들의 배경 조사를 완료한다.

5. 교통 부문은 적절한 운송 능력과 안전을 확보한다.

6. 위생 부문은 취업 전 신체검사를 실시한다.

7. 기타 관련 부서는 채용 작업이 원활하게 진행되도록 한다.

정부는 비용 상승과 노동시장 긴축 시기에 폭스콘의 노동인력 채용을 지원하기 위해 재정과 행정 자원을 투입했다. 일례로, 2010년 6월 허난성 정저우시 교육국은 1,600km 떨어진 폭스콘 선전 공장에 학생들을 인턴으로 파견할 것을 모든 직업학교에 지시했다.[26] 이러한 조치는 정저우에 새로 건설된 아이폰 공장의 8월 개장에 맞춰 학생들이 적시에 훈련받을 수 있도록 하기 위한 것이었다. 폭스콘 정저우 공장의 채용을 지원하기 위해 제안된 구체적인 우대조건은 다음과 같다.

1. 지정된 정부 고용기금에서 1인당 200위안 기준으로 직업 소개에 대한 보상 정책을 실시한다.

2. 지정된 정부 고용기금에서 취업에 성공한 노동자와 학생 인턴에게 1인당 600위안의 보조금을 지급한다.

또 허난성 정부는 폭스콘 취업과 인턴십을 주선하기 위해 세금으로 학교나 노동단체에 인센티브(1인당 200위안의 '취업 알선비')를 지급했다. 2010년 8월과 9월에는 지방정부 관료들이 2만 명의 채용 목표를 23개 시와 현별로 나눠 신규 취업자와 인턴에게 1인당 600위안을 지급했다. 2만 명 채용 목표를 달성할 경우 정부가 지출할 비용은 1,600만 위안이 된다(2만 명×[200+600]위안). 각 시와 현 정부에는 구체적인 채용 목표가 배정됐고, 지역마다 할당량은 향과 진으로 세분화됐다. [표5.2]는 23개 지역별로 지시받은 폭스콘 신규채용 수를 보여준다.

표5.2 2010년 허난성 정부의 지역별 폭스콘 채용 할당량

	지역명	2010년 8월 목표 (인원수)	2010년 9월 목표 (인원수)	총계 (인원수)
1	신양信陽	1,000	1,000	2,000
2	저우커우周口	940	940	1,880
3	뤄양洛陽	850	900	1,750
4	난양南陽	850	850	1,700
5	상추商丘	850	850	1,700

6	주마뎬	850	850	1,700
7	푸양濮陽	750	700	1,450
8	신샹新鄉	680	680	1,360
9	안양安陽	650	650	1,300
10	핑딩산平頂山	550	550	1,100
11	카이펑開封	500	500	1,000
12	정저우	200	200	400
13	허비鶴壁	200	200	400
14	자오쭤焦作	200	200	400
15	쉬창許昌	200	200	400
16	뤄허漯河	200	200	400
17	싼먼샤三門峽	200	200	400
18	구스固始	100	100	200
19	지위안濟源	50	50	100
20	덩저우鄧州	50	50	100
21	융청永城	50	50	100
22	샹청項城	50	50	100
23	궁이鞏義	30	30	60
		10,000	10,000	20,000

참고: 허난성 정부는 부서별 위원회를 만들어 폭스콘의 인력 충원을 조정했다. 2만 명의 신규채용은 학생 및 비학생 구직자가 포함된 수치다.
출처: 허난성 부빈개발판공실(2010년)[27]

얼마 후 여름 한 달 만에 1만 명의 학생 인턴과 졸업생을 폭스콘으로 신규모집하기란 교사와 공무원 모두에게 큰 도전임이 분명해졌다. 2010년 9월 초에는 중화전국총공회 웹사이트에도 폭스콘의 학생 인턴에 관한 "긴급 정부 채용 지침"이 게시됐다. 당초 교육국 지침의 핵심 메시지는 졸업반 학생들을 위한 인턴십이 이미 준비됐더라도 "폭스콘이 대량생산을 시작하면 허난성에 고급 노동력이 충분히 있어야 하기에 이들을 폭스콘 인턴으로 전환해야 한다"는 것이었다.[28] 폭스콘을 대신한 이러한 정부의 노력은 전면적인 군사 동원의 특징을 보여주는 것으로, 정부가 폭스콘을 위해 경제 전선에서 벌이는 인민전쟁이었다.

2013년 폭스콘 정저우 공장은 학생 인턴과 노동자들의 유연한 노동을 통해 "9,645만 개의 아이폰을 생산해 이 중 8,446만 개를 수출"했으며, 이는 그해 허난성 총수출액의 55%에 육박했다.[29] 그리고 지방정부가 정저우 공항 경제종합실험구의 가장 좋은 곳에서 원스톱 수출 서비스를 제공하면서 선전 공장을 제치고 세계 최대의 단일 아이폰 생산기지가 되었다.[30]

〈뉴욕 타임스〉의 데이비드 바르보자David Barboza는 "잘 짜인 통관 절차는 숨겨진 많은 특혜, 세금 감면, 보조금 등의 일부"로, 이로 인해 폭스콘은 중국 중부 지역으로 급속히 이전·확장할 수 있었다고 분석한다. 정저우시 정부는 "에너지 및 운송 비용 할인, 사회보험료 인하, 그리고 수십만 명의 노동자를 수용할 공장과 기숙사 건설에 15억 위안 이상을 지원할 것을 약속했다."[31] 이는 중국 관료집단이 애플과 폭스콘을 위해 길을 닦아주는 많은 방법의 하나로, 지방의 시장과 수출 성장의 발판을 마련하는 것이기도 하다. 하지만 이는 학생 인턴들의 이익을 희생시킨 것이다.

불안정한 인턴십

채드 라파엘Chad Raphael과 테드 스미스Ted Smith는 "전자 제품 분야에서 번개처럼 빠른 제품 주기와 이에 따른 소비자 수요 급증으로 공급업체들이 강도 높은 노동시간과 초과근무를 강요할 수밖에 없고, 브랜드 소유주가 결정한 제품 출시 시점에 맞춰 새 기기를 조립하기 위해 임시직 노동자를 대거 고용할 수밖에 없다"라고 지적한다.[32] 직업학교를 통한 채용은 지역의 노동단체나 국가 기관을 통해 회사로 동원할 수 있으며, 임의로 해고할 수 있는 수만 명의 학생을 추가로 고용하는 효율적인 방법이다. 중국의 상황에서 장기근속 직원의 해고 제한 등 노동법과 고용 요건이 강화되면서 학생 인턴은 정규직의 저비용 대체 인력이 되었다.[33]

우리가 관찰한 여러 직업학교가 젊은이들을 차세대 레오나르도 다 빈치Leonardo da Vinci, 알베르트 아인슈타인, 토머스 에디슨Thomas Edison 등으로 키워가기를 열망하지만, 폭스콘의 인턴십 프로그램에 비춰볼 때 이 젊은이들은 공장 현장에서 강요되는 참담한 시스템 속에서 실패할 수밖에 없다. 이 장 처음에 소개한 16세의 장린퉁과 선전의 룽화 문화광장에서 만나 학교생활과 음악에 관해 이야기를 나눴다. 장린퉁은 19세기 러시아 현실주의 화가 일리야 레핀Il'ya Repin(1844~1930)의 열렬한 팬으로, 그의 유명한 그림인 "볼가강의 배 끄는 인부들"이 떠오르는 러시아 민요 "볼가강의 뱃노래"도 높이 평가했다.[34] 이 그림은 볼가강 상류에서 십장과 10명의 노동자가 거대한 바지선을 끌고 가는 모습을 묘사하는데, 그들은 마치 지쳐 쓰러지기 직전으로 보인다. 선두에 선 노동자의 시선은 수평선에 고정되어 있다. 두 번째 노동자는 고개를 가슴에 떨구고 있고, 맨 끝의 노동자는 대열에서 떨어져 곧 죽을 사람처럼 끌려간다. 누더기 같은 옷을 걸친 노동자들은 가죽끈으로 단단히 묶여 있다. 하지만 대열 가운데 있는 밝은 복장의 청년은 예외적으로 이 노역에서 자신을 해방시키려는 듯 자신을 속박하는 가죽끈에 맞서 싸우는 것처럼 고개를 쳐들고 있다. "저는 자주 꿈을 꾸지만, 계속해서 그 꿈을 찢어버려요. 마치 비참한 화가가 스케치를 찢어버리듯이요. 전 그만두고 싶어요. 하지만 그럴 수도 없죠." 장린퉁은 길게 한숨을 내쉬었다.

지방정부의 정치적·재정적 압박에 직면한 많은 학교가, 심지어 상황이 더 나은 학교들조차 학생 인턴십 프로그램에서 정부가 감독하는 집행자 역할을 하기에 법을 위반한다. 나아가 학생들의 이익을 희생시키는 인턴십으로부터 학생들을 보호할 수도 없다. 『프레카리아트: 새로운 위험한 계급』의 저자 가이 스탠딩Guy Standing은 인턴십이 성공의 사다리를 제공하는 것이 아니라 "젊은이들을 잠재적으로 (불안정 노동자인) 프레카리아트로 진입시키는 수단"임을 강조했다.[35] 인터뷰에 응한 38명의 학생 인턴 중 졸업 후 폭스콘에서 일하고 싶어 하는 이는 하나도 없었다. 그들은 만약 자신들이 조립라인에서 일하는 것에 관심이 있었다면, 여러 분야에서 전문 교육을 받기보다는 중학교를 마치고 바로 일을 시작했을 것이라고 말했다.

인턴십 제도가 인턴의 이익을 위하지 않는다는 것은 잔인한 아이러니다. 로스 펄린Ross Perlin이 미국과 유럽의 인턴십 관행에 관해 쓴 책 『청춘 착취자들: 너의 노동력을 공짜로 팔지 마라!』에서 언급했듯이, "인턴이라는 단어의 중요성은 바로 그 모호함에 있다."[36] 일부 고용주는 심지어 "인턴십"을 "사회적 실천 프로그램"과 "서비스 학습"으로 이름을 바꿔 이윤을 극대화하면서 책임과 감시를 회피하는 방법으로 사용하기도 했다. 이러한 남용 속에서 학생 인턴들은 기업과 기업-국가 이익의 희생양이 되어버렸다.

6.
지옥의 업화業火

노동자 진혼곡

내 몸은 길게 늘어져

건물 골조 안에 누워

어수선한 도시 풍경

단단한 콘크리트 속에

내 이야기를 묻어둬

독성 분진을 한 번 들이킬 때마다

이윤의 수치를 내뱉고

가격이 오르락내리락할 때마다

새해 불꽃놀이는 펑펑 터져

내 숨을 태워버려

등을 돌리고 몰래 중얼거려

컴퓨터는 생명을 갉아 먹고

무거운 가방이 어깨를 짓누르네

내 몸은 과로로 깊이 부서지고

내 고통과 슬픔은 숨겨두지

내 몸이 전하는 말
이 허위의 번영을 거부하고
어두운 구석과 이별해
부서진 몸과 마음을 껴안아
너와 나는 굴복하지 않을 거야
— 미니노이즈Mininoise, 홍콩 풀뿌리민중가요악단[1]

폭스콘 청두에서 아이패드 생산과 아이패드2로의 업그레이드는 상반기 동안 학생 인턴과 농민공의 노동에 의존해 순조롭게 진행됐다. 하지만 2011년 3월 11일, 일본 동북부 후쿠시마에 지진, 쓰나미, 원전 멜트다운이라는 삼중의 재난이 닥쳤다. 이 재해로 약 2만 명의 일본인이 사망하거나 실종됐으며, 31만5,000여 명의 이재민 중 다수가 아직 집으로 돌아가지 못하고 있다. 원자로 멜트다운으로 방사능이 유출되어 농장과 어장이 황폐해지고, 주변 지역 토양도 오염됐다. 이는 1986년 4월 체르노빌 이후 세계 최악의 핵 참사로, 일본 경제와 사회 전반은 물론 밀접하게 연결된 세계에도 파장을 남기고 있다.[2]

폭스콘은 일본의 항구와 고속도로가 사용 불능 상태에 빠지면서 도시바의 (오디오 및 비디오 저장용) 플래시 메모리와 터치 디스플레이 스크린 등 아이패드의 핵심 부품 수입이 차질을 빚게 될 것임을 신속히 통보받았다. 이 과정에서 폭스콘, 애플, 도시바의 전자부품 및 제품을 일본과 중국에 성공적으로 연결하는 글로벌 공급 사슬의 취약성이 극명하게 드러났다.

아이패드의 도시, 청두

2011년 3월까지 폭스콘 청두의 노동력은 5만 명으로 급속히 증가했다. 17세의 쓰촨 출신 노동자는 "폭스콘이 사람을 뽑고 있어요. 도시 전체가 미친 것 같아요. 공무원들이 사람들을 붙잡고 폭스콘에서 일할 의향이 있는지 물어봐요. 정부가 이걸 공식 업무로 정했대요. 각급 공무원에겐 채용 할당량이 떨어졌죠. 정말 미친 거 아닙니까?"라고 말했다.

정부 청사에서 고용담당 공무원들이 입사 지원자들의 폭스콘 입사서류 작성과 면접 준비를 도왔다. 이러한 무료 행정 서비스는 기업의 채용 비용을 낮췄다. 게다가 지방정부가 노동자 채용과 더불어 제공한 넓은 산업용지와 각종 보조설비가 있는 생산단지 및 기숙사로 인해 폭스콘의 서부 진출이 순조로웠다.

쓰촨성 청두시 피두구 훙광紅光진 정부의 고용 및 사회보장 사무소가 폭스콘 채용 사무소로 전환되었다. 해당 지방정부는 폭스콘에 무료 채용 서비스를 제공하고 있다.

폭스콘 청두에 새로 지어진 18층의 공장 기숙사 2단지. 노동자들은 시끄럽고 더럽고 냄새가 심하며, 무엇보다 안전한 물과 전기가 부족해 견딜 수 없을 정도라고 몹시 불평했다.

채용과 관련해서는 "폭스콘에서 일하면서 번창하는 인생으로 나아가자"라는 구호가 적혀 있었다. 폭스콘은 정부의 "서부 개발" 정책과 기업 이전을 유치하려는 지방정부의 수익을 높여주겠다는 제안에 맞춰 저임금의 내륙 지역 이전을 가속했다. 청두 노동자들은 곧 기본급이 월 950위안(같은 시기 선전에서는 1,200위안)에 불과하다는 사실을 알게 되었다. 이는 채용담당자가 얘기한 1,600위안에 크게 못 미치는 금액이었다. 폭스콘은 이 금액이 "종합적인 소득", 즉 기본급에 초과근무수당 및 상여금을 합친 것이라고 해명했다.

폭스콘은 수출가공지구의 개조한 "북부 공장"에서 아이패드 생산을 늘리는 한편, 영구적으로 사용 가능한 청두 하이테크산업개발구 "남부 공장"으로의 이전을 서둘렀다. 2011년 1월 6일 밤, 기숙사 엘리베이터 두 대 중 하나가 고장 났다. 수천 명의 노동자가 고된 교대근무를 마치고 계단을 올라가 자신의 방에 도착했지만, 온수가 나오지 않았다. 그달 평균 기온이 1~5℃였는데, 전기와 수도 공급이 여러 번 중단됐다.

어느 날 밤 그동안 억눌린 불만이 폭발했고, 몇몇 노동자가 기숙사 지붕에 올라가 물탱크를 부순 뒤 전원을 끄고 급수 시스템을 차단했다. 다른 노동자들은 무슨 일이 벌어진 건지 알아보려고 방 밖으로 뛰어나왔다. 분노에 찬 일부 노동자가 유리병, 플라스틱 대야, 쓰레기

폭스콘 청두 공장 곳곳에 건설 자재 폐기물과 쓰레기가 널려 있다.

통, 의자, 소화기 등을 아래로 던졌다. 폭스콘 경영진은 노동자들의 행동을 "무분별하다"고 낙인찍었다. 오후 10시경 경찰이 20여 명의 노동자를 체포하고 시위를 진압했다. 다음 날 아침 노동자들이 숙소로 돌아왔지만, 기숙사 환경은 전혀 개선되지 않았다.

아이패드 노동자

화장실이나 구내식당 등 부대시설이 충분히 마련되기도 전에 일부 공장에서는 생산이 시작됐다. 공장 일대에 모래와 돌, 쓰레기 더미가 쌓여 있고, 도로 곳곳이 움푹 팬 웅덩이로 가득했다. 공장 입구에 나무판자를 대충 설치하고 모래 더미 사이에 작은 길을 만들어 노동자들이 임시 보행자 통로로 출입하게 했다. 철근과 시멘트 등의 건설 자재도 곳곳에 쌓여 있었다.

2011년 3월, 한 아이패드 제조 노동자가 "우리는 한 달 내내 딱 이틀만 쉬면서 장시간 초과근무를 해요"라고 설명했다. 당시 애플의 최고운영책임자였던 팀 쿡은 전 세계의 수요를 추적하면서 "상한 우유를 사려는 사람은 없다"라고 말했다.[3] 그리고 또 다른 곳에서는 "재고는… 기업에 있어 근본적인 악이다. 마치 낙농업에 종사하는 것처럼, 유통기한을 넘기면 문제가 생기는 것으로 여기며 관리해야 한다"라고 이야기했다.[4] 그 결과 공급업체 공장에서는 강제적인 초과근무와 노동속도 강화 측면에서 노동자의 희생과는 상관없이 작업 완수를 위해 애플의 명령에 따라 시간과의 경쟁에 나서게 된다.

애플은 소비자 취향에 맞게 다양한 변형을 갖춘 자사의 기기 디자인에 무수한 변화를 도입하여 "고객이 자신의 요구에 딱 맞는 경험을 할 수 있도록" 하드웨어와 모바일 운영체제iOS를 통합하고자 했다.[5] 『타임』지는 아이패드를 2010년 "50대 발명품" 중 하나로 인정했다.[6] 마이크로소프트 창업자 빌 게이츠는 "우리는 애플보다 훨씬 앞서 많은 태블릿을 만들었다. 하지만 애플은 성공적인 방식으로 그것을 조립해냈고, 우리는 그러지 못했다"라고 평가했다.[7] 애플의 미학적 요구를 맞추기 위해 폭스콘은 업그레이드된 아이패드2가 전년도 아이패드와 동일한 가격인 499달러로 시장에 출시될 수 있도록 일체형 정밀 금형을 개발했다.

2011년 3월 2일, 애플은 언론 대상 성명에서 "다른 회사들이 앞다퉈 1세대 아이패드를 모방하고 있지만, 우리는 아이패드2를 출시합니다. 아이패드2는 경쟁에서 훨씬 앞서나갈 것이며, 다른 회사들은 처음부터 다시 시작하게 될 겁니다"라고 자랑했다.[8] 같은 날 200여 명의 폭스콘 노동자가 수습기간 이후 실시하기로 한 직무평가와 임금조정 문제를 놓고 감독관들과 충돌했다. 불만을 품은 노동자들은 그동안 미지급된 초과근무수당 전액 지급과 전반적인 노동조건 개선을 요구했다. 노동자들은 폭스콘이 새로운 아이패드 모델 생산의 압력을 받던 그 순간 행동에 나서면서 이 거대제조업체의 취약점을 발견했다.

점심식사 이후 작업을 거부한 노동자들은 B22 공장 구내식당을 점거하고 경영진과 협상을 요구했다. 경영진이 시간을 끌자 노동자들은 오후 3시 30분에 회사를 더 압박하며 정부의 관심을 끌기 위해 구내식당에서 B구역 공장 정문까지 행진했다. 10분도 채 지나지 않아 교통경찰과 회사 보안요원들이 현장에 도착했다. 그제야 경영진은 노동자들과의 협상 테이블에 나섰다. 이는 노동자들의 전략이 성공했음을 알려주는 것이었다.

대규모 파업에서 고용주나 정부 관료들은 노동자들에게 대표를 선출해 대화에 참여하도록 요구하는데, 인원은 통상 5명 이내로 제한한다. 일단 노동자 대표가 선출되면, 회사는 주도권을 쥐기 위해 움직인다. 이러한 개입은 일반적으로 노동자 권력의 분열, 포섭, 분쇄의 시작으로 나타난다. 노동자 대표는 말썽꾼으로 지목되어 해고되는 경우가 빈번하다.

분쟁을 중재한 폭스콘의 인사담당자 천밍치는 이후 노동자들이 대표가 없다고 대응한 것을 회상했다. 노동자들은 그에게 "우리가 모두 주도자예요"라고 말했다. 회사의 보복을 막기 위해 노동자들은 눈에 띄는 리더가 없어야 서로를 보호할 수 있음을 쓰라린 경험을 통해 학습했다.

폭스콘은 2세대 아이패드의 글로벌 수요를 지체없이 충족시켜야 한다는 강한 압박에 시달리고 있었기에, 결국 경영진은 직무평가 대상 노동자들이 해당 월말에 평가를 통과한다는 조건으로 "노동자들의 임금 인상"에 합의했다. 한편 폭스콘은 아이패드 조립라인을 채우기 위해 전국의 직업학교에서 더 많은 학생 인턴을 고용했다. 2011년 4월 20일 애플의 최고재무책임자 피터 오펜하이머Peter Oppenheimer는 콘퍼런스홀에서 "우리가 만들 수 있는 아이패드2는 모두 판매했습니다"라고 투자자들에게 말했다.[9] 만약 폭스콘이 더 많은 아이패드를 생산할 수 있었다면, 애플은 더 큰 이윤을 챙겼을 것이다.

알루미늄 분진

시위에 나선 노동자들이 이의를 제기했던 쟁점은 임금문제만은 아니었다. 폭스콘의 광택 작업 노동자들은 알루미늄 원료를 반짝이는 스테인리스 아이패드 케이스로 만드는 일을 담당한다. 광택기는 훨씬 더 정교하게 케이스를 연마해서 작업할 때 금속 분진이 발생한다. 미세한 알루미늄 분진이 노동자들의 얼굴과 옷을 뒤덮는다. 한 노동자가 그 상황을 다음과 같이 묘사했다. "저는 폭스콘에서 진공청소기처럼 알루미늄 분진을 들이마시고 있어요." 작업장 창문은 굳게 닫혀 있어서 노동자들은 질식할 것 같다고 느낀다.

덕트 및 환기 시스템 점검 등 작업장 위해성에 대한 감시 활동은 아이패드 생산목표를 달성하기 위해 무시되었다. 20세의 노동자 마취안馬全은 쓰촨 방언으로 "미세한 알루미늄 입자가 눈물에 씻겨 나올 때면 눈이 찢어지는 듯 아파요"라고 말했다. 그리고 "작업장의 모든 사람이 활성탄 필터가 달린 얇은 천 마스크를 쓰지만, 밀착밴드가 없어서 전혀 보호되질 않죠"라고 덧붙였다.

이 마스크는 알루미늄 분진의 독성 효과를 차단하는 데 쓸모가 없었지만, 폭스콘이 각종 공장 검사를 통과하는 데에는 쓸모가 있었다. 노동자들이 끊임없이 기침하며 목이 아프다고 호소했지만, 폭스콘 경영진은 물론이고 청두 공장에 파견된 애플의 엔지니어들과 제품개발팀은 노동자의 건강과 생명보다 시간당 생산량만 중시했다. 마취안의 동료 중 4명은 수습 기간이 끝나기도 전에 회사를 그만뒀다.

광택 작업장에서 노동자들은 면장갑을 꼈지만, 초미세 입자가 얇은 재질의 장갑을 뚫고 손으로 들어왔다. 노동자들은 작업장에서 알루미늄 분진의 노출 정도를 전혀 알지 못한 채 비누와 물로 손과 몸을 씻을 수밖에 없었다. 작업이 끝난 뒤 마취안은 면장갑을 벗고 알루미늄가루로 뒤덮인 양손을 무기력하게 바라봤다.

광택 작업 노동자들은 생산량이 최고조인 기간에 하

이 사진은 (장갑을 벗은 후) 폭스콘의 광택 작업 노동자와 연구원 손의 피부색 차이를 보여준다. 노동자들은 아이패드 광택 작업에서 발생한 알루미늄 분진이 폭발할 수 있다는 사실을 전혀 알지 못했다.

루 12시간씩 알루미늄 분진을 들이마셨다. 마취안은 동료 노동자들의 지지를 받아 라인장에게 자신들의 건강 문제에 대한 우려를 전달했지만, "공장 환경은 절대적으로 안전해!"라는 심란한 말만 들어야 했다. 즉 폭스콘은 작업장의 보건과 안전 상태에 대한 종합적인 위험평가를 실행하지도 않았으며, 심지어 그런 평가의 필요성도 인정하지 않았다.

화재, 폭발, 사망

2011년 5월 6일 폭스콘은 다음과 같은 언론 성명을 발표했다. "우리는 중국 신세대 노동자들의 요구에 부응하기 위해 이 산업 분야를 선도해가면서 지난 1년간 엄청난 발전을 이뤘습니다. 이는 많은 고객사 대표, 외부 전문가, 기자들이 우리 공장을 방문해 우리 회사 직원과 경영진을 공개적으로 만나 확인한 것입니다."[10] 이러한 홍보 성명은 2011년 5월 1일 메이데이 직전에 〈가디언〉이 처음 보도한 노동자들의 거듭된 깊은 우려를 무시한 것이었다.[11]

한 가지 지점에서는 회사 진술이 상당히 정확하다. "고객사 대표", 즉 애플의 대표들은 실제로 공장을 방문했다. 하지만 그들은 건강과 안전에 관한 중대한 문제를 제기하지 않았다. 2주 후인 5월 20일, 폭스콘 청두 A5 건물 3층 환기용 덕트에 쌓인 알루미늄 분진이 치명적인 폭발을 일으켰다. 오후 7시경 전기 스위치에서 스파크가 생기면서 금속 분진에 불이 옮겨붙었다. 짙은 연기가 작업장을 빠르게 가득 채웠다. 소방관들이 오후 7시 30분쯤 현장에 도착했다. 구급차와 회사의 승합차가 심한 화상을 입거나 의식을 잃은 피해자들을 응급실로 데려갔다. 이 사고로 노동자 4명이 목숨을 잃고, 수십 명이 다쳤다. "우리는 간신히 목숨을 건졌습니다. 너무 무서웠어요." 생존자들이 "검은 금요일 저녁"을 떠올리며 해준 말이다. 그날 밤 천둥과 번개 속에서 목숨을 잃은 이들을 떠올리며 몇몇 노동자는 눈물을 참지 못했다.

아이패드에 포함된 인적 비용

폭스콘은 치명적인 사고 직후 아이패드 생산이 청두의 "폭발 장소에서 중단됐다"라고 밝혔다. 폭스콘 대변인은 "직원의 안전이 우리의 최우선 과제이며, 비극적인 사고 원인을 파악하고 해결하는 데 필요한 모든 조치를 취할 것"이라고 말했다.[12] 애플의 언론 성명은 그 메시지를 반복하는 것이었다. "우리는 청두 폭스콘 공장에서 일어난 비극에 깊은 슬픔을 느끼며, 희생자와 유가족에게 조의를 표한다. 우리는 이 끔찍한 사건의 원인을 파악하기 위해 폭스콘과 긴밀히 협력하고 있다."[13] 하지만 현장 증거를 살펴보면, 애플과 폭스콘은 노동자들의 건강과 생명을 보호하기보다 이윤 극대화, 홍보, 피해 통제를 우선시했음을 알 수 있다. 이들은 광택 작업장 전체와 병원에 대한 감시와 더불어 인터넷 검열을 통해 언론 보도를 막았다. 공식적인 공지 사항은 다음과 같았다.

국무원 신문판공실: 폭스콘 청두 공장 폭발사고와 관련해 모든 언론과 웹사이트는 정부의 공식 보도를 기다려야 한다. 독립적인 보도나 전송, 건의 등은 허용되지 않는다.

쓰촨성 당위 선전부: 폭스콘 청두의 아이패드2 공장 폭발사고와 관련해 독립적인 보도는 허용되지 않는다. 허가를 받지 않은 보도는 즉시 삭제된다.[14]

'뉴욕 타임스 상'을 받은 "아이–이코노미iEconomy" 연작 기사의 찰스 두히그Charles Duhigg와 데이비드 바르보자는 "아이패드에는 인적 비용이 내장되어 있다"는 가혹한 현실을 관찰했다.[15] 화재 위험과 금속 분진 폭발은 다른 애플 공급업체에서도 노동자의 생명을 위협하는 심각한 위험이 되고 있다. 폭스콘 참사가 발생한 지 7개월 뒤인 2011년 12월 17일, 가연성 알루미늄 분진이 또다시 폭발을 일으켰고, 이번에는 상하이의 아이폰 제조업체 페가트론에서 노동자 61명이 다쳤다. 이 폭발로 많은

젊은이가 심한 화상을 입고 뼈가 산산조각 나 영구적인

장애를 갖게 되었다.[16)]

7.
도시를 배회하다

선전, 선전[1]

한 해 한 해가 지나가네

내 일도 하나 또 하나 바뀌었네

그래도 돈은 얼마 벌지 못했고

오히려 억울한 일만 크게 당했네

너는 아직 내 마음속의 선전일까?

아니면 단지 잠시 머무르는 정거장일까?

당신을 떠나면 난 또 어디로 가야 하나

— 중D음노동자밴드重D音工人乐队[2]

　노동자들은 폭스콘을 드나들면서 산업재해뿐 아니라
하층계급을 괴롭히는 "숨겨진 상처"에 고통받아왔다. 리
처드 세넷Richard Sennett과 조나단 콥Jonathan Cobb[3]은 미국 사
회에서 블루칼라 노동자들이 자존감, 삶의 가치, 사회

171

적 존중을 덜 갖는 것으로 여겨지는, 점점 불평등해지는 사회적 양상을 서술했다.[4] 마찬가지로, 오늘날 중국의 육체노동자들은 사회경제적 불평등이 증가하고 있는 선전과 여러 대도시들에서 품위 있는 삶과 생계 안전을 위해 싸우고 있다. 선전을 떠나는 자들은 어디로 가야 할까?

"선전, 선전"이라는 중국어 노래는 수많은 가난한 노동자의 심금을 울렸다. 그들은 가족을 부양하고 결혼자금을 벌기 위해 필사적이다. 그리고 도시에서 기숙사의 이층침대가 아닌 집을 마련해야 하는 도전에 시달린다. 기혼노동자들은 집에서 멀리 떨어진 공장으로 떠나올 때 자녀와 배우자를 고향 농촌에 남겨두는 현실에 직면할 수밖에 없다. 폭스콘은 2014~2018년 "쓰촨과 허난 지역의 2만1,003명에 달하는 유수아동을 돕겠다"[5]고 밝혔는데, 그나마 실적이 좋은 직원에게만 제공된 복지 혜택이었을 뿐이다. 결국 자녀가 있는 기혼노동자는 생계를 위한 스트레스가 높을 수밖에 없다. 이들뿐만 아니라 모든 폭스콘 노동자가 심각한 문제에 부딪히곤 하는데, 이는 급속한 도시화 속에 지역 격차가 확대되고 있는 중국 사회 전반의 문제를 반영한다. 이주자 부모들은 자녀 교육 관련 딜레마에 마주하게 되는데, 자녀를 조부모나 친척이 있는 농촌에 남겨두거나, 공교육 자격이 없어 오직 농민공 학교밖에 갈 곳이 없는 도시로 데려올 수밖에 없다.

도시의 노동자 기숙사

농민공은 어려운 선택의 문제에 부딪힌다. 즉 스파르타식 공장 기숙사에 살면서 때때로 7명 또는 그 이상의 동료와 함께 방을 쓰거나, 아니면 더 높은 비용을 주고 민간 주택에 임대 거주해야 한다. 돌이켜보면, 1980년대 말에서 1990년대 초반 선전의 폭스콘 생산기지에서 전형적으로 공장단지 건물 1층은 매점이었고, 2층부터 5층은 생산라인이었으며, 6층은 노동자 기숙사였다. 이처럼 작업과 생활의 공간적 경계가 흐려져 있었는데, 특히 바쁜 시즌에 초과노동을 강요당하는 노동자들은 더욱더 그러했다.

일부 공장시설의 화재 위험과 표준 이하의 구조물은 노동자들의 생명을 위협했다. 1993년 87명의 목숨을 앗아간 즈리致麗 완구공장 화재 사건 이후,[6] 사회적 압력과 국제 미디어의 정밀조사 아래 선전시 정부는 일련의 안전법안을 통과시켜, 작업장과 기숙사 모든 출구의 잠금 해제와 청결 상태 유지, 비상구 표지판과 소화기 설치를 의무화했다. 노동자 기숙사는 생산 작업장과 창고에 인접해선 안 되며, 정기 검사의 대상이 되었다. 1994년 정부는 국가 차원에서 노동법(1995년 1월 시행)을 공포했는데, 직업 보건안전 등의 노동자 보호 규정을 포함했다.

자고, 먹고, 일하고, 자고 ―이층침대가 있는 폭스콘 공장 기숙사 방. 8명이 주야 교대근무를 하며 방 하나를 공유한다.

1996년 폭스콘은 룽화 공장 오픈에 맞춰 건물 안전 기준을 업그레이드했다. 새로 지어진 기숙사 시설은 개선됐고, 금속 사물함, 공유 TV룸, 카페테리아 등이 갖춰졌다. 하지만 기본 조건은 여전히 열악했다. 한 방에 8명에서 24명에 이르는 노동자가 이층침대에서 거주했다. 화장실, 샤워, 소음, 보안 문제로 인한 다툼이 잦았고, 이 때문에 사람들은 의기소침해지곤 했다.

기혼노동자들은 배우자와 같은 방을 쓰지 못하고 따로 떨어져 거주한다. 폭스콘 기숙사 서비스 관리자는 노동자의 규율을 유지하려면 도덕, 협력, 복종이 필수라고 이야기하지만, 그들의 규제는 친밀한 부부 사이의 의사소통에 장벽을 만든다. 회사의 주거혜택을 독점적으로 누리는 고위관리자가 아니라면, 같은 상사 밑에서 일하더라도 부부가 함께 방을 쓸 수는 없다.

폭스콘과 기타 여러 공장에서 기숙사 구역은 성별로 분리되어 있고, 이성의 방을 방문하려면 보안 관리 사무실에 등록해야 한다. 기숙사에 들어가려면 계단이나 엘리베이터를 이용하기 전에 전자 직원카드를 찍고 녹색등이 켜지기를 기다려야 한다. 보안요원은 24시간 기숙사 문을 모니터하고, 주기적으로 모든 층을 점검한다.

기숙사는 노동자에 대한 복지의 형태로 제공되는 것이 아니다. 그것은 도시의 아파트보다 낮은 가격으로 임대되는 것일 뿐이다. 일부 노동자는 개인의 자유와 사

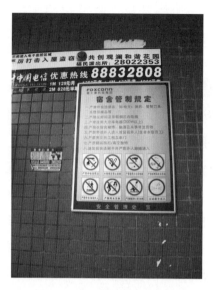

폭스콘의 기숙사 관리규정 및 안전규정에 관한 포스터로, 5조와 6조에서 다음과 같이 규정한다. "외부인을 데려오거나 머물게 하는 것을 엄격히 금지한다."(5조), "남녀 직원이 서로의 방에 놀러가는 것을 엄격히 금지한다."(6조).

생활을 찾아 가능한 한 빨리 기숙사를 떠나 아파트를 임대하기도 한다.

'집'을 찾아서

2011년 6월, 20㎞에 달하는 선전 지하철 4호선[7]이 개통되면서 폭스콘의 대규모 공장이 위치한 룽화구로부터 홍콩의 북부 경계까지 교통망이 확대됐다. 쇼핑몰, 집, 호텔을 짓기 위한 대규모 건설 프로젝트가 잇따라 승인되면서 새로 도심이 만들어지고 도시 경관이 변화했는데, 빠른 성장과 더불어 선전의 임대료는 새로운 정점으로 치달았고, 토지와 부동산 가격 또한 치솟았다. 한 노동자는 민간 주거시장의 상황을 다음과 같이 설명했다.

> 집주인은 폭스콘이 우리 기본임금을 월 2,000위안으로 인상했다고 믿었지만, 사실이 아니에요. 어림도 없는 소리죠! 그들은 우리가 초과근무를 해야 임대료 낼 돈이 조금 더 생긴다는 걸 몰라요. 우리 소득을 집주인들이 다 먹어치우는 거죠.

낡고 빽빽하게 밀집된 이주자 주거지에서 집주인들은 칸막이로 임대 공간을 작은 방들로 나눴다. 2011년 말 폭스콘 룽화 공장 근처 작은 방의 임대료는 월 380~

177

2011년 선전시 폭스콘 룽화 공장 남문 근처의 1박당 25위안짜리 호스텔. 한 달 특가는 680위안이었다. 반면, 기숙사 공유방의 이층침대 한 칸은 월 150위안이었다.

580위안으로, 위치와 주거 조건에 따라 상이했고, 공공요금과 관리비는 천차만별이었다. 이에 비해 2010년 폭스콘은 임금 인상의 일부라도 상쇄하기 위해 기숙사의 이층침대 한 칸에 매달 40위안을 공제하기 시작했고, 이후 70위안, 110위안, 2011년에는 150위안으로 인상해 나갔다.

가장 싼 셋방에는 창문이 없는 경우가 많다. 어떤 방은 천장 근처 높은 곳에 비좁은 창문이 있는데, 이를 통해서만 최소한이나마 외부 세계와 연결된다. 몇몇 단지에는 쥐와 바퀴벌레가 들끓는다. 기본급은 지속해서 인상됐으나, 임대료와 식비 등의 물가상승으로 노동자들은 괜찮은 주거공간 마련과 생계를 위해, 수입과 지출의 균형을 맞추기 위해 계속 고군분투해야 했다.

부동산 개발상은 선전 근교 산업단지를 중산층 주거지로 전환하면서 수익을 올려왔다. 2018년 2월 선전의 최저임금은 월 2,200위안으로, 월 2,420위안이던 상하이에 이어 중국 내 2위였다. 폭스콘 노동자가 초과근무수당, 야간근무 보조금, 만근수당 등을 받으면, 한 달에 약 4,000위안을 벌 수 있다. 지역의 주택 임대료와 구매 건수는 크게 올랐지만, 공장 노동자들은 생활비를 제하면 저축할 돈이 얼마 남지 않았다. 그럼 도시 이주 노동자들의 생활 방안은 무엇이었을까?

생산 작업장과 창고, 노동자 주거지가 일체화된 다기

2019년 2월 룽화구 칭후淸湖 사구社區의 전면창을 갖춘 원베드룸 아파트 임
대료가 월 1,500위안으로 인상됐다. 도시 최저임금이 월 2,200위안이었기
에 공장 조립라인 노동자는 이곳에 닿을 수 없었다.

능 아키텍처는 초기 산업지구의 전형적인 모습이며, 저소득 가족이 집중된 허술하게 계획된 구역 내에서는 지금도 흔하다. 공간 측면에서 선전이 글로벌 경제의 선두 주자가 되기 위해 농촌을 대도시로 전환하던 바로 그때, 이주노동자들은 자신의 아파트에 정착해야 한다는 강한 압박을 느꼈다. 하지만 그들은 세 가지 요인으로 좌절할 수밖에 없었다. 첫째, 선전, 베이징, 상하이, 다른 중간 규모의 도시, 대도시, 초대도시의 관료들은 안정적인 소득과 고용을 갖추지 못한 농민공에게 아파트를 구매할 권리를 주지 않았다. 둘째, 도시화와 더불어 원베드룸과 투베드룸의 아파트 가격이 빠르게 올라 대다수 노동자의 소득수준보다 훨씬 높았다. 셋째, 이주노동자들은 열악한 임대주택에서도 반복적으로 쫓겨났는데, "고단high-end"의 "스마트"한 글로벌 시티를 추진할수록 도시의 주변으로 내몰렸다. "저단low-end"의 농민공은 중심 도시에서 주변 지역으로 제거되기도 했다. 농민공의 고된 노동은 현대적인 도시 라이프스타일 창조에 필수적이었지만, 그 혜택에 대한 접근은 거부되었다.[8]

한계지대에서 살기

몇몇 노동자는 새로운 무언가를 시도하기 위해 "공장으로부터 탈출했는데", 거리에서 식료품을 팔거나 작게나마 장사를 시작하기도 했다. 검은색 V넥 운동복을 입은 26세의 건장한 남성 위시아티엔于夏天은 자영업자다. "저는 폭스콘을 위해 일하는 게 싫었어요. 하루하루 더 나은 삶에 대한 희망이 멀어지는 것처럼 보였거든요. 그래서 지난달에 그만뒀어요."

2012년 1월 시아티엔은 승합차를 빌려 바나나를 팔기 시작했다. "새벽 5시 반에 농부로부터 직접 바나나를 구매해요. 그리고 노동자들이 출퇴근하는 폭스콘 룽화 공장 D지구 맞은편 메인 인도교로 차를 몰고 가죠. 수십 명의 행상인이 이 핫스팟에서 오렌지 등의 과일과 요리한 음식을 팔아요." 그날 아침에 많이 팔았다고 이야기하면서 그의 목소리가 밝아졌다.

"단속 공무원들이 나타나 면허증을 요구하며 돈을 갈취하지 않으면, 혹은 폭력배들이 보호비를 요구하지 않으면, 정말 운이 좋은 날이에요. 저는 대량으로 싸게 판매해요." 시아티엔의 말이 끝난 뒤 조금 후에 4~5인조 폭력배가 "보호비"를 요구하며 그와 행상인들을 공격했다. 그는 우리에게 "경찰을 부르는 건 무의미해요. 길거리에서 장사할 권한이 없거든요. 우리는 사업자등록증이 없어요"라고 말했다.

많은 사람이 자그마한 장사마저 실패하고는 다시 공장으로 돌아갔다. 시아티엔은 "올해 1월부터 다시는 공장으로 돌아가지 않겠다고 스스로 다짐했어요. 하지만 한계지대에 살면서 그걸 피할 수 있을지는 불확실하죠"

선전의 폭스콘 룽화(서문) 공장 D 구역의 거리 행상인들.

라고 말했다. 대다수 이주노동자는 도시의 중위 소득자가 되기는커녕, 계속해서 산업용 일자리를 이어가며 도시 안팎을 드나들고 있다.

아직 미혼인 시아티엔과 달리 부후이는 결혼해서 아이가 있다. 그는 폭스콘에서 8년간 금속 세정노동자로 일했다. 밤이 깊었다. 그에게는 또 다른 잠 못 이루는 밤이었다. 그는 온라인 채팅방에서 자신의 고충을 나눴다. "요즘 많은 스트레스를 받고 있어요. 저는 돈을 벌어야 해요. 아들이 겨우 4살이거든요. 부모님 건강도 좋지 않고요. 아이를 돌봐야 하고, 집에 돌아가 부모님도 부양해야 해요." 그리고는 "홍콩에서 어떻게 일자리를 구할 수 있는지 아시나요?"라고 물었다.

그의 전처와 관련해서는 아름다운 사랑이 떠나간 것을 한탄했다. 그는 "메이와는 스케이트장에서 만나 첫눈에 반했어요"라고 회상했다. 당시 19세였던 그들은 곧 결혼했다. "저흰 겨우 8㎡짜리 방을 빌렸어요." 생활 여건은 초라했다. 메이는 폭스콘 생산라인에 들어갔지만, 그 일이 싫어서 그만두고 거리에서 신발을 팔았다. "일하느라 바빠서 그녀와 함께 있을 시간이 없었어요. 성수기에는 한 달에 100시간 일할 정도로 초과근무를 많이 했어요. 자는 것 외에는 계속 초과근무였죠"라고 후이가 회상했다. "때때로 야간근무도 했어요. 저는 그녀와 함께하기 위해 늦게 잠들거나 아침 일찍 일어났어요.

그리고 늘 감정을 중시했어요. 돈은 단지 물질적 소유물일 뿐이에요."

메이는 후이의 고향 농촌에서 아이를 낳은 뒤 집을 떠나 일을 찾고 싶어 했다. 춘절 이후 후이가 선전에서 일하는 동안 메이는 광저우로 일하러 갔다. "그녀가 가는 걸 원하지 않았지만, 붙들 수 없었어요." 갓 태어난 아이는 그의 부모님과 함께 농촌에 남겨져 수천만 명에 달하는 유수아동 대열에 합류했다. 즉 그의 아이는 태어나면서부터 유수아동이었다.

헤어진 뒤 후이와 메이의 연락은 점차 끊겨갔다. "결혼한 여성은 자신을 다른 사람과 비교하기를 좋아해요. 우리는 돈 때문에 자주 싸웠어요. 제 낮은 임금으로는 도저히 그녀를 만족시킬 수 없었어요."

메이의 기대는 후이에게 견딜 수 없는 스트레스로 다가왔다. "제가 쓸모없다고 느껴졌어요. 집도 없고 차도 없으니까요. 처음엔 몰랐지만, 제가 돈을 너무 적게 벌어서 그녀가 저를 멸시한다는 걸 알게 됐어요. 광저우에서 그녀와 함께 살기를 원했지만, 그녀는 허락하지 않았어요." 그들의 관계는 시들어갔다. 그는 그녀에게 다른 남자가 있다고 의심했다. 오래지 않아 그들은 이혼했다.

많은 농촌 주민에게 이주는 출세와 고소득을 위한 유일한 기회를 열어주는 것으로 보인다. 하지만 젊은 부부가 맞부딪히는 도전은 어마어마하다. 남편과 아내 모두 매우 흔하게 장시간 노동을 하면서 때로는 다른 도시에 거주하며, 과로와 스트레스에 시달린다. 작업장과 가족뿐 아니라 생산과 재생산 영역들도 통합됐는데, 상호 협조는커녕 분열되고 파괴적이다. 이러한 일과 재정적 압박 아래 많은 노동자는 결혼과 가족관계 강화가 극도로 어렵다는 것을 알게 된다.

이동 중

폭스콘과 공급업체들이 지리적으로 이동하면서 폭스콘은 절감된 가격에 노동 수요를 맞추기 위해 노동자와 직원을 지정된 장소로 전근시켜왔다. 이는 기업 주도적인 대규모 이주와 노동유연화의 새로운 패턴이다. 노동자에게 이동이 항상 자발적이거나 조화로운 것은 아니란 점에서 기업의 홍보와는 상반된다.

농촌 호구를 가진 29세의 후난湖南성 출신 천춘화陳春華는 농촌을 영원히 떠나려는 마음을 갖고 있기에 선전을 자신의 집으로 여긴다. 그녀는 선전시 9개 구 중 하나인 푸톈福田구의 셋방에서 파트너와 함께 산다. "공간은 매우 좁지만, 만족해요. 푸톈은 대중교통이 편리해요. 여기에서 그리 멀지 않은 곳에 공원과 녹지 공간도 많고요." 푸톈항은 홍콩 지하철MTR 동부철도라인東鐵綫의 일부인 록마차우Lok Ma Chau역과 연결되어 있다.

춘화는 선전시에서 계속 일하고 싶어 하며, 2006년부

"집에서 가까운 곳에서 일하니 정말 좋다"라는 2011년 6월 30일 자 〈폭스콘 위클리〉의 헤드라인. 그러나 집에서 멀리 떨어진 저임금 지역으로 강제전근하게 되면서 모든 노동자가 웃을 수 있는 상황이 아니었다.

터 정부의 사회보장제도인 의료보험과 양로보험에 가입
했다. "저는 프랑스 톰슨 멀티미디어™의 선전 소재 자
회사인 톰슨 OKMCO에서 일하고 있었어요. 어느 날
대표님이 우리 회사가 폭스콘과 합병 계약을 체결했다
고 발표했어요. 그는 우리 대부분이 폭스콘 룽화 공장
에서 새로운 계약을 체결할 거라고 장담했어요."

폭스콘은 춘화를 소비자 및 컴퓨터제품 사업단 직원
으로 채용했다. "제 업무는 제품 정보 시트를 작성하고,
팀장님을 위한 미팅 회의록을 준비하는 거였어요. 사
무실에서 주간 교대근무를 했고요." 춘화는 행정 업무
에 익숙해져갔다. 하지만 2010년 8월 춘화의 상황은 예
기치 않게 변했다. 그녀는 고위경영진으로부터 선전에
서 옌타이烟台 경제기술개발구로 전근 가라는 명령을 받
았다. 산둥성에 위치하고 황해와 보하이만渤海灣에 접한
새 직장은 선전시에 있는 그녀의 파트너와 친구들과는
1,805㎞ 북쪽으로 멀리 떨어져 있었다. 당시 옌타이시
의 최저임금은 월 920위안으로, 춘화가 선전시에서 받
던 월급인 1,360위안보다 훨씬 적었다. 춘화는 상사에
게 "저는 옌타이에 갈 준비가 되어 있지 않아요. 룽화
에서 동일 조건의 다른 사무직을 택하고 싶습니다"라고
말했다.

폭스콘은 남쪽에서 북쪽으로, 동쪽에서 서쪽으로 계
속되는 기업의 확장과 지리적 이전 계획이 모두에게 도

움이 되는 일이라고 설명했다. "우리는 직원 대부분의 고향인" 성醬들로 "제조사업장을 우선적으로 배치해왔습니다. 노동자들은 자신의 가족과 친구, 전통적인 지원 네트워크와 더 가까워질 수 있습니다."[9] 일부 노동자와 관리직은 자기 고향 성의 지방 경제에 기여하고, 집에서 가까운 곳에서 일하라는 회사의 요청에 열광적으로 반응했다. 그러나 더 많은 사람, 특히 동남해안 지역에 일자리와 가족을 가진 사람들은 "비자발적인 일자리 이전"이 가족 및 다른 사회적 네트워크 붕괴와 더불어 임금삭감을 수반하고, 선전의 집으로부터 멀리 떨어져 모든 걸 다시 시작해야 한다는 것으로 이해하여 전근을 받아들이기 꺼렸다.

춘화에 따르면, "노동자들은 전근이냐 퇴직이냐는 최후통첩을 받았다." 폭스콘은 춘화에게 사무직 일자리나 퇴직금을 주기 거부했다. 그녀는 무언가 잘못됐음을 곧 알아차렸다. "그날 아침 저는 제 직원카드가 비활성화된 걸 발견했어요. 그리고 다른 사업단의 조립라인에 배치됐어요. 제 일자리 직무가 바뀐 거죠. 이제 저도 밤에 일해야 한다는 거예요. 전 엄청난 충격을 받았어요." 폭스콘이 중국 전역에서 제조 장소의 영역을 재배치하자, 춘화는 "노동자를 다른 상품처럼 단순하게 이동시켰다"고 말했다. 그날 오후 춘화는 고용돌봄센터에 가서 도움을 요청했다. "놀랍게도 저는 의견충돌이 심했던 바로 그 상사에게 다시 보내졌어요. 밤에 너무 화가 나서 먹지도 쉬지도 못했죠."

다음날 춘화는 선전 푸톈 제2의원에 입원했다. 그녀는 "폭스콘은 일방적으로 제 주요 직무를 변경해 상호 합의에 기반한 노동계약을 위반했어요. 돌이켜보면 제가 옌타이로 전근 가라는 회사의 명령을 거부한 바로 그날, 어쩌면 한 푼도 받지 못한 채 쫓겨날 운명이 정해진 거예요"라고 말했다.

폭스콘 제국의 새로운 저임금 지역으로의 거침없는 영토 확장에 불과했던 회사 주도의 "조화로운 노동 이주" 과정에서 많은 노동자가 삶이 뿌리 뽑히고 가족이 뿔뿔이 흩어질지도 모를 불안감을 경험했다. 춘화뿐만이 아니었다. 룽화 여러 부서의 동료들 중 일부는 선전에서 학령기 자녀를 둔 기혼자였지만, 어떠한 보상이나 퇴직금 없이 회사를 그만둘 수밖에 없었다. "왜죠? 우리 집은 바로 여기에요. 여기를 떠나서 모든 걸 다시 시작할 수는 없어요."

정착하지 못한 삶

폭스콘과 다른 회사들이 내륙과 서부 지역에 공장을 열면, 집에서 더 가까운 곳에서 일자리를 구할 기회가 증가한다는 점은 사실이다. 이것이 농민공의 부담을 덜어줬을까? 쓰촨성 남동부 이빈시의 한 마을로부터 이주한 31세의 오우양종歐陽鐘은 청두 폭스콘 공장에 아이패드 조립노동자로 새로 고용되었다. 오우양종과 그의 부모는 다른 마을 사람들처럼 그들의 고향 마을에 있는 작은 농경지의 경작권을 갖고 있지만, 그가 집을 떠나 도시에서 일하며 번 돈으로 아내와 딸, 부모님을 부양한다.

공장 기숙사에 살면서 그는 매달 평균 500~800위안을 집으로 보낼 수 있었다. 부모님 생신이나 친척 결혼식과 같은 특별한 경우에는 축하의 의미로 가족에게 1,000위안 정도를 보냈다. 그는 "올해 초 춘절을 맞아 집에 가기 위해 버스를 탔어요. 얼마 지나지 않아 다시 일하러 돌아오면서 악몽이 또 시작됐지요"라고 말했다. 가족관계는 그에게 매우 중요했다. 하지만 그는 도시의 한 지붕 아래 함께 살도록 부모님을 모셔올 여유가 없었다. 그는 저축이 충분해지자 휴가를 내고 집에 갔다. 비록 청두에서 단지 257㎞ 떨어진 곳에 살지만, 해안 지역으로 이주한 대부분이 그렇듯, 그는 일 년에 겨우 한두 번만 집으로 돌아갈 수 있었다.

중국의 최대 명절인 춘절 기간의 대이동은 연간 세계 최대 규모의 인구이동이다. 수천만 명의 농민에게, 이는 집을 방문하고 가족과 다시 연결되는 유일한 기회다. 오우양종은 아내와 떨어져 사는 내내 아내를 그리워했다. 그는 스마트폰을 보여주며 "아이가 참 귀엽죠?"라고 물

거리에서 값싸게 식사하기: 노동자들을 위한 노점.

었다. 우리가 대답도 하기 전에 그는 "너무 귀여워요. 정말 당장이라도 집에 가고 싶어요. 우리 딸은 장난꾸러기예요"라고 말했다.

2011년 2월 그는 기본임금, 야근수당, 야간근로 보조금 등을 합쳐 1,870위안을 받았다. 생활비와 자녀 교육비는 깊은 고민으로 남았다. 혼자서는 일상적인 육아에 충분한 자금을 벌 수 없었다. 그는 시골과 도시 모두 공립 어린이집이나 유치원이 부족해서 3~6세 아동들이 취학 전 교육을 받지 못한다면서[10] "저 같은 기혼 노동자들은 가급적 초과근무를 많이 하면서 개인 경비를 아껴야 해요"라고 말했다. 그의 동료들도 비슷하게 1년에 며칠을 제외하면 배우자, 자녀, 부모와 떨어져 살면서 이중고 삼중고에 맞서 결혼생활과 개인생활을 함께 유지하려 분투했다. "스트레스는 많고, 미래는 불확실해요. 저는 일을 시작한 이래로 쭉 다른 공장에서 더 나은 임금을 받기 위해 그만두고 싶었어요."

하지만 더 좋은 일자리를 찾거나 자기 사업을 시작할 기술도 자본도 없는 그는 폭스콘에서 계속 자리를 지키고 있다. "삶이 불안해요. 집에 돌아간다 해도 마찬가지일 거예요."

어떻게 하면 더 만족스러운 삶을 살 수 있을까?

『타임』지가 2009년 올해의 인물 2위로 "중국의 노동자"를 선정하면서 편집자는 "세계의 경제 회복을 이끌어 인류의 미래를 밝게 했다"라고 논평했다.[11] 하지만 실제로 그들은 어떤 대가를 치르고 있는가? 중국사회과학원과 세계은행의 추정에 따르면, "농촌 노인이 성인 자녀와 함께 거주하는 비율은 1991년 70%에서 2006년 40%로 떨어졌고," 농촌에서 도시로의 이주노동 추세는 계속 증가하고 있다.[12] 달리 말하면, 1990년대 이후 많은 젊은이가 집에서부터 멀리 이주하면서 대부분의 시골 지역에서 인구가 줄었고, 주로 노인과 아이만 마을에 남겨졌다. 가족의 유대관계 및 생활방식은 본질적으로 심오한 변화를 겪고 있다.

향수와 때때로 느껴지는 상실감은 도시에 홀로 있는 젊은이들에게 흔히 나타난다. 긴 교대근무를 마친 후 폭스콘 노동자들은 휴식시간에 스마트폰으로 노래 듣는 걸 즐긴다. 다음은 노동자들의 인기곡 중 하나인 "인생을 품다"이다.

우리는 도시 변두리를 걷고 있어
얼마나 많은 파란만장한 발자국을 남겼는지
허다한 소망은 구름과 연기가 되어
그 많던 땀도 아득히 멀어져 가네
우리는 회색 공간에 살고 있어
잠 못 이루는 밤 오직 별만 보이네

비록 생명은 부단히 시들어가지만

도시 하늘을 쪽빛으로 물들이네

외로이 도시를 거닐다가

몇 번이나 울먹이는 서글픔

그저 이 깨어진 희망들이

성공한 후의 추억이 되기를[13]

폭스콘의 거대한 공장도시는 결코 잠들지 않는다. 사람들은 장시간의 야간작업 내내 상품을 조립하고 싣고 내린다. 별이 총총 빛나는 같은 하늘 아래, 공장 담장 밖에서 연인들은 제한된 자유시간을 스스로 찾는다. 이들은 룽화단지 옆 강가를 산책하며 손을 잡고 사랑을 속삭인다. 중국의 가족정책이 완화되면서 젊은이들은 결혼해 행복한 가정을 꾸리기를 꿈꾼다. 그들 중 몇 명이 아파트를 사서 편하게 정착할 수 있을까? 폭스콘을 떠나는 건 아마도 또 다른 작은 폭스콘으로 들어가는 걸 의미할 것이다. 아직도 많은 사람이 탈출구를 찾아 자신의 운을 시험하고 있다.

8.

꿈을 좇다

새들아, 바보같이 굴지 마.

네가 나느라 힘든 건 아무도 관심 없어.

사람들은 오직 네가 얼마나 높이 나는지만 신경 써!

– 오우양歐洋, 19세 폭스콘 노동자

　자신이 태어난 고향 농촌에서 멀리 떨어져 사는 젊은 노동자 대부분은 견문을 넓히고 현대적 생활과 세계 시민적 소비를 경험하려는 열망에 따라 움직인다. 특히 오우양은 다른 노동자들보다 더 유행에 민감하여 허리선이 내려간 무릎길이의 치마를 선호한다. "제가 원하는 건 도시에서 어머니와 함께 더 나은 삶을 보장받는 거예요"라는 오우양의 말에서 이 세대의 열망을 알 수 있다. 그녀뿐 아니라 많은 사람이 행복한 삶과 사랑, 결혼, 사업 성공 등의 크고 작은 자신의 꿈을 좇고 있다.

공장 소녀들

오우양은 공장 일 외에 파트타임 일도 시작했다. "저는 화장하는 걸 좋아해요. 쇼핑도 좋아하고요. 왜 제가 남들보다 작은 바람을 가져야 하죠?"라고 그녀가 물었다. "저는 '퍼펙트 뷰티Perfect Beauty' 직판 교육과정을 이수했어요. 화장품을 팔아 더 많은 돈을 벌면 좋겠어요. 언젠가는 새 혼다 자동차를 몰고 멋지게 고향에 돌아가고 싶어요." 어머니가 행복한 삶을 살도록 돕겠다는 꿈을 간직한 오우양은 후베이성 수도인 우한에 정착할 계획이다.

우리는 매일 아침 6시에 일어나 손을 잡고 공원을 걷고, 7시에 돌아와 아침을 먹고 부채 하나 들고 흔들의자에 앉아 수다를 떨 거예요. 밤에는 수박을 먹으며 텔레비전을 보고요. 엄마는 잠시만이라도 이렇게 살 수 있다면 만족한다고 했어요. 엄마는 살면서 딱 두 가지 희망만 가져왔대요. 하나는 편안하게 사는 거고, 다른 하나는 베이징 톈안먼天安門 광장에 가서 국기 게양식을 보는 거래요. 제 생각엔 어렵지 않을 것 같아요. 제가 이뤄줄 수 있어요!

오우양이 태어난 중국 중부 농촌마을에서 모든 가정의 가장 중요한 관심사가 바로 아들을 낳는 것이었다.

아들을 낳은 가족은 고개를 높이 들 수 있지만, 아들을 갖지 못한 사람은 구박을 받았다. 그녀의 어머니가 둘째를 임신했을 때 온 가족이 기대에 부풀었지만, 또 여자아이였다. 그녀의 아버지는 너무 낙담해 온종일 뾰로통했다. 애타게 손자 안기만을 기다리던 할머니는 새로 태어난 아이에게 이름도 지어주지 않았다. 이후로도 대를 이을 아들의 출산을 간절히 바랐지만, 여자아이 둘만 더 태어나면서 가족의 희망은 산산이 부서졌다.

2010년대까지 20여 년에 걸쳐 '한 자녀 가족정책'을 시행했던 작은 전통마을에서, 아들은 가족의 상속자로서 선호됐다. 복지체계가 거의 마련되지 않은 농촌에서 아들은 노년에 부모님을 돌봐야 한다. 시간이 지나면서 젠더와 가족의 의미도 변화하고 있지만, 아들 선호가 여전히 일부 사람의 마음 깊숙이 남아 있어서 당국에 많은 과태료를 물더라도 한 가정당 1명이라는 출산 제한규정을 위반하곤 한다.

오우양의 가족은 딸만 있다. "어머니는 젊었을 때 매우 아름다웠어요. 그래서 아버지가 어머니와 결혼했대요. 결혼한 지 얼마 안 됐을 때는 아버지가 어머니 말을 잘 들었어요. 하지만 딸만 넷을 낳은 뒤론 어머니의 가족 내 지위가 사라졌어요. 아버지가 통제권을 가지면서 우리 가족은 아버지 말이면 끝이었어요. 지금도 어머니를 못살게 굴고, 심지어 때리기까지 한대요."

오우양의 어머니는 이웃과 가족에게 괴롭힘을 받거나 불쌍한 여자 취급을 받았다. 어릴 때부터 어머니의 고통을 지켜본 그녀는 그런 어머니가 더 애틋했다. 다른 사람들, 심지어 손위 어른들조차 이유 없이 어머니를 비난할 때 오우양은 당당히 어머니 편에 서서 기운을 북돋우고 괴롭힘으로부터 보호하려 노력했다. 이 때문에 오우양은 버릇없다는 평판을 얻었다.

오우양은 강하고 반항적인 성격으로 자랐다. 그녀는 "저는 온 마을이 알았으면 했어요. 우리 가족의 딸들은 비범하단 걸요!"라고 말했다. 고향에서 중학교를 졸업한 후 그녀는 직업학교에 들어가 사진을 공부하고 싶었지만, 부모님이 지원해주지 않았다. 형편이 빠듯했기 때문이다. 당시 건축 자재를 팔던 아버지가 돈을 많이 벌지 못해서 네 자매를 동시에 학교에 보내기에는 경제적 부담이 너무 컸다. 오우양은 부모님에게 손 벌릴 생각을 할 때마다 부끄러웠다. "마치 제가 부모님의 빚 중 하나인 것처럼 느껴졌어요."

오우양은 16세가 되자 집을 떠나 독립하기로 결심했다. 여전히 앳된 얼굴을 한 그녀는 책가방을 메고 사촌이 일하던 마을 근처 의류공장으로 갔다. 그때가 2008년 여름이었다. "작은 의류공장에서 1년간 일했는데, 하루하루가 생산라인과 기숙사, 공장, 구내식당을 오가는 반복되고 지루한 일상이었어요." 그러나 마치 역마살이 낀 것처럼 어느 날 오우양은 자신의 인생을 바꿀 결심을 했다. "창밖으로 날씨가 변하는 것 말고 아무런 변화도 없었어요." 그녀는 점차 싫증이 났다.

오우양은 작은 마을을 떠나 상하이 근처의 폭스콘에 일자리를 얻었다. "제가 라인장에게 자주 밥을 사서 관계가 좋아요. 생산라인의 다른 노동자들이 초과근무를 많이 해야 할 때도 저는 면제돼서 개인 판매 사업을 할 수 있었어요." 그녀는 공장을 탈출해 부와 행복을 누리는 전문 사업가가 되기를 희망한다.

오우양의 이야기는 『공장 소녀들Factory Girls』[1]의 저자 레슬리 창Leslie Chang이 묘사한 젊은 이주노동자의 이야기와 매우 비슷하다. 그러나 레슬리 창이 책에서 2000년대 초반부터 중반까지 이주노동자의 전망을 낙관적으로 썼던 것과 달리, 중국의 사회적 계급 불평등이 심화하면서 폭스콘 노동자들은 다른 경험을 하고 있다. 부와 소비를 꿈꾼 많은 노동자가 그들과 성공 사이에 엄청난 장애물이 있음을 빠르게 깨달았고, 쓰라린 실패를 마주하게 되었다.

폭스콘의 남성과 여성 직원

폭스콘은 젊음으로 정의되는 기업이다. 2011년 회사 통계에 따르면, 폭스콘의 100만 명에 달하는 많은 노동자 중 89%가 30세 미만이었다.[2] 서른에 가까워지면서 사람들은 개인 소득, 사생활, 미래에 관해 이야기할 때마다 스트레스를 받는다. 2017년 말 더 경쟁적인 노동 환경에서 젊은 노동자의 채용과 유지가 점점 어려워지면서, 폭스콘은 30세 미만 직원의 비율이 63%까지 떨어졌다고 보고했다.[3] 2018년 퇴사자 수가 공개적으로 보고되지 않았지만, 폭스콘 퇴사자 중 73%가 30세 미만이었고, 남성 직원이 대부분(68%)이었다.[4] 이는 노동의 유동성과 청년 노동인구의 감소를 반영한다.

폭스콘 노동력의 성별 구성도 지난 10년간 변화했다. 2008년 남성 직원이 근소한 차이로 다수(53%)를 차지하면서 장기간 유지되던 여성노동력 우위의 산업패턴이 뒤집혔다. 남성 직원의 증가는 계속되어 2009년 59%, 2010년 63%를 넘어섰고, 이후 안정세를 보였다. 2011~2018년 사이 폭스콘 노동력의 거의 2/3가 남성으로 구성되었다([그림8.1] 참조). 이러한 새로운 패턴을 어떻게 설명할 수 있을까?

폭스콘을 비롯한 전자제품 공장들에서 남성 직원이 다수가 된 데는 몇 가지 이유가 있다. 우리 인터뷰에 따르면, 중간 정도의 교육을 받은 젊은 남성들은 회사에서 전망이 더 나은 편인데, 생산라인 책임자와 기술직 및 관리직에 분포해있다. 반면, 여성의 경우 대부분이 일선 노동자고, 하위 또는 중간 관리자는 소수에 불과하다. 그 결과 일부 진취적인 여성 노동자들은 일을 그만두고, 임금이 더 낮지는 않지만 노동조건이 덜 부담스럽고 덜 억압적인 미용실, 술집, 레스토랑에서 일자리를 찾았다. 게다가 임신한 여성 노동자들은 관리직 노동자와 달리 시골집에서의 출산과 육아를 위해 사직하곤 했는데, 부분적으로는 도시 생활비용이 추가될 뿐아니라 직장에서 모성 보호 및 저렴한 보육 서비스가 부족하다는 이유 때문에 여성 노동자의 사직 문제가 더악화하기도 했다. 마지막으로, 여성 인터뷰이들은 폭스콘 등에서 성희롱과 성차별적 "회사 문화"를 심각하게 우려하고 있다고 밝혔다. 일부 라인장들은 여성 노동자를 만지고 키스하고 껴안고 품평하면서 근무환경을 불편하게 하고 적대감을 키웠다.[5]

그림8.1 2008~2018년 폭스콘 직원의 성별 비율

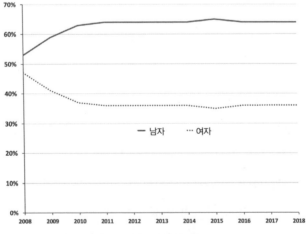

2008년 이래 성별 비율을 보여주는 회사 데이터는 공개 이용 가능하다.
출처: Foxconn Technology Group(various years).[6]

202

젠더 권리에 대한 인식을 높이기 위해 폭스콘은 행동 규범(복무규정, code of conduct)을 강화하여 "노동자에 대한 성추행, 성적 학대, 체벌, 정신적·육체적 강요, 언어폭력은 어떤 것이라도 용인되지 않고 처벌될 것"이라고 명시했다.[7] 동시에 작업장에서의 건강한 관계가 장려되었다. 예를 들어, 2010년 10월 폭스콘 선전 공장에서 직원과의 소통을 강화하고자 무료 배포된 회사 신문 〈폭스콘 위클리〉에 "폭스콘의 친구들Friends of Foxconn"이라는 칼럼이 실렸다. 새로운 친구, 특히 남자친구와 여자친구를 사귀기 위해 노동자들은 사진, 이름, 직위, 키와 몸무게, 취미와 관심사를 편집자들에게 제출할 수 있다. 한 노동자가 이 칼럼의 인기에 대한 우리의 질문에 다음과 같이 대답했다. "제가 추산한 바에 따르면, 회사에서 중재하는 공개 만남 프로그램은 여성 2명 대 남성 8명 정도의 쇼케이스일 뿐이에요. 괜찮은 여자들은 남자에게 데이트 신청하는 걸 수줍어하는 것 같아요."

사랑을 찾아서

폭스콘에서 인터뷰한 노동자들은 30세 이전에 진정한 사랑을 찾기를 꿈꾼다. 폭스콘의 상담사 저우리쥐안周丽娟은 "폭스콘 직원들은 대부분 매우 어린데, 그 나이에 사랑을 추구해요."[8] 젊은 남성이 젊은 여성보다 훨씬 더 많은 중국의 편향된 청년 인구구조에서 파트너를 찾아야 한다는 부담은 남성들에게 더욱더 무겁게 다가온다.[9] 오늘날 중국에서의 극심한 성비 불균형을 고려해 남성은 필사적으로 결혼 자금을 모은다. 마찬가지로, 일부 여성 노동자는 "이상적인 남편"을 찾아 도시에서 "단란한 가정"을 꾸리기 위해 더 많은 돈을 벌고자 한다.

최근 몇 년간 폭스콘은 "노동자를 행복하게 만드는" 대규모 사교 및 오락활동을 후원해왔다. 여기에는 "불타오르네I am on fire"라고 불리는 힙합댄스 나이트, 노래경연대회, 줄다리기 단체전이 포함된다. 18세의 천시메이陳喜梅는 오빠가 하나 있으며, 가족 중 막내다. 그녀는 영화와 TV 드라마를 좋아해 할인된 요금으로 스마트폰에 다운로드해 보곤 한다. 그녀는 우리에게 "폭스콘이 애플 TV 생산이라는 큰 계약을 입찰한다는 걸 알게 되어 기뻐요"라고 신이 나서 말했다.

그녀는 결혼 전 시내에 부티크나 미용실을 열 만한 돈을 모으기를 꿈꾼다. 월급날엔 "식당과 쇼핑몰에 폭스콘 사람들이 넘쳐난다"며 쾌활하게 말했다. 그녀는 부모님이나 오빠를 위해 저축할 필요 없이 자기가 번 돈을 모두 쓸 수 있다.

공장 일과 외에 직원들은 공장 근처의 아이스 스케이트장, 고속 PC방, 미용실, 디스코텍 등에서 친구들과 시간을 보낸다. 댄스홀의 반짝이는 미러볼은 젊은이들의 얼굴과 몸에 형형색색의 빛을 비추고, 음악 리듬에

1992년생 농민공이 선전시 폭스콘 공장 기숙사 이층침대에서 새로 산 팔찌를 하고 포즈를 취하고 있다.

맞춰 깜박인다. 일부는 전직 폭스콘 노동자인, 도발적 복장의 디스코텍 종업원들이 좌석과 무대 사이를 왕복한다. 금요일 자정이 지나면 손님 행렬이 밀려들기 시작한다. 입장료가 남자는 5위안이지만, 여자는 무료. 디스코텍 주인은 "젊은이들이 우리의 주요 고객입니다"라고 말했다. "여기 와서 술도 마시고 긴장을 풀어요. 고민도 잊고요." 적어도 1~2시간 동안은 말이다.

많은 이삼십 대 노동자가 디스코텍과 펍에서 로맨틱한 사랑을 찾기를 바라지만 그들이 꼭 하룻밤 가벼운 섹스를 하러 가는 건 아니다. 그들은 가정을 꾸려 행복하게 살기를 바란다. 하지만 이러한 시설들은 때때로 섹스클럽 역할을 하기도 한다. 21세의 한 폭스콘 노동자는 동료들에게 성적 서비스를 제공한 것에 대해 거리낌 없이 이야기했다.

수만 명의 싱글 남녀가 함께 사는 곳에서 그런 일이 일어나는 건 당연해요. 그런데 그걸로 돈 벌 기회를 잡는 게 뭐가 잘못인가요? 재미와 흥분을 위해 온라인 폭스콘 싱글 클럽에 가입하려면 연락처 정보만 있어도 돼요.

싱글 클럽은 노동자들이 다른 싱글을 만날 수 있는 파티를 정기적으로 마련한다. 특히 소비주의 사회에서 11

디스코텍, 부티크, 슈퍼마켓, 유명 브랜드 가게들은 젊은 소비자들이 주요 고객이다.

베이징 왕푸징王府井 거리의 애플스토어에서 2018년 4월 아이폰8+ 판매를 홍보했다. 폭스콘은 세계에서 가장 큰 아이폰 제조사다.

월 11일 광군제光棍節[10)는 중국 싱글 청년들의 기념일에서 세계 최대의 온라인 쇼핑축제로 바뀐 지 오래다. 애플, 화웨이, 다른 기술 브랜드들의 번쩍이는 애니메이션 광고는 쇼핑객들이 알리바바 플랫폼에서 좋아하는 물품을 "클릭"하고 주문하게 한다. 싱글이든 기혼이든 폭스콘 노동자들은 이날 대폭 할인을 즐기면서 "소비를 통해 함께함"을 축하한다.[11) 특히 스마트폰 같은 하이엔드 기기들이 가장 많이 팔리는 제품 중 하나다.[12)

사랑과 소비욕

애플은 애플스토어의 수와 지리적 범위를 엄청나게 확장해왔다. 전 세계 수만 명의 소비자가 애플의 새로운 디자인 공개를 추적하고 애플 매장 앞에 줄을 서는 등 애플에 대한 진정한 숭배를 보여준다. 2001년 초 애플은 매출을 늘리고 경쟁자를 따돌려 이윤을 챙기기 위해 버지니아주 타이슨스 코너 센터에 첫 번째 애플스토어를 열었다. 〈뉴욕 타임스〉는 애플이 "따분했던 컴퓨터 판매 층을 기계로 가득 찬 세련된 놀이방으로 만들었다"고 떠들썩하게 보도했다.[13)

애플스토어는 뛰어난 시각적 표현과 기술적 조언을 받을 수 있는 밝은 조명의 공간으로, 지니어스 바Genius Bar와 제품 쇼룸, 상담 서비스 및 대화형 학습을 결합했다. 고객은 수많은 신제품을 접하며, 직원의 도움을 받아 문제를 해결하라고 권유받는다. 2008년 여름 베이징올림픽 당시 애플은 베이징 비즈니스센터의 심장부인 차오양朝陽구에 첫 번째 매장을 선보였다. 이후 10년 동안 애플은 중국 전역 대도시에 40개 이상의 매장을 열었고, 차이나모바일, 차이나텔레콤, 차이나유니콤 등 3개의 국유통신사 모두와 제휴했다.[14) 애플은 아마존, 월마트, 까르푸뿐만 아니라 알리바바, 징둥닷컴(JD.com)과 같은 거대 전자상거래 회사들과도 온라인 스토어를 통해 각계각층의 소비자에게 다가갔다.

2012년 〈이코노미스트Economist〉는 "애플만큼 중국에서 사랑받는 브랜드는 거의 없다"고 외쳤다.[15) 기분 좋게 해주는 음악과 이미지를 묶은 애플의 제품 프레젠테이션은 화려한 제품 이상을 판매한다. 2015년 중국 춘절 기간에 16세의 엘리너 리Eleanor Lee는 애플 TV 광고 "그 노래The Song"에 출연했다.[16) 그녀는 1940년대 국제적 공간이던 상하이에서 가수 겸 배우 저우쉬안周璇의 옛 히트곡 "영원한 미소Eternal Smile"를 맥의 개러지밴드GarageBand 소프트웨어를 사용해 기타로 연주했다. 디지털 노래는 특별히 그녀의 할머니를 위해 준비한, 마음이 따뜻해지는 선물이었다. 그녀의 할머니가 아이패드에서 그것을 재생할 때 그녀의 눈은 사랑과 행복에 대한 애틋한 기억으로 가득했다. 글로벌한 면모와 함께 전통적인 문화 요소를 제공함으로써 애플은 시공간을 매끄럽게 여행하고 중국 저 멀리까지 시장 점유율을 확대하고 있다.

공휴일인 2017년 5월 1일, 애플은 "더 시티The City"라는 광고를 내보냈다.[17] 이 광고는 수백 명의 주민에게 둘러싸인 채 도시에서 모험을 즐기는 젊은 연인 커플의 모습을 담고 있다. 갑자기 아이폰 카메라가 인물 모드로 넘어가며 인파가 사라지고, 연인 둘만이 친밀한 순간을 공유하게 된다. 그것은 현대의 도시 판타지다. 그들은 거리에서, 빗속에서, 역사적 경관에서, 상하이 와이탄外灘의 동방명주 옆과 해양수족관에서 사진을 찍는다. 중국과 세계를 연결하면서 워크맨 밴드The Walkmen의 전 멤버 월터 마틴Walter Martin과 브루클린 밴드 예예예Yeah Yeah Yeahs의 캐런 오Karen O는 배경음악으로 "내게 노래해Sing to Me"를 읊조린다. 두 파트너는 중국의 메가시티를 홀로 돌아다니며 다른 모든 것을 뒤로 남겨둔다. 마지막 사진에는 "당신이 사랑하는 것에 집중하세요"라고 쓰여 있다.

가능한 꿈?

중국 최고의 핸드폰 생산업체이자 애플의 독주에 도전하는 화웨이는 영국 런던의 애비 로드 스튜디오에서 열린 2015년 라이브 공연에서 자체 제작한 브랜드 주제곡 "꿈을 가능하게Dream It Possible"(2015)를 선보였다. 다음은 이 노래 가사를 발췌한 것이다.

꿈을 가능하게

나는 달리고, 오르고, 솟아오를 거야

나는 패배하지 않아

내 한계와 어리석음을 뛰어넘어

그래, 난 믿어

과거는 우리가 지내온 전부지만, 지금 우리를 만든

건 아니야

그래서 난 꿈꿀 거야, 내가 현실로 만들 때까지

내 눈에 보이는 모든 건 별뿐이야

넘어지고 나서야 비로소 너는 날아오를 거야

네 꿈이 이뤄질 때 넌 멈출 수 없어

태양을 향해 두 날개를 펼쳐 아름다움을 찾아

우리는 먼지를 금으로 바꾸며 어둠 속에서도 빛날

거야

그리고 우리의 꿈을 가능하게 할 거야[18]

팝스타 제인 장Jane Zhang은 중국어판 화웨이 노래를 편곡해 "그래, 난 믿어"라고 흥얼거렸는데, 노래 제목을 문자 그대로 "나의 꿈(我的梦, My Dream)"으로 번역했다.[19] 이는 꿈을 이루기 위한 개인의 노력을 강조한다. 노동자들은 어떻게 소비의 새로운 세계와 환상, 그리고 현실을 항해하고 있을까? 애플에서 삼성, 마이크로소프트, 소니, 화웨이에 이르는 제조업체들은 소비자들에게 세계

에서 가장 성공적인 광고 캠페인의 일부로서 컴퓨터화
된 소비에 대한 강렬한 꿈을 제시한다. 그들은 소비자
의 감정을 겨냥하며 제품 구매를 통해 사랑, 오락, 성공
의 꿈을 이룰 수 있다고 믿게끔 한다.

젊은이들은 여가시간에 사진을 찍기 위해 민간이 운
영하는 "리얼 우먼 포토샵Real Woman Photoshop"에 줄을 섰
다. 그들 중 일부는 친구, 연인, 배우자와 짝을 지어 왔
다. 사진작가 토마소 보나벤투라Tommaso Bonaventura, 다큐
멘터리 "드림워크 차이나Dreamwork China"(2011)의 감독 토
마소 팩친Tommaso Facchin과 이반 프란체치니Ivan Franceschini는
"스튜디오의 내벽은 컬러 스크린과 꿈의 풍경으로 뒤덮
여 있다"고 말했다.[20] 꿈을 묻는 질문에 십 대 노동자는
"꿈은 실현될 수 없지만, 모두가 꿈을 갖고 있죠. 그렇지
않나요?"라고 대답했다.

결혼의 꿈

폭스콘 기숙사 옆 야시장 국수 판매대에서 19세의 중
퇴생 돤동段東을 만났다. 어느 날 밤 그는 여자친구를 데
리고 우리와 함께 술을 마시러 왔다. 커플링을 낀 그들
은 매우 낭만적이었다. 하지만 반지에 관해 묻자 돤동은
"장난삼아 꼈어요"라고 말했다. 그에게 결혼에 대해 더
물어보자 매우 진지한 표정을 지으며, "결혼은 단지 감
정만으로 하는 게 아니에요. 돈이 많이 들거든요"라고

대답했다.

1년 전 돤동은 스트레스를 풀기 위해 담배를 피우기 시작했다. 현재 그와 여자친구는 돈이 부족한 여느 커플처럼 각각 남녀 공장 기숙사에 산다. 결혼에 대한 돤동의 불안감은 젊은 남성들 사이에서 널리 퍼져있다. 우리가 만났을 때 주웨이리朱偉力는 나이키 운동화와 청바지, 짙은 파란색의 폭스콘 재킷을 입고 있었다. 그는 발랄하고 명랑해 보였지만, 자신의 미래, 특히 가족을 갖는 것에 대해 걱정했다. 25세의 나이에 "이제 더는 되는 대로 일할 순 없어요. 결혼하면 아이를 부양해야 하는데, 정말로 그럴 만큼 벌지도 못해요"라고 한탄했다.

중국의 성비 불균형과 젊은 남성이 여성보다 2,000~3,000만 명 정도 더 많다는 추정을 고려하면, 현재의 "잉여 남성들剩男"은 결혼하거나 재혼할 수 없을 것이고, 이는 젊은 남성 사이에서 심각한 긴장감의 원천이 될 것이다.[21] "맨 가지(光棍, bare branch)"는 많은 남성 노동자가 맞닥뜨린 미래, 즉 절대로 결혼하거나 출산하지 못할 미혼 남성들을 의미하는 말이다.

전반적인 삶뿐만 아니라 직장, 결혼, 가정에서도 풀리지 않는 긴장 때문에 일부 사람들은 개신교 교회에서 위안을 찾기도 한다. 예를 들어, 선전시에서 교회는 폭스콘 노동자를 포함해 점점 더 늘어나는 이주자들에게 감정적인 쉼터를 제공한다. 기독교로 개종한 후 한 노동자는 종교적 담론을 통해 노동 규율을 재해석했다. "이제 나는 신을 위해 일하고 있다는 걸 깨달았어요. 일이 지루하기는 하지만, 마음은 편안하고 즐거워요." 다른 노동자는 이렇게 말했다. "일의 목적은 주님을 찬양하는 것입니다. 이런 태도를 가지면, 그들이 당신을 어떻게 대하든 평온하게 지낼 수 있어요."[22] 교회는 또한 집으로부터 멀리 떨어져 소외를 경험하는 젊은 노동자들에게 공동체를 제공하며 서로를 격려하고 함께 뭉치게 했다. 얼마나 많은 노동자가 예수를 믿는지 알 수 없지만, 이주노동자를 포함한 농촌 인구 사이에서 점점 증가하고 있음은 분명하다. 더 풍요로운 삶이 천국으로 미뤄진다면, 이 육체적 세계에서의 고통과 비참함은, 특히 노동계층의 대다수인 하위계층에게는 더욱 필요불가결한 요소가 될 것이다.

9.
환경 위기에 직면하다

우리 세대는 오염된 물을 마신다.

하지만 다음 세대는 독이 든 물을 마시게 될 것이다.

– 중국 환경주의자연합, 2011[1]

노동자의 삶의 질은 사회 심리학적 필요뿐 아니라, 직업상 건강 및 안전과 관련해서도 중요하다. 『세계 전자산업의 노동권과 환경정의』에서 테드 스미스, 데이비드 소넨펠드David Sonnenfeld, 데이비드 펠로우David Pellow는 글로벌 전자산업에서 노동권을 촉진하고 환경을 보호하기 위해 노동자와 환경주의자들이 함께 노력하자고 제안한다.[2] 폭스콘 노동자와 시민사회 단체는 오늘날 직업 건강에 도사린 위험과 환경 악화에 어떻게 대응해왔는가? 생태 위기가 다가오고, 자본주의적 파괴가 심화하는 맥락에서 말이다.

애플이 주도하는 주요 첨단기술 브랜드들은 수백만

대의 전화기와 부속품을 각각의 새로운 모델로 바꾸라고 소비자를 유혹한다. 따라서 만연한 소비주의가 초래하는 "기술 쓰레기"에 대해서도 책임져야 한다. 또 가장 환경친화적인 생산모델을 실현해야 하며, 여전히 완벽하게 사용 가능한 수백만 개의 전자제품을 폐기하는 데드는 정화 비용을 재정적으로 책임져야 한다. 물론 끊임없는 소비를 촉진하기 위해 성장의 가속화에 우선순위를 두어온 정부에도 동일한 책임이 요구된다.

노동과 환경

국가적·국제적 수준에서 환경 및 노동법이 허술하게 집행되는 데 맞서 노동자와 활동가들은 해당 기업들에 그들의 초국적 공급망을 정리하도록 압력을 가해왔다. 2007년 그린피스 캠페인의 구호는 "우리는 맥Mac을 사랑합니다. 우리는 그저 그들이 친환경적이길 바랄 뿐입니다"였다. 전 세계 양심적인 소비자들은 소셜 네트워킹 및 디지털 미디어를 활용하여 애플이 말만이 아닌 행동으로 친환경적 리더가 되도록 최소한의 수준을 넘어서라고 촉구해왔다. 대부분이 맥 사용자인 활동가들은 애플이 "생산자 책임"을 지라고 주장했는데, 특히 애플 제품의 제조와 폐기가 노동자 건강과 환경에 주는 피해를 줄이기 위해 그래야 한다고 주장했다.[3]

2010년 중국의 환경단체들은 빠르게 산업화되는 지

역에서 전자제품 제조업자들이 배출하는 중금속 및 폐수의 배출량을 측정하는 중요한 프로젝트를 시작했다. 그들은 베이징, 타이위안(산시山西성), 쿤산(장쑤江蘇성), 광저우(광둥廣東성), 우한(후베이성), 청두(쓰촨성) 등 중국의 주요 6개 연해 및 내륙 도시에서 물 샘플을 채취해 검사했다. 대상 기업들은 애플, HP, 삼성, 도시바 등에 부품이나 조립된 제품을 공급하는 하청업자인 폭스콘, 캐달전자(대만계 페가트론의 자회사), 유니마이크론(대만계 인쇄회로기판 회사), 메이코전자(일본계 인쇄회로기판 제조사), 아이비든전자(일본계 집적회로기판 제조사)였다.[4] 환경운동가들은 노동자와 지역 주민을 위험물질에 노출시키는 "오염 공급망"에 대한 우려를 제기했다. 강은 오염된 하수로 검게 물들었고, 플라스틱 쓰레기로 막혀 있었다. 직업과 공중 보건에 대한 위협이 다가오고 있었다.

오염된 쓰레기와 독성 금속

2011년 11월, 대 상하이지구大上海地區의 쿤산시 환경보호국 부국장 딩위둥은 언론의 압력에 결국 캐달전자에서 방출되는 "유해 화학물질"에 대해 언급했다. 그는 현장 감사에 이어 조사단을 파견하여 캐달 공장의 스프레이 제품 생산라인 10개를 중단시켰다. 그러나 장기간의 모니터링 효과뿐 아니라, 정부와 기업의 즉각적 조치의

폭스콘은 산업 폐기물을 강과 수로에 방류한 혐의로 기소됐다.

효과는 평가하기 어려웠는데, 몇몇 마을 관료가 주민들에게 "오염에 대해 기자들에게 말하지 말라"고 경고했기 때문이다. 언론인 롭 슈미츠Rob Schmitz는 캐달 공장 담장 밖에서 "공기에서 마치 WD-40과 같은 강한 화학적 냄새가 난다"고 말했다.[5]

폭스콘은 또한 지역 사회에 오염을 초래한 혐의로 오랫동안 비난받아왔다. 2013년 8월 폭스콘 쿤산 대변인은 "폐수 배출은 모든 관련 정부 법률과 환경 규정에 따라 처리됐습니다"라고 반박했다.[6] 하지만 노동자들은 "공장과 기숙사 식수에서 고약한 냄새가 난다"고 주장했다. 더욱이 "녹색선택연맹(Green Choice Alliance, 绿色选择联盟: 소비자, 시민사회 및 산업계가 책임 있는 제조 공정을 촉진하기 위해 만든 플랫폼)"[7]은 폭스콘과 인근 공장에서 배출된 폐수의 니켈 농도가 "허용치의 거의 40배에 달한다"는 사실을 발견했다.[8] 니켈은 강철과 같은 합금에 흔히 존재한다. 건강문제로 사직하기 전 거의 16년을 폭스콘 전기 도금 작업장에서 팀장으로 일한 장 허우페이张厚飞[9]가 다음과 같이 설명했다.

저는 4개의 생산라인에서 100여 명의 노동자를 감독합니다. 회사가 요구하는 속도에 맞추기 위해 모두가 장갑을 벗고 일할 수밖에 없다고 생각했죠. 장갑을 끼면 효율성을 저해하고 작업을 지연시키니까요.

보너스는 노동생산성과 연계되어 있어요. 비록 우리 팀의 전체 임금과 혜택이 최저 수준은 아니었지만, 우리 작업장의 이직률이 상당히 높았어요. 왜냐고요? 금속 합금 및 전기 도금재료의 니켈과 장기간 직접 접촉하면, 사람의 피부에 영향을 미치거든요. 만약 이미 두드러기가 났다면, 훨씬 더 가려울 거예요.

니켈은 인체에 축적되는 독성 물질은 아니다. 즉 마시거나 피부 접촉을 통해 흡수된 니켈 대부분은 이론적으로는 신장에서 제거되거나 소변을 통해 체외로 배출된다. 하지만 12시간 교대근무로 니켈을 대량 또는 만성적으로 접촉할 경우 건강을 해칠 수 있다. 노동자들은 전기 도금, 연마, 금속 가공, 납땜, 분무, 스탬핑, 몰딩 작업장의 작업 환경이 열악하다는 데에 거의 만장일치로 동의했다. 하지만 테드 스미스와 채드 라파엘의 분석에 따르면, "전자제품 공장에서 젊은 직원들의 잦은 이동과 화학 공정의 빈번한 변화"는 "작업장에 노출되어 발생한 장기적 질병을 추적하기 어렵게 한다."[10)

공업 중독

2011년 2월 애플은 스마트폰 터치스크린 공급사 윈텍Wintek의 "노말 헥산 사용"과 관련된 수년에 걸친 고소에 대응했다. 내부 감사들은 "윈텍이 환기 시스템도 교체하지 않은 채 공장 운용을 변경했음"을 발견했다. 애플은 일련의 사고가 노동자 위험에 대한 핵심적인 위반행위라고 여겼다.[11] 하지만 공급사의 유해 화학물질 사용을 애초에 금지하지 않은 이유에 대해선 해명하지 않았다.

2009년 7월 상하이에서 북서쪽으로 약 100㎞ 떨어진 쑤저우蘇州의 한 산업단지에서 윈텍 생산 부서의 137명 노동자가 공업용 화학물질에 집단 중독됐다. 이후 2년 간 그들은 언론 활동을 통해 윈텍과 애플의 배상을 호소하며 치료를 받았다.[12]

2010년 5월과 6월 〈글로벌포스트 GlobalPost〉는 "실리콘 노동착취 공장"이라는 제목으로 두 편의 탐사보도 기사를 발간해 노동자 건강에 악영향을 미치는 노말 헥산에 대한 대중의 관심을 불러일으켰다. 뉴스 보도는 다음과 같이 적시했다.

> 때때로 [윈텍] 공장 노동자들은 깊고 고통스러운 근육 경련으로 기숙사 침대에서 깨곤 했다. 몇 주 후 많은 노동자가 제대로 걷지 못했고, 공장 바닥을 비틀거리며 지나갔다. 최신 유행 기계에 사용되는 섬세한 터치스크린을 닦느라 한때 날렵했지만, 이제는 잘 움직이지 않는 손가락으로 일하느라 씨름했다. 그들은 일하면서 화면을 닦기 위해 사용한 용제가 말초신경을 공격한다는 것을 알지 못했다. 눈에 보

이지 않는 손상으로 그들은 약해졌고, 휘청거렸고, 종종 고통스러웠다. 때때로 시야도 흐려지고, 두통은 예사였다.[13]

공장 내 방진 클린룸에서 모든 노동자가 노말 헥산으로 1교대당 1,000개의 아이폰 터치스크린을 닦아야 했다. 노말 헥산은 산업용 알코올보다 훨씬 빨리 증발하는 용액으로, 이를 사용할 때는 마스크를 쓰고 환기되는 장소에서 작업해야 한다. 하지만 윈텍에서는 그렇지 않았다. 쫓고 쫓기는 게임이 다음과 같이 진행됐다. 쑤저우시 '안전생산감독관리국安全生産監督管理局' 검사팀이 공장에 도착하자 생산 관리자는 즉시 모든 비상문을 열어 폐쇄된 환경 속의 독성 화학물질 농도를 희석시켰다. 감시자가 없으면, 창문과 문은 작업 시간에 절대 열리지 않았다.

2011년 2월 한 언론매체가 노동자들의 배상문제를 질의했을 때 애플 대변인 크리스틴 휴젯Kristin Huguet은 "윈텍 사례를 언급하길 거부했다."[14] 공급사가 직원의 직업 건강 및 안전에 직접적인 책임을 져야 하지만, 궁극적으로 애플과 다른 전자 회사들이 자사 제품 제조 시 어떤 화학물질과 어떤 공정을 거치는지를 결정한다. 따라서 윈텍이나 폭스콘 같은 공급사들만의 책임이라고 단순하게 주장해선 안 된다.

2011년 5월 홍콩에서 "기업의 부당행위에 맞서는 학생과 학자들SACOM"[15]
이 애플 공급망의 위험하고 건강에 좋지 않은 작업 환경에 대해 항의하고
있다.

친환경으로 가는 애플

애플은 노동자의 화학물질 중독으로 인한 고통, 수질 및 중금속 오염 등 공급사 책임을 우려하는 부정적 여론에 직면했다. 이에 애플 최고경영자 팀 쿡은 2011년 말부터 환경을 깨끗이 하고 항의를 가라앉히기 위해 "특별 환경 감사"와 "고위험 공급업체"에 대한 노동, 건강, 안전 점검을 시작했다. 또한 "공장과 주변 지역의 폐수 처리 시설, 공기 배출 처리, 고형 폐기물 처리 및 소음 방지 시스템 현장 점검"[16]을 통해 "공급사가 비윤리적이거나 노동자의 권리를 위협하는 방식으로 운영하는 것을 −설사 현지 법률과 관습이 그러한 관행을 인정하더라도− 허용하지 않을 것"이라고 선언했다."[17]

베이징 소재 민간 싱크탱크 공공환경문제연구소 소장이자 '스콜Skoll 사회적 기업가 정신상' 수상자이며, 과거 국가 환경보호 에이전시의 고위인사였던 마쥔馬軍은 중국의 오염화를 중단시키고자 기술 브랜드 및 그들의 공급사와 협상할 기반을 마련하는 일련의 환경 연구를 이끌었다.[18] 2011년 8월 중국 및 글로벌 환경문제에 집중하는 비영리 단체 '차이나다이얼로그chinadialogue'와의 인터뷰에서 그는 애플의 공급업체 목록을 공개하는 데 실패했음을 강조하며, 그럼으로써 애플이 대중의 추궁으로부터 스스로를 보호했다고 밝혔다. 그는 애플이 "오염 기업"과 공모해 "중국의 환경과 사람을 중독시키고 막대한 이득을 취했다"고 결론 내렸다.[19] 2012년 1월이 되어서야 애플은 처음으로 전 세계 애플 제품의 자재, 제조, 조립을 위해 조달한 지출의 97%를 차지하는 156개 회사 리스트를 웹사이트에 게재했다.[20]

2014년 8월, 100명이 넘는 쑤저우 노동자가 원텍의 노말 헥산에 중독되어 입원한 지 5년이 지났을 때, 애플의 환경·정책·사회적 이니셔티브 담당 부사장이자 2009~2013년 미국 환경보호청 전임 관리자였던 리사 잭슨Lisa Jackson은 결국 애플 제품에서 노말 헥산과 같은 신경 독성물질을 제거하겠다고 발표했다.[21] 애플의 2014년 환경 책임 보고서에는 다음과 같이 적혀 있다. "우리는 노동자들을 해로운 독성물질로부터 안전하게 지키기 위해 노력하고 있다."[22] 제조 공정 내 유독성 화학물질 사용 금지는 오래 지체되긴 했지만, 전자제품 생산에서 유해물질을 없애기 위해 투쟁한 노동자들과 지지자들에게 중요한 승리였다.

그러나 뉴욕에 본사를 둔 '차이나 레이버 워치China Labor Watch'는 노동과 환경의 지속 가능성을 실현하기 위해 애플 및 다른 기술 회사들이 가야 할 길이 아직 멀다고 분명히 밝혔다. 2017년과 2018년 인권단체는 맥북과 아이폰 부품 및 금속 프레임을 공급하는 대만계 업체 캐처 테크놀로지가 상하이 북서쪽 쑤저우-쑤첸 산업단지苏州宿迁工業園區의 수로를 심하게 오염시켰음을 발견했다.

그들은 이 회사가 "하얗고 거품이 많은 폐수를 공공 하수 시스템에 직접 방류"했다고 지적했다. 이러한 산업재해는 환경 당국뿐 아니라 기업 또한 심각히 태만한 상태임을 드러내는 것이다. 더욱이 주요 구매사 중 하나인 애플에도 책임을 물어야 한다. 2018년 1월 〈가디언〉과의 인터뷰에서 애플은 "애플 직원 수십 명이 현장에 상주하며 작업 과정을 모니터링한다"고 인정했지만, 공장에서 "폐수가 적절히 처리되고 있으며, 필요시 보호장구가 노동자들에게 제공된다"라며 혐의를 반박했다.[23] 하지만 인권단체가 제시한 폐수 샘플의 테스트 결과는 애플의 대답과는 다르게 나타났다. 캐처 테크놀로지의 폐수를 분석한 결과, "화학적 산소요구량, 생화학적 산소요구량 및 부유물질량(수질에 대한 세 가지 일반적 조사)이 지방정부 기준을 모두 초과한 것으로 드러났다.[24]

폰 스토리

노동단체들은 애플과 거대 기술업체들이 공급업체 공장에서 가장 위험하고 독성 있는 화학물질 사용을 중단하고 안전한 대체물질로 교체하도록 계속 압박해왔다. 환경활동가들은 "전자제품의 새로운 기술적 진보가 이뤄지는 모든 세대에서 환경, 건강, 안전, 사회적 정의 차원에서 나란히 개선되는" 미래를 기대한다."[25] 흥미롭게도 2011년 초 비디오게임 개발사 몰레인더스트리아Molleindustria의 이탈리아팀이 새로운 아이폰을 시장에 출시하는 과정을 풍자한 교육용 게임 "폰 스토리Phone Story"를 선보이며 그 명분에 기여했다. 불법 광산에서의 원자재 추출 및 아동 노동 남용, 노동자 자살과 상해와 관련된 초과근무 압박 및 속도전, 소비지상주의와 미리 계획된 제품 노후화 전략, 지구 전체의 전자 폐기물 덤핑 및 환경 재해에 이르기까지, "폰 스토리"는 폰의 생산, 소비, 폐기에 관한 이야기를 통해 참여자들의 사회적 의식을 고양한다.[26] 이는 아이폰의 생명주기life cycle에 내재한 환경오염과 노동 부정의를 부각함으로써 자신을 친환경 기업으로 홍보한 애플의 진상을 드러냈다.

기업 이미지에 대한 위협을 항상 경계하던 애플은 출시 몇 시간 만에 앱스토어에서 "폰 스토리"를 제거했다. 미국의 다국적 기업은 "아이들에 대한 폭력이나 학대를 묘사하는 앱은 금지된다"와 "지나치게 불쾌하거나 조잡한 콘텐츠를 제공하는 앱은 등록 취소될 것이다"라며 이를 두둔했다.[27] 하지만 무엇이 "불쾌한objectionable" 것인가? 폭스콘과 애플의 기업 학대를 묘사하는 것인가, 아니면 광부와 노동자의 삶을 위협하는 학대 그 자체인가?

앱스토어에선 금지됐다 하더라도 안드로이드 이용자들은 교육용 게임 앱을 온라인에서 이용할 수 있다. 그것은 스마트폰 사용자뿐만 아니라, 더 넓게는 기술, 사람, 환경 사이의 관계를 다시 생각하게 만든다.

2014년 크리스마스 직전 〈BBC〉의 "파노라마Panorama"는 60분짜리 특집 프로그램 "애플의 깨진 약속Apple's Broken Promises"을 방영했다.[28] 제작진은 중국 동부의 페가트론 상하이 공장에서 아이폰을 만드느라 지친 노동자, 산사태에 직면해서도 아이폰에 쓰일 재료를 공급하기 위해 양철 광산에서 일하는 인도네시아 아동을 발견했다. 그리고 주석, 탄탈룸tantalum, 텅스텐, 코발트, 희토류(화학적으로 유사한 17개 원소의 그룹)를 대량 추출해 아이폰을 포함한 첨단 전자제품이 제조된다는 사실을 방송했다. 이러한 광물질 채굴은 특히 취약한 아동 노동자에게 치명적일 수 있었다.

〈마이크로스코프MicroScope〉 선임기자 겸 애플의 변호인 숀 맥그라스Sean McGrath는 〈BBC〉의 그런 노력을 "무책임한 저널리즘"이라 규정하고, 공영방송이 애플을 미디어의 쉬운 타깃으로 삼으며 "품위 없게 저격"했다고 주장했다.[29] 하지만 그 프로그램은 산업계의 많은 핵심 종사자 중에서 애플이 시급히 해결해야 할 시스템 문제가 계속된다는 강력한 증거를 제공했다. 애플 운영담당 수석부사장 제프 윌리엄스Jeff Williams는 "1,400명 이상의 유능한 기술자와 관리자가 중국에 상주"하고, 대규모 생산현장의 엔지니어링 및 제조 운영을 관리 감독하며, 그들은 "공장 안에서 지속적으로" 머물며 일한다고 밝ㅃ

르게 답변했다.[30] 하지만 애플 직원들의 존재가 거대한 중국 공급기지에서 노동과 환경문제 발생을 막지는 못했다. 노동자와 지역 사회 건강에 직접적인 영향을 미치는 위험한 산업계의 관행이 지구와 인간에게 되돌릴 수 없는 파괴를 초래했으며, 지금도 여전히 계속되고 있다.

녹색 성장

환경의 지속 가능성을 중시하는 녹색 경제는 장기적인 사회적 이익과 경제 성장을 가져올 것이다. 2016년 애플은 환경 프로젝트를 위해 재생에너지 선도를 포함한 15억 달러 상당의 녹색 채권을 발행했다.[31] 애플은 국내외 운영에서 화석연료 기반의 에너지원 대체와 온실가스 제거를 우선 과제로 삼았다. 2017년 4월 애플이 "중국 6개 성_省에 485MW의 풍력·태양광 프로젝트를 설치"함으로써 대규모 생산현장에 새로운 청정에너지를 창출했다고 발표했다.[32] 애플은 자신의 공급사 공장, 데이터센터, 사무실, 소매점에서 저탄소 운영을 촉진하고 있다고 자랑했다. 만약 이 프로그램들이 성공한다면, "2,000만t 이상의 온실가스 오염"이 사라질 것이며, 이는 "1년 동안 400만 대의 승용차를 도로 밖으로 내보내는 것과 맞먹는다."[33] 이처럼 애플이 성과 개선을 과시한 것 외에도, 폭스콘 최고기술책임자 다이펑위안은 기업의 혁신적이고 안전한 생산방식이라며 환호했다.

페인트의 70%를 낭비하고 화학가스를 공기 중으로 방출하는 일반적인 방법으로 스마트폰에 페인트를 뿌리지 않습니다. 이제 우리는 손실되는 페인트양을 1% 미만으로 줄인 특수 금형 공정을 사용하고 있습니다. … 이와 유사하게 스마트폰 터치스크린에 사용되는 기존 필름도 새로운 탄소나노튜브 필름지로 대체됐는데, 생산 과정에서 에너지가 과거보다 80% 덜 들고, 물 사용량은 거의 제로에 가깝습니다.[34]

폭스콘은 제조과정에 필요한 전기를 생산하기 위해 새로운 태양광 발전 패널을 만들고, 청정에너지의 환경적·경제적 혜택을 얻고 있다. 풍력에너지와 기타 재생전력을 활용해 빅데이터센터, 개발연구소, 제조단지에 연료를 공급하는 산업 시스템 구축의 비전을 갖고 있다. 예를 들어 폭스콘의 구이저우 공장은 작동하는 동안 에너지 사용을 줄일 수 있도록 모든 유리창이 재활용 강철과 열반사 적층 유리로 제작되었다.

"우리가 태양, 바람, 물로 글로벌 비즈니스를 운영할 수 있을까?" 이는 애플의 환경정책팀이 제기한 많은 "대담한 질문" 중 하나일 뿐이다.[35] 애플은 재생에너지 발생 영역에서 탄소 배출량을 줄인 것과 중국 등지의 공장에서 재활용을 위해 아이폰을 분해한 자신의 성과를 강조한다. 아울러 리사 잭슨 부사장은 "내구성 있는 제품을 만드는 데 집중하라"고 애플에 조언하는데, "내구성에 집중함으로써" 회사가 "수리 및 교체 모두를 최소화"할 수 있기 때문이다.[36] 현명한 조언이다. 하지만 기업은 늘 새로운 아이폰을 생산하여 이전 모든 모델의 제품 매출을 감소하려 하며, 애플과 공급사들에 의해 선언된 녹색 혁명은 기업의 탐욕과 늘 새로운 제품을 찾는 소비자 수요의 결합에 압도당한다.

그린피스Greenpeace 선임 기업운동가 엘리자베스 자르딤 Elizabeth Jardim은 "가장 똑똑한 디자이너들은 지속적이고, 수리 가능하며, 궁극적으로 뭔가 새로운 것으로 재변형 가능한 무독성 기기를 만들 수 있다"고 믿는다.[37] 하지만 환경 파괴와 건강상의 위험은 오늘날 초국적인 생산 부문, 특히 전자산업계에 만연해 있다. 예를 들어, 선전시와 광저우에서 헤더 화이트Heather White와 린 장Lynn Zhang은 글로벌 전자회사의 공급사와 하청업체에서 일하며 직업성 백혈병에 걸린 공장 노동자 수십 명의 삶을 촬영했다.[38]

지구에는 별로 스마트하지 못한 스마트폰

천신싱陳信行은 중국 이외 지역에서 폭스콘이 등장하기 훨씬 전의 "대만의 경제 성장 역사" 역시 "기술적 재앙의 역사"라고 지적하며, 대만의 급속한 발전과 연계된 심각한 산업 오염에 의해 전자업계 노동자들이 겪은 고통과 죽음을 언급했다.[39] 구체적으로, 대부분 젊은 여성들로 구성된 RCA(Radio Corporation of America) 노동자들은 1970년부터 1992년까지 20여 년 동안 유독성 염소화 유기용제에 노출됐다. 2009년 말 타이베이 지방법원은 마침내 전직 RCA 노동자들과 그 가족들이 제기한 집단소송을 심리했는데, 이는 대만에서 처음 있는 일이었다. 2015년 4월 445명의 노동자가 배상금을 타내는 궁극적인 승리를 거뒀고, 전국 각지의 활동가뿐 아니라 전문가, 학생, 교사로 이뤄진 시민사회의 지원을 받았다.[40] 하지만 이런 승리는 그동안 거의 없었다.

노동자들의 캠페인과 노력은 기업 확장에 직면해 빛을 잃었고, 이는 전 세계에 해로운 막대한 환경 피해로 이어졌다. 삼성전자는 환경보호와 보존을 약속하면서도 갤럭시 Z플립 스마트폰을 출시해 경쟁사를 앞질렀다. 이는 전자 제조업계에서 귀중한 원재료에 대한 새로운 수요를 촉발했다. 북아메리카에서는 워싱턴에 설립된 그린아메리카Green America가 애플 캠페인의 여세를 몰아 삼성에 암, 선천성 결함, 유산, 신경 손상을 방지하기 위해 한국, 중국, 베트남 등 여러 나라의 공장과 공급자들로부터 위험한 화학물질을 감시하고 제거하라고 요구했다.[41] 한국에서 삼성 노동자들의 배상투쟁은 수년간 지속됐다. 비극적이게도, 적어도 370명의 반도체 및 스크린 디스플레이 조립 노동자가 작업 도중에 벤젠(달콤한 냄새의 발암성 세정제)과 기타 위험물질로 초래된 암 진단을 받았다. 2017년 7월까지 130명 이상의 노동자가 백혈병으로 세상을 떠났고, 생존자들은 중증장애를 앓고 있다.[42]

전자제품 공급망의 광범위한 직업적 재난은 이미 오래전에 종식됐어야 했다. 산업재해로 인한 장애와 폐기물의 대량생산을 일으키는 기업들의 캠페인이 어떤 환경적 결과를 초래했는가? 과연 누가 병들고 다치고 사망한 노동자와 그 가족에게 보상할 것인가? 중국과 기타 지역의 정부 관리감독 부재, 이를 뒷받침하는 느슨한 기존 법규, 공무원과 기업의 부패를 고려하면, 노동자에 대한 보호가 부족함은 분명한 사실이다.

10.

죽음으로 가는 길[Dead Man Walking[1]]

우리는 매우 행복한 가족이었다.

하지만 팅전廷振은 이제 예전의 내 아들이 아니다.

그의 사고 이후 매일이 살아 있는 죽음과 같다.

— 장광더張廣德, 뇌손상을 입은 아들을 둔 50세 아버지[2]

2011년 10월 26일 수요일, 업무 중 발생한 사고로 한 4인 가족의 삶이 산산조각 났다. 장 팅전은 광둥성 선전시에 위치한 폭스콘 룽화 공업단지 E12(A) 건물 외부에서 조명을 수리하던 중 감전사고를 당했다. 그는 산업용 절연장갑이나 안전모, 안전벨트 등 아무런 보호장비도 제공받지 못했으며, 고압 전류의 충격으로 4m 높이의 사다리에서 떨어져 머리를 크게 다쳤다. 사고 이후 가장 가까운 병원으로 이송되어 응급 뇌수술을 받았지만, 심한 출혈과 외상으로 좌뇌 절반을 절제해야 했다. 의사들은 그의 두개골 대부분을 인공 뼈로 교체하고,

튜브를 삽입해 뇌에서 방광으로 피를 빼냈다. 팅전 부모의 끈질긴 요구 끝에 3주가 지난 11월 16일에야 폭스콘은 팅전을 선전시 제2인민병원으로 옮겨 전문적인 치료를 받게 했다. 이후 5개월 동안 팅전은 상태가 위독해질 때마다 총 4번의 추가 수술을 받아야 했다. 사고 당시 팅전의 나이는 스물다섯이었다.

"팅전의 미래는 이제 어쩌나요? 아들 결혼식을 보는 게 소원이었는데, 이젠 꿈도 못 꿀 일이 됐어요. 적절한 보호장비가 있었다면, 사고를 피할 수 있었을 텐데…" 그의 아버지가 한숨을 내쉬며 말했다. 2014년 2월 장광더는 위중한 산업재해를 당한 아들에 대한 보상과 치료 문제의 신속한 해결을 요구하기 위해 용기를 내어 베이징 중앙정부에 청원서를 제출했다. 하지만 헛수고로 끝났고, 그로부터 다시 2년이 훌쩍 지났다.

팅전은 허난성에 있는 기술전문대학을 졸업하고, 장비 및 설비 기술자로 폭스콘에 채용됐다. 그런데 폭스콘 측 변호사가 팅전이 선전시 '폭스콘 룽화' 공장에서 84일 동안 일한 건 맞지만, 그 기간에 팅전의 임금과 사회보험료가 '폭스콘 후이저우' 공장에서 지급됐다는 회사 측 입장을 내세웠다. 후이저우시는 홍콩에서 70㎞ 정도 떨어져 있으며, 남서쪽으로 둥관, 서쪽으로는 광둥성의 수도 광저우와 접해 있다. '폭스콘 후이저우'로 알려진 지준基準정밀공업과 '폭스콘 룽화'로 알려진 홍푸

진鴻富錦정밀공업은 사업자등록증에서 증명되듯이, 모두 폭스콘이 직접 소유하고 있다. 그런데도 폭스콘은 팅전의 사회보험료가 선전시가 아닌 후이저우시 '인력자원과 사회보장부'에서 직접 납부됐다는 것만 강조했다.

여기서 핵심은 1급 도시인 선전시가 후이저우보다 산재보험 혜택이 더 높다는 것이다. 팅전의 아버지는 "아들의 기본급은 일을 시작한 2011년 8월 4일부터 월 2,500위안이었어요. 여기에 초과근무수당과 복리후생비를 더하면 사고 전 약 3개월 동안 평균 수입이 월 4,000위안이 좀 넘었어요"라고 말했다. 팅전의 가족과 폭스콘 측은 결국 치료비와 경제적 보상에 관해 합의하지 못했고, 팅전의 아버지는 선전시 '노동쟁의중재위원회勞動爭議仲裁委員或'에 폭스콘을 상대로 소송을 제기했다.

허용된 노동쟁의

'노동쟁의중재위원회'는 노사 갈등을 조정하고 해결하기 위한 중국 정부의 공식 기구다. 중국 정부는 증가하는 노동자의 불만에 대응하기 위해 노동자의 법적 권리를 확대하고 있으며, 이제는 "법이 노동정치의 중추가 되었다"고 할 정도로 노사 갈등과 분쟁을 파업이나 다른 형태의 집단행동 방식이 아닌 법적 틀 내에서 해결할 수 있도록 노력하고 있다.[3] '노동쟁의중재위원회'에 제출된 노동분쟁 건수는 위원회 공직자들이 노동자들에게 거리에서 불만을 표출하기보다는 중재나 조정을 통해 분쟁을 해결할 것을 장려하기 시작한 1990년대 중반 이후 급증했다.

정부 기록에 의하면, 1996년에는 총 4만8,121건의 노동쟁의(개인 및 집단적 노동쟁의 포함) 중재 신청이 접수됐고, 이와 연관된 노동자가 전국적으로 18만9,120명에 달했다([표10.1] 참조). 세계 경제위기로 수천만 명의 노동자가 해고됐던 2008년에는 임금 및 수당 미지급과 불법적 고용계약 해지로 접수된 노동쟁의 사례가 69만3,465건으로 급증했고, 전국적으로 120만 명 이상의 노동자가 분쟁에 연루됐다. 메리 갤러거Mary Gallagher와 둥바오화董保華는 "노동자가 고용주에 대항해 제기한 중재 조정 신청의 물결은 새로운 법[4]을 노동자들이 적극적으로 활용한 것"이라고 강조하지만, 아무리 법적 절차가 간소화되어도 노동쟁의 소송 과정은 대부분 장기화하거나 격렬한 분쟁으로 전개됐다.[5]

이후 경기가 차츰 회복되면서 새로 접수된 노동쟁의 중재 신청 사례도 2010년 60만865건, 2011년 58만9,244건으로 감소했다. 그러나 2012년 신청 사례가 64만1,202건으로 반등했는데, 이는 경기둔화로 노동자의 권리 침해가 빈번해지면서 노동자 권리 보호를 위해 법률 서비스를 활용하는 것이 대중화됐음을 반영한다. 새로운 법 조항들은 노동쟁의 해결 과정에서 노동자에 의해 검증됐고, 특히 노동자들에게 일정 정도 승리를 가져다줌으로써 노동자의 권리의식과 자신감을 고양했다. 2016년에는 노동쟁의 사례가 공식 기록 82만8,410건(관련 노동자는 약 111만 명)으로 최고치를 경신하여 노동자의 권리의식이 매우 높아졌으며, 각급 정부에 노동문제와 관련된 불만을 적극적으로 제기하고 있음을 보여줬다. 이는 1996년부터 2016년까지 20년 동안 노동쟁의 중재 건수가 17배 증가했음을 의미한다. 2017년에는 78만5,323건(관련 노동자는 약 98만 명)으로 약간 감소하긴 했지만, 여전히 높은 수준을 유지하고 있다.

표10.1 1996~2017년 중국 노동쟁의 중재 추이

연도	관련 노동자 수	중재된 노동쟁의 수	연도	관련 노동자 수	중재된 노동쟁의 수
1996	189,120	48,121	2007	653,472	350,182
1997	221,115	71,524	2008	1,214,328	693,465
1998	358,531	93,649	2009	1,016,922	684,379
1999	473,957	120,191	2010	815,121	600,865
2000	422,617	135,206	2011	779,490	589,244
2001	467,150	154,621	2012	882,487	641,202
2002	608,396	184,116	2013	888,430	665,760
2003	801,042	226,391	2014	997,807	715,163
2004	764,981	260,471	2015	1,159,687	813,859
2005	744,195	313,773	2016	1,112,408	828,410
2006	679,312	317,162	2017	979,016	785,323

주: 노동쟁의 건수는 개인 및 '집단적 노동분쟁'을 모두 포함한 것이다.
2009년부터 중국에서 '집단적 노동분쟁'은 공식적으로 최소 10명 이상의
노동자가 참여하는 분쟁으로 규정됐다(이전에는 3명 이상이었음).
출처: 2018년도 중국 노동통계연감[6]

그림10.1 1996~2017년 중국 노동쟁의 중재 추이

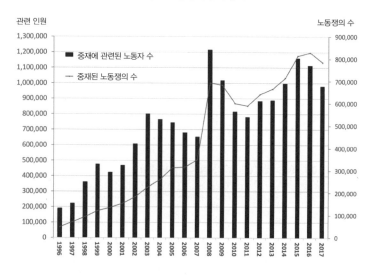

출처: 2018년도 중국 노동통계연감

　　노동쟁의 중재는 개인적 노동분쟁과 집단적 노동분
쟁으로 구분해 진행된다. 또 노동관계 성립을 증명할
고용계약서가 없는 경우처럼 증거가 불충분한 사건은
'노동쟁의중재위원회'에서 중재 대상으로 접수하지 않는
다. 운 좋게 중재 신청 접수에 성공하더라도 노동자들에
게는 수많은 난관이 남아 있다. 특히 소득수준이 낮은

농민공과 같은 노동자들은 저렴하면서도 능력 있는 법률대리인을 구하기가 쉽지 않다. 이러한 측면에서 변호사 아론Aaron Halegua은 "2007년 이후 노동자들이 노동쟁의 중재 소송에서 '완전한 승리'보다는 '부분적인 승리'만 얻을 가능성이 커졌다"라고 말한다.[7] 그리고 법적 절차가 끝나기까지 소요될 시간과 비용 등의 제도적 장벽이 너무 높기에 대다수 노동자가 중재 신청을 포기할 수밖에 없다. 이와 동시에 '무사안일'만 추구하는 위원회 공무원들도 업무 부담을 줄이기 위해 비공식적 수단을 동원해 노동자가 법적 소송을 포기하도록 온갖 노력을 기울인다.

그럼에도 불구하고 매년 수십만, 때로는 백만 명 이상의 중국 노동자가 자신의 권리를 지키기 위해 법적 수단을 활용하려 한다. 리칭콴李靜君은 그의 저서에서 "공직자의 부패와 권력 남용에 맞선 투쟁에서 법이나 법원을 반드시 중립적이거나 대단한 권한이 부여된 기관으로 볼 필요는 없다." 그러나 아직 더 좋은 대안이 없기에 "여전히 국가 기구 내에서 법적 수단을 통해 이와 관련된 문제를 해결하기 위해 계속 시도할 것"이라고 말한 바 있다.[8] 노동쟁의 중재 과정에서 관할 당국은 상습적으로 집단적 노동분쟁을 개별사건으로 분할함으로써 노동자의 소송비용을 높이고 노동자 연대의 가능성을 차단한다. 이러한 측면에서 메리 갤러거와 퍼트리샤 첸

Patricia Chen은 중국에서 "법률과 법적 절차의 (노동자) 원자화 효과"가 "노동운동의 발전"을 어느 정도 억제했다고 주장한다.[9] 비록 중국 정부가 합법성과 정당성을 강화하기 위해 '법치'를 강조하지만, 여전히 중국 노동자들이 노동쟁의 관련 소송에서 승소하기는 매우 어렵다.

노동 중재 신청

온갖 역경에도 불구하고 장 씨 가족은 사고 후 1년이라는 법정 기한 내에 노동중재 신청서를 간신히 제출했다. 이 사건의 핵심 쟁점은 의료보험 청구와 노동능력 완전 상실에 대한 보상이다. 2011년 1월 1일부터 새롭게 수정되어 시행되고 있는 "산업재해보험조례工傷保險條例"에 의하면, 정부의 사회보험에 가입된 노동자가 작업장에서 사고로 장해를 당한 경우 지역별 기준에 부합하는 보상금 지급 대상이 된다. 그리고 보험 청구는 사고 발생 후 2년 이내에 공인된 병원에서 장해평가를 거친 후 심사를 받는다. 피해 당사자의 나이, 상해유형, 장해등급, 고용주의 과실 정도, 작업장 요소 등을 고려해 보상금액이 결정된다. 또 지역 물가를 고려해 지방별로 치료비 및 장해 보상금액이 다르다.

2021년 12월 3일 팅전의 아버지는 마침내 선전시 당국으로부터 5쪽 분량의 중재 판결문을 받았다. 중재위원들은 팅전과 '폭스콘 룽화' 간에 "노동계약 관계가 없다"고 최종 판결했다. 즉 폭스콘이 증거로 제시한 고용 계약서에 명시된 대로 팅전을 고용한 것은 '폭스콘 후이 저우'라는 회사 측 주장을 승인한 것이다. 그렇기에 비록 선전에 있는 '폭스콘 룽화' 공장에서 비극적인 사고가 발생했지만, 이 회사에 법적인 보상 책임을 부과할 수 없었다.

법원에 항소

중국 법률에 따르면, 노동자가 중재위원의 판정이 부당하다고 판단되면, 중재 결정을 거부하고 기층인민법원基層人民法院에 소송을 제기할 수 있다.[10] 즉 노동자에게는 중재 판결 후 15일 이내에 원래의 분쟁에 대한 재심을 신청할 권리가 있다. 특히 중재 판정에 억울해하는 노동자들은 "(법원의) 판사가 중재 때보다 더 많은 보상금을 승인해줄 것"이라는 기대감이 있기에, 법원에 소송을 제기하는 일이 점차 보편화되고 있다.[11] 그리고 만약 어느 한쪽이 판결에 불복할 경우 최종판결이 확정되는 상급 법원에 항소할 수 있다.

그러나 이런 사례는 일반적으로 공회工會(중국 노동조합)의 지원 없이 개별 노동자가 제기하는 경우가 많다. 팅전의 아버지는 "아들은 입사 당일(2011년 8월 4일)부터 사고 발생 당일(2011년 10월 26일)까지 선전시에 있는 폭스콘 룽화 공장에서 일했어요. 폭스콘의 고용계약이 위조된 건 아닌지 의심"이라며 법원에 소송을 제기했다. 그는 이러한 의문을 제기하며 "폭스콘이 제 아들에게 한 짓은 도덕성과 인간성이 결여된 일이에요. 아들은 현지 기준에 따라 바로 이곳에서 모든 치료와 산업재해 보상을 받을 권리가 있어요"라고 주장했다.

팅전의 회복은 고통스러울 정도로 느렸으며, 매일 24시간 세심한 관찰과 치료를 계속해야 했다. 더구나 계속 늘어지는 법정 싸움으로 팅전의 가족은 폭스콘 측 법무팀을 상대하는 데 상당한 고초를 겪었다. 2014년 4월 4일 선전시 중급인민법원에서 팅전 사건의 2심이자 최종 공판이 진행됐고, 결국 장 씨 가족이 패소하여 더 이상의 법적 구제를 받을 수 없게 됐다.

비애

팅전의 아버지에겐 비공식적 합의를 통해 폭스콘 측으로부터 일회성 치료비를 받는 것 외에 다른 선택지가 없었다. 이마저도 장 씨 가족이 팅전과 폭스콘의 고용 관계 종결에 동의한다는 조건이었다. 허난성의 고향집으로 떠나기 전, 팅전의 아버지는 아들의 으스러진 두개골에서 제거한 뼈가 담긴 커다란 유리병을 우리에게 보여주며, 억눌린 분노와 무력감을 드러냈다.

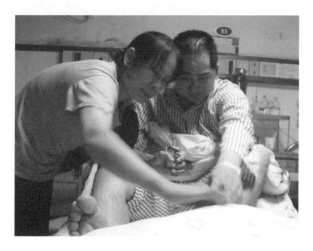

선전시 제2인민병원에서 팅전의 어머니는 "우리는 정부가 폭스콘에게 엄중히 책임을 묻고, 더는 이와 유사한 참극이 일어나지 않도록 하기 바란다"고 호소했다.

11.
파업과 저항

노동자는 기계에 맞춰 움직이고, 기계에 혹사당해요.

··· 하지만 저는 기계가 아니에요.

ㅡ 차오이, 20세의 폭스콘 노동자 활동가

1973년 『포드를 위해 일하다Working for Ford』라는 책이 출판됐다. 이 책의 저자 휴 베이넌Huw Beynon이 집필을 위해 영국 머지사이드에 있는 포드사 소유의 헤일우드 공장에서 6년간 현장조사를 할 때 한 노동자가 다음과 같이 말했다고 한다. "관심 없어요. 우리에게 아무것도 얻어갈 게 없을 걸요. 우린 사무직 직원과는 달라요. 그들은 포드 회사의 일원이죠. 우리는 아니에요. 그저 숫자에 불과하죠."[1] 50년 가까이 흐른 현재, 중국의 젊은 농민공 차오이는 폭스콘 노동자들이 직면한 비슷한 상황을 다음과 같이 묘사한다. "생산 과정에서 노동자들은

가장 낮은 위치에 있어요. 심지어 생명이 없는 기계만도 못하죠. 노동자들이 기계 속도에 보조를 맞춰야 하고, 늘 기계에 혹사당해요." 영화 "모던타임즈"에서 묘사된 '반복적인 업무', '원자화된 삶', '가족 부양을 위한 필사적 몸부림'의 현대판인 것이다.[2] 계속해서 차오이는 "하지만 저는 기계가 아니에요"라고 단호히 말했다.

중국의 '군체성 사건群體性事件'[3)]

폭스콘 노동자들은 법적·비법적 수단으로 개인 및 집단적 권익을 위해 끊임없이 싸우고 있다. 폭스콘 공장에서 발생한 수많은 노동자 시위는 이미 중국 전역에 노동자의 사회적 불만이 가중되고 있음을 잘 보여준다.

중국은 1990년대 초반부터 시장 주도 개혁이 가속화되고, 사회가 급속도로 변화하면서 노동자와 고용주 간에 갈등이 증폭되었다. 이에 따라 공안 당국도 '군체성 사건'에 대해 공식적인 통계를 발표하고 있다. 이 개념은 파업, 항의, 폭동, 농성, 집회, 교통 봉쇄 및 기타 불특정 형태의 모든 소요 사건을 포괄한다. 즉 '군체성 사건'은 임금 체불과 불법 해고에 반대하는 시위에서부터 다양한 방식으로 자신들의 권리 침해에 맞서 권위에 도전하는 노동 및 환경 분쟁, 그리고 종교적·민족적·정치적 충돌에 이르기까지 광범위하다.[4]

'군체성 사건' 발생 건수는 공식 통계가 제공된 첫해

인 1993년 8,700건에서 1999년 3만2,000건으로 매년 증가했다.[5] 그리고 2000~2003년에도 "연간 20% 이상 계속 증가"했으며, 2005년에는 8만7,000건을 기록했다. 세계 경제 침체기였던 2008년에는 12만7,000건으로 대폭 증가한 것으로 나타났는데, 이것이 중국 공안 당국의 마지막 공식 통계 발표였다.[6] 이처럼 증가하는 '군체성 사건'이 정부에 공식적인 위협이 된 것일까? 이후 '군체성 사건'에 대한 통제가 강화되어 1,000명 이상이 참가한 주요 시위에는 공안의 즉각적 개입과 시위 지도자 체포 및 구금이 빈번해졌다. 공안의 주요 목표는 대부분 시위를 해산해 사회질서를 어지럽히거나 교통을 방해하지 않도록 방지하는 것이었다.

이처럼 중국 노동자들의 시위가 전반적으로 증가하고 있다는 사실만큼은 분명하다. 그러나 중국 정부의 공식적인 통계 자료는 파업과 시위의 성격뿐 아니라 그 수치까지도 은폐함으로써 이와 관련된 연구에 혼란을 초래하고 있다. 따라서 현재로서는 다른 거시적 자료들과 특정 시위에 관해 진행된 정밀한 연구들에 의존할 수밖에 없는 상황이다.

중국은 파업에 대한 공식 집계를 공개하지 않는다. 1975년 중화인민공화국 개정 헌법에는 '파업권'에 관한 조항이 포함되어 있었다. 1978년 개정된 헌법에도 중국 공민은 '파업의 자유'와 기타 공민권을 갖는다고 명시되어 있었다. 그러나 1982년 개정된 헌법에서 '파업의 자유' 조항이 삭제됐다. 이는 당시 베이징과 동유럽에서 발생한 민주화 시위에 대응하여 공산당이 지배하는 국가의 통치성을 더욱 강화하려는 의도였다.[7] 그러나 법적권리의 폐지가 파업 자체를 종식하지는 못했다.

이와 관련해 홍콩에 기반을 둔 '중국노공통신(中國勞工通訊, China labor bulletin)'은 중국 노동자들의 파업과시위의 원인 및 유형을 더욱 잘 이해할 수 있도록 2011년 1월부터 뉴스매체와 소셜미디어를 망라한 인터넷 자료를 수집해 공개형 '파업지도'를 만들어 공유하기 시작했다.[8] 예컨대 '중국노공통신'에 의하면, 시진핑 국가주석 집권 초기인 2013년부터 2017년까지 5년간 "8,696건의 집단적 노동 시위가 발생"한 것으로 나타났다. 한편 '중국노공통신'의 소통담당자 제프리 크로달Geoffrey Crothall은 '파업지도'에 나타난 수치는 기껏해야 "이 기간에 중국에서 발생한 모든 노동자 집단행동의 약 5~10%에 불과할 것"이라고 추정한다.[9] 중국 당국의 일상적인 검열과 개방형 공유 형태로만 정보가 제공되는 기술적 한계를 고려할 때 '파업지도' 작성에 활용된 자료는 실제 발생한 사건보다 훨씬 적었다는 것이다.

폭스콘에서의 노동운동

중국 최대 제조업체인 폭스콘에서는 신모델 출시 시

점과 휴가철에 주문이 폭증하면 수시로 강제적인 초과 근무와 작업 속도를 높일 것이 강요되면서 노동자의 안전과 건강상의 위험도 급증한다. 이에 따라 관리자와 노동자 사이의 긴장관계도 고조되며, 심지어 작업장 내에서의 폭력사태도 빈번하게 발생한다. 이에 폭스콘 경영자들은 노동자들의 파업과 시위를 진압하기 위해 매번 지방정부와 지역공회, 공안과 협력한다. 그러나 노동자들도 자신의 존엄과 권리, 건강 및 이익을 지키기 위해 계속해서 조직화하고 있다. 글로벌 생산체제의 핵심축을 담당하는 폭스콘 노동자들은 긴밀하게 연결된 적시생산just-in-time 과정의 중요한 순간에 조직화된 행동을 전개함으로써 그들의 교섭력을 강화한다. 이와 관련해 『노동의 힘Forces of Labor』의 저자 비버리 실버Beverly Silver는 "'작업장 교섭력'은 긴밀하게 통합된 생산 과정, 즉 단 하나의 핵심 공정에서만 작업이 중단돼도 그 자체보다 훨씬 더 엄청난 혼란이 발생할 수 있는 생산 과정에 놓인 노동자들이 자연스럽게 획득하게 되는 것"으로 설명했다.[10] 노동자들의 주요 목표는 경영자와 정부 대표들이 그들의 요구에 응답하게 만드는 것이다. 이러한 요구들은 정치적·경제적 측면을 모두 포괄한다. 즉 중국 당—국가 체제가 강조하는 '조화로운 사회'를 작업장 수준에까지 범위를 지속해서 확장할 것과 '공회 개혁'에 관한 요구를 모두 담고 있다.

2010년 이후 최근 10년간 급속한 사업 성장으로 회사의 수익이 두 배로 증가하는 동안 폭스콘 노동자들은 더 높은 생산성과 이윤 창출이라는 목표 달성을 위해 각종 '유연 노동' 고용형태로 전환됐으며, 이로 인해 다양한 노동 및 사회적 위기가 초래됐다. 한편 파업에 참여한 노동자들은 법적 보호를 받을 수도 없었으며, 오히려 공공질서 방해로 기소될 수 있었다. 그러나 노동자들은 이러한 탄압에 맞서 계속 집결했다. 심지어 정부당국은 대부분의 노동운동을 단기적이며 단일 사업장이나 공장에 한정된 것으로만 여겼지만, 노동자들의 저항은 여전히 계속되었다.

'느리게 일하기'

2010년 첫 5개월 동안 폭스콘은 노동자들의 연쇄 자살 사건으로 초래된 영업 손실을 메우고, 최신 아이폰에 대한 수요를 맞추기 위해 노동자들에게 작업 속도를 가속할 것을 강요했다. 이때를 한 여성 노동자는 "원래 아이폰 케이스 생산량은 하루 5,120개로 정해져 있었어요. 그런데 7월에는 하루 6,400개로 25%나 늘었어요. 완전 녹초가 됐죠"라고 회상했다. 특히 생산량이 최고조에 달한 몇 달간 노동자들은 "눈물이 쏙 빠질 정도로 탈진했어요"라고 목소리를 높였다. 아이폰 생산라인에서만 노동자들에게 작업량과 속도에 대해 압박한 것은 아니다. 전자책 리더기 킨들을 생산하는 작업장 역시 과도한 작업 속도로 긴장감이 가득했다.

킨들을 만든 아마존은 1994년 제프 베조스Jeff Bezos가 설립한 회사로, 급속도로 성장하여 현재 전자상거래를 선도하는 기업이 되었다. 애플과 미국 거대기업들은 오랫동안 폭스콘과 계약을 맺고 킨들, 에코닷Echo Dot 스마트 스피커, 태블릿 등의 자사 제품을 중국에서 생산해 왔다. 특히 폭스콘의 '과학기술 융합서비스 사업단(科技 整合服務事業群, Technology Merging Services Business Group)'에서 아마존의 전자책 리더기를 조립 생산한다. 2011년 10월 20일 중국 선전에 있는 룽화 공장의 아마존 생산라인에서도 신모델 출시에 따라 과도한 초과근무와 작업 속도를 올릴 것이 일상적으로 강요됐고, 이에 대한 반발로 노동자들의 태업이 발생했다.

당시 A1 라인에서 60명의 노동자(남성 41명, 여성 19명)가 야간근무를 해야 했다. 차오이는 이에 대해 "우리는 불가능한 생산목표를 달성하기 위해 미친개처럼 떠밀려 왔어요"라고 소리 높여 항의했다. 그리고 "지난 두 달간 폭스콘에서 일하면서 우리 손과 마음은 하루도 쉰 적이 없어요. 그래도 도저히 신제품 생산 할당량을 채울 방법이 없으니, 우리는 태업을 할 수밖에 없었어요"라고 주장했다. 그의 동료들도 태업 결정을 지지했다. 차오이의 친구는 "이번 주 생산 할당량이 1,800대에서 2,100

대로 또 상향 조정됐어요. 이건 말도 안 되는 양이에요"
라며 호응했다.

A1 라인 노동자들은 야간 식사시간 후에 행동을 개
시했다. 차오이는 생산라인 중간에서 제품 품질 보증
업무를 담당했다. 차오이의 앞뒤로 품질 검수자 두 명이
더 있었는데, 차오이는 "첫 번째 검수자와 라인 앞쪽의
작업자가 속도를 늦추면, 모든 노동자가 좀 더 편하게
작업할 수 있을 것"이라고 설명했다. 공장 구내식당에
서 20여 명의 노동자가 차오이의 설명을 주의 깊게 들으
며 고개를 끄덕였다. 작업이 재개된 후 4시간 동안 킨들
제품이 컨베이어 벨트를 따라 천천히 흘러갔다. 생산라
인의 모든 노동자가 적극적 또는 소극적으로 작업 속도
늦추기에 동참했다. 이른 아침 식사시간에 차오이와 세
명의 주도자들이 그들의 작은 승리를 함께 축하했다.
그러나 수십 명의 노동자가 참여한 조직적 행동은 감독
관에게 금방 발각됐고, 감시가 더욱 강화됐다. 노동자
들에게 생산량을 맞추라는 명령이 다시 하달되자 차오
이는 새로운 전략, 즉 '의도적으로 불량품 만들기'를 고
안했다.

이후 공장의 남자 기숙사에서 차오이와 동료들은 가
능한 많은 노동자를 참여시켜 어느 한 개인이 리더로
지목되거나 처벌받지 않게 할 방법을 논의했다. 무엇보
다 '지하 활동가'와 동료 노동자 사이의 상호 신뢰와 보

호가 필수적이었다. 이처럼 이들은 방에서 소그룹 토론을 열어 기숙사를 노동자 저항의 공간으로 만들었다. 또한 더 광범위한 의사소통을 위해 동료 노동자들에게 '행동 개시'를 알리는 스마트폰 문자 메시지를 보냈다. 실제로 폭스콘 노동자들은 QQ를 통해 친구나 가족뿐 아니라 직장 동료들과도 채팅방을 만들어 소통했다. 목요일 밤 A1 라인의 많은 노동자가 아마존 킨들 케이스 제작 과정에서 고의로 나사 하나를 빠뜨렸다. 또 다른 노동자들은 제품 바코드를 올바른 위치에 부착하지 않았다.

폭스콘의 슬로건은 '품질 보장을 모두의 마음에 새겨라'다. 이처럼 품질을 중시하기 때문에 생산라인 책임자는 모든 작업 공정을 일일이 점검해야 했다. 폭스콘 노동자들은 회사의 과도한 작업 속도와 생산량 요구를 저지하기 위해 힘을 모아 라인 속도를 늦췄고, 마침내 투쟁에서 승리했다. 이런 방식으로 차오이와 동료들은 자신들의 종속적 지위와 비인간적인 처우에 도전했고, 이 과정에서 '사랑과 보살핌, 그리고 지원'이라는 회사의 경영 담론이 완전히 허구였음을 분명히 깨달았다. 그래서 이들은 회사가 무시하거나 용인할 수 없는 방식으로 저항한 것이다.

비록 노동자들의 태업과 작업 방해가 단 하나의 생산라인에서만 발생했음에도 불구하고, 이러한 조직적 행동은 회사에 분명한 항의 메시지를 전달했다. 이는 노동자 건강권을 지키기 위한 '자기보호'적 행동이었다. 그러나 경영진에게는 작업장 질서와 규율을 복원할 무기가 있었다. 2주 만에 A1 라인이 전면 개편됐고, 차오이와 동료들은 F4, F5 등의 공장단지로 뿔뿔이 흩어져야 했다. 그리고 '표준 작업 속도'는 다시 '고속'으로 재설정되었다.

자살 위협

태업이나 '느리게 일하기'와 같은 은밀한 행동과는 달리, '집단적 자살 위협'은 회사 관리자들이 즉각 협상을 수용하도록 만들었다. 2012년 1월 3일 옵틱스 밸리Optics Valley로 잘 알려진 중국 후베이성 우한시의 '동호 첨단기술개발구東湖高新技術開發區'에서 150명의 폭스콘 노동자가 경영자들이 이직 및 임금 분쟁과 관련한 갈등 해결을 거부하면 공장 옥상에서 뛰어내리겠다고 위협했다. 사건의 핵심 쟁점은 선전에서 내륙으로 인력을 송출하려는 지역 간 사업 재편의 일환으로, 선전에 있는 노동자들을 우한으로 강제 이주시킨 것이었다. 일찍이 선전의 폭스콘 공장에서 엄청난 타격을 입힌 '자살의 망령'이 이제 중부 지역에서도 출몰한 것이다.

폭스콘 우한 공장은 마이크로소프트의 데스크톱 컴퓨터와 비디오 게임기를 조립하는 곳으로, 노동자들에게(신규 전근자 포함) 월 기본급으로 1,350위안을 지급했다. 이는 선전 공장의 초임보다 200위안 적은 것이었다. 이에 불만을 품고 옥상에 올라간 노동자들은 스마트폰을 통해 인터넷에 실시간으로 자신들의 소식을 올렸다. '폭스콘 옥상 자살 위협'의 여파로 놀란 지방정부 중재위원들이 신속히 현장에 도착했고, 상황이 더 악화하지 않도록 애썼다. 이때부터 정부 공무원들도 노동자들의 집단적 자살 시위 사건에 개입하게 되었다.

폭스콘에 도착한 현지 당위원회 위원과 공회 직원, 변호사, 사복경찰 등이 관련 정보를 수집했고, 정부 부처 간 연합팀은 회사 고위 간부들과의 비공개회의를 소집했다. 최종적으로 정부의 중재 책임자는 시위자들에게 "우한 공장에서 계속 일하든지, 아니면 퇴직금을 받고 지금 나가라"는 냉혹한 선택지를 제시했다. 노동자들의 소요가 더 확대되는 것을 막기 위해 기존의 공식적인 법적 절차를 고수하는 대신, 재량권을 사용해 최대한 빨리 사태를 해결하고자 한 것이다.[11] 퇴직금을 선택한 사람들은 현재 그들이 받던 것보다 더 많은 선전에서의 임금 수준, 즉 월 1,550위안으로 산정해 보상받을수 있었다. 그러나 이러한 신속한 해결책은 강제 이주에 따른 '공정한 임금'을 위해 투쟁한 노동자들의 근본적인 불만을 해소하지 못했다. 기껏해야 정부가 분노한 노동자들을 적정 수준의 퇴직금으로 '퇴출'할 길을 열어

준 셈이었다. 총 45명의 노동자가 퇴직금을 받고 회사를 떠났으며, 이후 노동자들의 집단 시위는 신속히 사그라졌다.

이처럼 큰 주목을 받았던 '집단 자살 위협' 사건에 맞서 정부 측 대표자는 합의를 이끌기 위해 회사를 떠나기로 각오한 노동자들에게 약간의 '경제적 양보'를 하도록 폭스콘 우한 경영진을 압박했다. 그러나 양보는 퇴직을 선택한 노동자로 한정됐다. 회사와 지방정부는 공장에 남아 계속 일하기로 선택한 대다수 노동자에게 선전에서 받은 임금에 훨씬 못 미치는 월 1,350위안을 주고, 기존 직장과 집에서 멀리 떨어진 곳에서 일하게 했다. 이에 노동자들의 분노와 좌절감이 팽배했다.

처음부터 노동자들의 임금투쟁을 지원하지 않았던 우한의 '동호 첨단기술개발구 공회연합'은 결국 나머지 100여 명의 시위대가 새 직장에서 임금 인상을 위해 협상하는 일에도 아무런 도움이 되지 못했다. 경영진은 이전 급여와 상관없이 "모두에게 똑같이 월 1,350위안 지급" 방침을 고수했고, 이에 선전에서 우한으로 파견된 노동자들도 회사의 우한 지역 '표준 임금'을 수용할 수밖에 없었다.

1월 임금투쟁 이후 석 달 만에 200여 명의 노동자가 이번에는 지역 변경으로 상실된 복지급여 지급을 요구하며 다시 시위를 벌였다. 시위에 참여한 19세의 후화

링蘇華玲은 "제 의료보험을 선전에서 우한으로 이전할 수 없다는 거예요. 지난 2년간 고용주가 선전시 사회보험국에 납부한 보험료가 모두 물거품이 된 거죠. 고용주가 낸 보험료를 제하고, 제가 낸 보험료만 청구할 수 있다는 고지를 받았어요"라고 말했다. 이는 비록 지역은 달라도 똑같은 폭스콘 회사에 고용되어 있다는 사실에도 불구하고 발생한 일이다. 고용주가 납부한 보험료가 정말 사라진 것이다.

폭스콘이 2010~2011년 후화링을 비롯한 모든 전근 노동자의 급여를 기준으로 매달 10% 납부한 보험료를 선전시 정부가 착복한 것이다. 후화링과 동료들은 "선전시 사무소에서 우한으로 사회보험을 양도할 방법이 없다"라는 공식 통보를 받았기에 선전시 인력자원과사회보장부가 관리하는 보험계좌에서 오직 개인 납부금만 인출할 수 있었다. 이들을 우한으로 전근시킨 것이 바로 폭스콘임에도 불구하고, 폭스콘은 선전시 사회보장 부서에 회사 명의로 납부한 보험료를 회수할 수 없었다. 이에 대해 폭스콘은 선전시 정부가 직원 보험료의 지역 간 이전을 허용하지 않아 어쩔 수 없다고 설명했다. 노동자들은 분노를 삼켜야만 했다. 심지어 폭스콘 기업공회도 억울하게 피해를 입은 노동자들의 사회보험 권리 보장 요구를 지지하지 않았다.

폭스콘 노동자들의 불만은 기본급이 낮아지고 복지

급여를 잃은 것에만 그치지 않았다. 회사는 노동자를 쥐어짜기 위한 수많은 방법을 찾아냈다. 일례로 퍼스널 컴퓨팅 전자제품 사업단PCEBG에서는 경영자가 노동자의 주말 초과근무수당을 없애고 보상휴가로 대체했다. 초과근무수당을 없애기 위해 고안된 이 '유연한 시간' 정책으로 많은 노동자가 "2~3월 주말에 10시간 이상의 초과근무"를 했음에도 불구하고 오히려 소득이 줄었다. 주말 근무에 대한 평일 2배 임금을 더는 받을 수 없었기 때문이다. 즉 노동자에게 정당하게 지급되어야 할 초과근무수당 대신 한산한 생산기에 '자유 시간'을 제공하는 것으로 대체한 것이다.

4월 25일 아침 200여 명의 금형제조 노동자(선전에서 전근 온 노동자와 우한에서 근무하던 노동자 포함)가 초과근무수당 폐지에 항의하며 공장을 뛰쳐나왔다. 특히 주목할 점은 이번 조업중단을 라인장들도 막지 않았다는 것이다. 이에 대해 23세의 라인장 왕슈핑王淑萍은 "이 문제가 우리 권익에도 손해를 입히는 것이기에 관심이 많았어요. 초과근무수당이 폐지되면서 모든 사람의 임금이 3분의 1가량 줄었거든요"라고 설명했다. 이번 사례는 일선 노동자와 라인장의 경제적 이해관계가 일치한 것이다.

3층짜리 공장 건물 옥상에서 분노한 노동자들이 "임금 인상, 리원중李文忠(이 사업단의 총책임자) 퇴진"을 외쳤다. 10시간이 넘는 대치 끝에 시정부 공무원들이 개입해 임금 인상을 약속함으로써 장기 파업이나 노동자 자살 가능성을 막을 수 있었다. 시위 노동자들의 사업단장 직위해제 요구는 받아들여지지 않았지만, 회사가 거부하던 법에 규정된 주말 초과근무수당 재개는 쟁취했다.

이와 같은 수많은 노동쟁의를 거치며 노동자들이 단체교섭 방식을 배웠듯, 정부 관료들도 노동쟁의를 해결하기 위해 "노동자의 저항을 흡수할" 다양한 기법을 개발했다. 리칭콴과 장용홍의 분석에 의하면, 정부와 시위대의 타협을 통해 형성된 '합의된 권위주의Bargained authoritarianism'는 노동자들의 단기적 이익에는 일시적으로 나마 도움이 될 수 있었다. 그러나 공회의 책임 있는 대응과 이를 통한 노동자들의 안정적인 교섭력 확보 등 더욱 철저한 노동개혁 시도는 교착상태에 빠졌다.[12]

사이먼 칭Simon Tsing 폭스콘 대변인은 〈로이터통신〉과의 인터뷰에서 선전으로 이주하면서 노동자들이 당한 임금 및 복지수당 삭감이나 합의 조건에 대해 아무런 언급이 없었으며, 단지 "인력자원과사회보장부와 지방정부가 참여한 협상" 이후 분쟁이 평화적으로 해결됐다고만 밝혔다.[13] 그러나 경영진들은 이번 분쟁 과정에서 나타난 일반 노동자와 생산라인 관리자의 연대에 특히 민감하게 반응했다. 그래서 생산라인 관리자들에게 회사 규율 준수를 확약받기 위해 적극적으로 움직였으며,

아래 조건을 수락하도록 강요했다.

> 나는 회사의 관리자로서 이유 여하를 막론하고, 직원들이 자신들의 요구를 표명하기 위해 부적절한 수단을 동원하도록 암시하거나 선동하지 않는다. 어떤 경우에도 나는 불법적인 집회, 행진, 시위, 조직 혹은 활동에 참여하지 않는다. 만약 이러한 행동을 하는 직원을 발견하면, 이를 중단하도록 설득하고 즉시 보고한다.[14]

인터뷰에 응한 노동자들에 따르면, 고위 간부들은 이후 노동자와 중간 관리자가 단합하여 변화를 촉구하지 못하도록 해고와 블랙리스트 작성 등과 같은 더욱 강력한 정책을 취했다고 한다.

폭동

억압은 때로 강력한 반발을 촉진하기 마련이다. 폭스콘 타이위안 공장에서 2년간 근무한 위종홍於忠紅(21세, 고졸, 필명)은 2012년 9월 발생한 노동자 폭동 진압 당시 다음과 같은 글을 남겼다. 폭스콘 회장 궈타이밍에게 보내는 공개서한 형식의 이 글은 인터넷 검열로 삭제되기 전에 수많은 소셜미디어를 통해 유포됐다.

폭스콘 회장 궈타이밍에게 보내는 편지

한밤중 소란으로 깊은 잠에서 깨고 싶지 않다면,

비행기를 타고 끊임없이 이리저리 돌아다니고 싶지
않다면,

미국 공정노동위원회의 조사를 다시 받기 싫다면,[15]

당신의 회사가 노동착취의 현장으로 불리길 원하지
않는다면,

제발 우리를 조금이라도 인간답게 대해주기 바란다.

제발 인간으로서 최소한의 자존감을 지킬 수 있게
하라.

당신이 고용한 깡패들이 우리 몸과 소지품을 뒤지지
못하게 하라.

더는 그들이 여성 노동자를 괴롭히지 못하게 하라.

당신의 충견들이 모든 노동자를 적으로 대하지 못하
도록 하라.

사소한 실수 하나 때문에 노동자를 제멋대로 욕하거
나 때리지 마라.

당신은 당신의 공장에서 벌어지는 일을 알아야 한다.

노동자들이 중국 사회의 가장 바닥에서 살아가며,

가장 고된 일을 견디면서

최저임금을 받고,

가장 혹독한 통제를 받으며
온갖 차별과 멸시를 견뎌내고 있다.
비록 당신은 회장이고, 나는 노동자이지만
내게도 당신과 평등한 입장에서 말할 권리가 있다.
– 위종홍, 폭스콘 타이위안 노동자

위종홍의 편지는 경영자와 노동자 간 힘의 균형이 경영진에 유리하도록 크게 치우쳐 있음을 명백하게 드러낸다. 그는 전제적 경영에 맞서 좁은 의미의 법적 권리를 넘어 인간으로서의 '권리'와 존엄을 주장했다. 또 회사에서 "가장 밑바닥에 있는" 노동자들을 대표해 궈타이밍 회장에게 "평등한 입장에서" 공개 토론할 것을 요구했다. 궈 회장과 고위 간부, 회사 공회의 책임 있는 행동을 촉구하며, 그의 편지는 다음의 세 가지 요구사항으로 끝을 맺는다.

1. 이제부터 당신의 부하 직원을 인간적으로 대하고, 앞으로는 모든 상급자가 부하 직원을 인간적으로 대우해야 한다는 요구를 명심하라.
2. 로켓처럼 빠른 승진 기회와 하늘만큼 높은 임금을 받는 대만인들이여, 이제부터 당신들이 우리보다 우월하다는 인식을 버려야 함을 명심하라.
3. 앞으로는 '진정한 공회(노동조합)'가 적절한 역할

을 할 수 있도록 현재 기업공회 책임자를 교체할 것
을 명심하라.

　폭스콘 고위 간부들은 노동자들의 이러한 항의와 요
구에 어떻게 대응했는가? 그리고 노동자들의 폭동은 어
떻게 시작되었고 끝났는가? 9월 23일 8만 명의 노동자
가 일하는 폭스콘 타이위안 공장에서 한밤중에 노동자
들의 폭동이 터졌고, 온통 사이렌 소리로 요란했다. 위
종홍에 따르면, 노동자들은 의무적으로 초과근무를 해
야 했으며, "지난 한 달간 무려 130시간의 초과근무를
했다"고 한다. 이는 중국법에 허용된 월 최대 36시간 초
과근무 제한의 3배가 넘는다. 즉 당시 노동자들은 신형
아이폰 출시를 앞두고 생산압박에 시달리며 2주에 하
루 혹은 심지어 한 달에 하루만 쉴 수 있었다. 노동자
들의 육체적 고통과 피로가 누적되었고, 치료를 받아야
할 정도로 심각한 상황이었다.

　위종홍은 "지난 두 달간 우리는 몸이 아무리 아파도
유급휴가조차 받을 수 없었어요"라고 말했다. 갈수록
빡빡해지는 생산주기로 노동자들은 작업 속도를 높이
도록 더욱 압박받았다. 휴가는 취소되었고, 아파도 계
속 일해야 했다. 업그레이드된 신형 아이폰은 더 얇고,
더 빠르고, 더 멋진 모델로 환호를 받았다. 그러나 이와
대조적으로 노동자들은 생산현장에서 가장 암울한 나

날을 보내야 했다.

노동자들의 분노는 남자 기숙사에서 일어난 보안요원들의 만행으로 촉발되었다. 위종홍은 당시 상황을 "밤 11시경 보안요원들이 직원 신분증을 제시하지 않았다는 이유로 두 명의 노동자를 바닥에 쓰러질 때까지 발로 차며 심하게 구타했어요"라고 설명했다. 보안요원들의 노동자 구타 사건이 폭동을 촉발한 것이다. 자정이 되자 분노한 수천 명의 노동자가 몰려와 공장단지의 경비실, 생산시설, 셔틀버스, 오토바이, 자동차, 상점, 식당 등을 부쉈다. 또 다른 노동자들은 회사 창문과 울타리를 깨부수고, 경찰차를 전복시켜 불태웠다. 그리고 일부는 창고에서 아이폰 케이스를 훔치거나 공장 슈퍼마켓을 약탈하기도 했다. 이에 회사 보안 책임자는 순찰차의 방송 시스템을 통해 노동자들에게 '불법 행위'를 즉각 중단할 것을 경고했다. 그러나 점점 더 많은 노동자가 성난 시위에 합류했고, 관리자들은 폭동 진압을 위해 결국 경찰을 불렀다. 새벽 3시가 되자 방패와 곤봉을 들고 헬멧을 쓴 5,000명의 경찰과 공무원, 의료진 등이 공장에 집결했다. 이후 2시간 만에 경찰이 공장단지의 전체 기숙사와 작업장을 장악했으며, 가장 거세게 저항하는 노동자들을 체포하고 다른 노동자들은 기숙사 방에 연금했다. 40명 이상의 노동자가 경찰에 구타를 당하고, 수갑을 찬 채 6대의 경찰차에 태워져 끌려

갔다. 공장 전체가 폴리스라인으로 봉쇄되고, 노동자들은 외부로부터 격리되었다. 경찰의 탄압이 노동자 시위를 무력화하고 약화하여 진압할 수는 있었지만, 오히려 이러한 방식이 갈등의 골을 더욱 깊게 하고 상황을 악화시켰다.

비상 상황을 수습하기 위해 폭스콘은 타이위안 공장의 모든 노동자와 직원에게 '당일 하루 특별휴가'를 발표했다. 그리고 현지 공무원들은 노동자들의 폭동이 빨리 진압되지 않으면 경제 성장을 저해할 수 있고, 이로 인해 상급 기관의 질책을 받을 수 있다는 사실에 더 민감하게 반응했다. 아이폰 부품 공장은 단 하루만 폐쇄된 후 생산을 재개했다. 애플의 최대 관심사는 상품의 지속적인 생산과 적시 출하였다. 애플의 최고경영자 팀 쿡은 폭동 발생 당일 "각 매장에서 정상적으로 아이폰5를 계속 공급받을 수 있으며, 고객들도 온라인 주문을 통해 예상 배송일에 상품을 받을 수 있을 것"이라고 전 세계에 확언했다.[16] 그러나 세계 주요 언론에 "중국 애플 공장 폭동"[17]과 "애플의 파트너 제조업체인 폭스콘 아이폰5 공장에서 폭동 발생"[18] 등의 기사가 첫 면을 장식했다. 그러자 애플은 중국 소비자를 포함한 전 세계 소비자에게 노동착취 공장 운영 사실이 없었음을 해명해야만 했다.

애플은 폭스콘을 집어삼킨 폭동을 빠르게 수습하기

위해 "우리는 애플 역사상 가장 혁신적이고 풍성한 신제품의 시대에 살고 있습니다. 우리가 2012년 9월과 10월에 선보일 놀라운 제품인 아이폰5, 아이패드 미니, 아이패드, 아이맥, 맥북프로, 아이팟 나노 및 수많은 응용 프로그램은 오직 애플에서만 만들 수 있습니다"라고 선전했다.[19] 이는 아마도 사실일 것이다. 그러나 이를 생산하는 공장 노동자에 대한 착취가 애플 제품 최대 공급자인 폭스콘과의 긴밀한 공조하에 바로 '애플에서 발생한 것'도 분명한 사실이다.

파업

폭스콘 노동자들은 빈번한 초과근무와 더 빠른 작업속도 요구를 끊임없이 강제당하는 상황에서 모든 부품을 섬세하고 완벽하게 조립해야 한다는 강한 압박에도 시달려야 했다. 특히 애플의 하드웨어 엔지니어링 수석부사장 댄 리치오Dan Riccio는 제품 디자인 과정을 언급하면서 "우리는 제품의 0.1mm까지도 고귀하게 여깁니다"라고 강조했다.[20] 물론 제품은 회사로서는 당연히 신성한 것이다. 그러나 과연 그 제품을 만드는 인간의 복지에 대해서도 그렇게 신성하게 생각하는지 의문이다.

신형 아이폰에 대한 소비자의 기대감과 관심이 급증하자 애플은 생산목표를 달성하도록 폭스콘을 더욱 압박했고, 이에 노동자들은 단결된 힘을 발휘할 때가 도

래했음을 간파했다. 타이위안 노동자 폭동 발생 후 2주
도 지나지 않은 2012년 10월 초, 이번에는 정저우의 폭
스콘 공장에서 동일 생산부 소속 노동자 3,000여 명이
경영진의 "부당한 품질관리 방식"에 항의하는 사건이 발
생했다. 타이위안 공장에서 아이폰 케이스가 제조되면,
이의 최종 조립을 위해 인접한 허난성의 좀 더 큰 정저
우 공장단지로 보낸다. 오랫동안 기다려온 아이폰5 출
시 이후 일부 신형 아이폰 케이스의 긁힘 자국에 대한
미국 소비자들의 불만이 제기됐고, 이는 최종 조립을
담당하는 정저우 공장의 품질관리 조사로 이어졌다. 이
당시를 19세의 여성 노동자 리메이샤李梅霞는 이렇게 회
상했다.

> 국경절 연휴에도 하루도 쉴 틈 없이 불량품을 고쳐
> 야 했어요. 0.02mm 단위로 측정되는 아이폰 화면의
> 정밀도는 도저히 사람 눈으로 감지할 수 없어요. 그
> 래서 제품 외관을 검사하기 위해 현미경을 사용하는
> 데, 엄청 까다로워요.

새로운 품질검사 기준 때문에 노동자들은 눈의 피로
와 두통이 극심했다. 또 일부 노동자가 0.02mm 단위
측정 기준을 충족시키지 못해 징계를 받자 품질관리 팀
장과 다툼이 벌어지기도 했다. 이후 10월 5일 생산 관

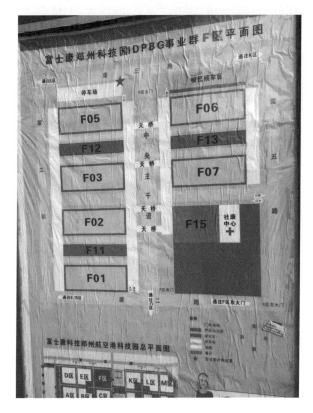

통합디지털제품 사업단은 애플 전용 아이폰 조립 공단이다. 허난성 정저우시 정저우공항경제구역에 위치하며, 폭스콘 '아이폰 도시'의 최대 사업단이다. 폭스콘 정저우 공단은 총 12개의 구역(A, B, C, D, E, F, G, H, J, K, L, M)으로 구성되며, 구역마다 기능별로(예컨대, F구역의 F01에서 F15까지 번호 지정) 각 층에 더욱 세분화해 있다.

리자들이 노동자들에게 "작업 과정에 협조하고 집중하지 않으면 당장 해고하겠다"라고 소리치며 위협하는 일이 발생했다. 더는 참을 수 없었던 노동자들은 곧바로 파업에 돌입했다. 이 파업으로 K동과 L동 수십 개의 생산라인이 늦은 오후부터 밤까지 가동이 중단됐다. 주간 근무자들의 파업으로 공장이 멈추자 고위 간부들은 야간 근무자들에게 더욱 엄격한 품질 기준을 강요했다. 이 짧은 파업으로 회사의 주목을 받긴 했지만, 노동자들이 원했던 합리적 휴식시간을 얻지는 못했다.

요컨대 타이위안과 정저우 공장의 폭스콘 노동자들은 애플이 세계에서 가장 수익성 높은 기업으로 자리매김할 대표 상품을 출시하는 결정적 순간에 그야말로 중대한 행동에 나선 것이다. 그러나 두 공장이 아이폰 제조 사슬의 최종 단계로써 상호보완적 역할을 하고 있음에도 노동자들은 더 광범위하고 지속적인 운동을 조직하지는 못했다. 그 결과 공장 전체나 회사 전체로 운동이 확장되지 못했고, 회사 공회는 노동자들의 집단행동에도 여전히 소극적인 입장만 유지했다. 중요한 것은 폭스콘과 중국 정부가 과연 언제까지 노동자들의 불만을 잠재우고, 실질적인 노동자 대표 출현과 기본적 노동 권리 확보를 막을 수 있을 것인가다.

폭스콘 공회인가, 어용노조인가?

폭스콘 공회는 중국 내 다른 많은 기업 단위 공회와 마찬가지로, 설립 초기부터 회사 경영의 필수 요소로 기능한 전형적인 어용노조였다. 궈타이밍의 비서실장 출신인 천펑陳鵬은 2007년 1월부터 10년 이상 폭스콘 공회 주석(노조위원장)을 맡고 있다. 천펑의 지도하에 폭스콘 공회 집행위원회 대표는 2007년부터 2012년 사이에 4명에서 2만3,000명으로 확대됐다. 또 공회 가입률도 약 93%로 증가해 중국 내에서 100만 명이 넘는 회원을 보유한 조직으로 성장했다(중국 내 전체 폭스콘 노동자는 약 120만 명이다).[21]

특히 2012년은 미국 노동인권 감시단체인 FLA의 시정 권고 조치 계획의 핵심 사항으로, 공회 조합원 확대를 위한 폭스콘의 노력이 절정에 달했다. 폭스콘은 현재 중국 최대의 민간기업일 뿐 아니라, 가장 큰 공회 조직을 보유하고 있다.

중국 공회법은 25인 이상을 고용한 모든 유형의 기업은 반드시 기층 수준의 '기업공회'를 설립하도록 규정한다. '기업공회'는 상급 공회의 승인을 받아야 하며, 최고 의사결정 권한은 중화전국총공회에 집중되어 있다. 이는 중국 당-국가의 필수 기구다. 돌아보면, 정부의 공식적인 노력에도 노동자 파업과 저항이 격화된 1990년대 초반부터 2005년 중반까지 '기업공회'가 설립된 곳은 48만여 외국계 기업 중 33%, 사영기업의 30% 미만에 불과했다.[22] 이후 중국 노동운동의 심장부인 광둥성은 2006년 말까지 성내 "외자기업 60%의 공회 설립 실현"이라는 목표를 제시하고, 공회 건설 및 조직화를 선도했다.[23] 2007년 1월 1일 폭스콘은 마침내 1988년부터 지켜온 불법적 무노조 원칙을 깨고, 선전 공장에 '기업 공회'를 설립할 것임을 공식 발표했다. 2009년 12월까지 "중국에 진출한 포춘 선정 500대 기업 중 92%에 공회가 설립"되었다.[24]

광둥성 총공회 부주석 콩샹훙孔祥鴻은 "공회는 반드시 노동자의 이익을 대변해야 하며, 그렇지 않으면 노동자에게 배격당할 것"이라고 강조했다.[25] 그러나 공회 대표를 노동자들이 선출하지 않고, 회사가 자신들에 호의적인 인물로 임명하는 경우가 대부분이다. 또 노동자들이 자신의 공회 가입 사실을 모르는 경우도 많고, 공회에 대한 신뢰도 거의 없는 것으로 나타났다. 이러한 상황은 폭스콘에서 현재까지도 계속 강고하게 이어지고 있다.

공회 선거

폭스콘 노동자들은 기업의 투명성 및 책임성 향상과 노동자 권리 보장을 위해 공회 지도부 선거 실행을 거듭 요구했다. 이에 폭스콘은 2013년 "공회 대표성 향상을 위해 공회 지도부를 선출하기 위한 시범 프로그램을 실행할 것이며, 후보자들은 자발적으로 선거에 참여할 수 있다"라고 공식 발표했다.[26] 그러나 후보자 선정을 비롯한 선거 과정이 여전히 불투명했고, 구체적인 선거 방식도 제시되지 않았다. 폭스콘 룽화 공장의 한 노동자는 2015년 3월 진행한 인터뷰에서 그해 초 실시된 공회 선거에 관해 다음과 같이 말했다.

> 회사에서 공회 선거를 진행한다는 걸 아는 노동자가 많지 않았어요. 홍보 포스터가 공장 구석 어두운 곳에 부착됐거든요. 경영진도 우리에게 아무런 정보를 주지 않았고요. 그저 기본 절차의 구색만 갖추려는 거였죠. 그야말로 선전시 당국과 회사의 최대 고객들을 위한 쇼에 불과했어요.

폭스콘의 최대 고객인 애플은 "우리는 자사 제품 조립에 관련된 모든 사람을 보호하는 것부터 그들 삶의 개선과 역량 강화에 이르기까지 다양한 노력을 기울이고 있습니다. 우리 업계의 그 누구도 우리만큼 많은 곳에서 많은 사람에게 감동을 주지는 못할 겁니다"라고 주장했다.[27] 그러나 애플에 관한 노동자들의 증언은 이와 완전히 상반된다. 중국 전역의 다른 사업장과 마찬가지로 폭스콘에서도 노동자들의 공회 조직 및 참여 권리가 엄격하게 제한되고 있다. 더 심각한 사실은 경영진들이 노동자들에게 지정된 후보에게 투표하도록 지시함으로써 선거를 조작했다는 것이다. 노동자들은 보복이 두려워 이 지시를 따를 수밖에 없었다. 이에 대해 폭스콘 그룹 내 '커뮤니케이션 및 네트워크 솔루션 사업단CNSBG'에서 근무하는 한 노동자가 더 솔직하게 말했다.

우리는 상사의 요구대로 후보자란에 체크했어요. 웃기는 건 모든 후보자가 제겐 전혀 낯선 사람이었다는 거예요. 나중에 당선자 정보를 확인하고, 저와 같은 부서의 고위 간부였음을 알았죠. 하지만 그에 대해 전혀 들어본 적이 없어요. 저는 모든 당선자가 고위급 경영진에 의해 선발됐다고 믿어요.

또 다른 노동자도 "우리는 누가 선거에 출마했는지 전혀 몰라요. 아마 우리 사장님만 알 걸요"라며 비꼬듯 말했다. 분명한 사실은 폭스콘에서 시행된 새로운 공회 지도부 선거는 기존 어용 공회의 권력 구조를 그대로 남겨둔 채 형식적으로만 이뤄졌다는 것이다. 그래서 어떤 노동자들은 공회 간부로부터 붉은 로고가 새겨진 물병 같은 기념품을 받을 때만 공회의 존재를 인식하기도 한다.

수많은 노동자 시위를 경험한 폭스콘 공회는 노동자

들의 불만과 동요를 사전에 방지하기 위해 공회와 노동자 간 의사소통 격차를 해소할 필요가 있음을 점차 느끼게 되었다. 이에 폭스콘은 주요 생산단지와 기숙사에 소통함을 설치하고, 구내식당이나 기숙사 서비스(무료 세탁 등) 및 직원 지원 프로그램 등에 대한 '만족도 조사'를 정기적으로 실시해 그 결과를 〈폭스콘 위클리〉에 게재했다. 회사 공회가 운영하는 24시간 핫라인도 "어려움이 있으면 공회를 찾으세요"라고 거듭 강조했다. 또 폭스콘은 노동자들이 직면한 재정상 어려움이나 가정 문제와 같은 사적 문제와 관련해서도 심리상담과 자문을 제공했다. 그러나 효과적인 고충 처리 절차가 근본적으로 부재했기에 오히려 문제가 더욱 악화했다.

노동자를 위한 공회 건설

폭스콘의 한계를 넘어 일부 노동자는 기업공회가 더 제대로 기능할 수 있도록 힘을 모았으며, 다양한 성공 사례를 만들기도 했다. 예컨대 '옌톈盐田 국제 컨테이너 터미널' 공회는 2007년 파업 이후 연례 단체교섭 제도를 시행하라는 노동자들의 요구를 승인했다. 이 기업공회 대표자들은 노동자의 직접선거로 선출됐으며, 항만 노동자의 이익을 위해 일회성이 아니라 정기적으로 사측과 협상한다. 이 성공을 가능케 한 핵심 요인 중 하나는 이직률이 낮은 중년 남성 농민공으로 구성된 크레인 기사들의 강한 투쟁력이다. 이들은 세계에서 가장 바쁘게 돌아가는 중국 남부의 자본집약형 항구에서 높은 수준의 협상력을 발휘했다. 즉 파업 과정에서 "생산 지점에서의 직접 행동을 통해 비용적 손실"을 초래했다.[28] 이들의 작업 중단은 전체 물류 이송의 상하류 연결 및 육상·해상 운송 사슬에 부정적인 영향을 미쳤다. 이처럼 항만 노동자들은 상급 공회의 제도적 감독을 수용하면서도, 기업공회 주도의 단체교섭 참여를 통해 작업장에서 '연합적 힘'을 발휘할 수 있었다.[29]

2016년 말까지 중국에는 280만 개의 기업급 공회가 설립됐으며, 가입 회원이 전국적으로 3억200만 명이 넘었다.[30] 이는 세계 최대 노동조합 단체인 '국제노동조합연맹ITUC'이 163개 국가 및 지역에서 2억 명 정도의 회원을 보유하고 있다는 사실과 비교할 때 매우 놀라운 수치다.[31] 분명 중국 공회 회원은 엄청나게 많고, 계속 증가하고 있다. 그러나 공회가 사업장 수준에서 진정으로 노동자를 대표하는 경우는 매우 드물다.

"어려움이 있으면 공회를 찾아라" ─그러나 어떻게?

초국적 생산 사슬에서 첨단 브랜드의 평판은 폭스콘이나 기타 공급업체 노동자들이 창출한 가치에 전적으로 달려 있다. 그러나 글로벌 자본 규모가 확장된 상황에서 아마존이나 마이크로소프트, 애플 등 초국적 기업이 자사 공급업체 수행 지침으로 선포한 '공정한 노동 정책'과 실제 현장 간의 현실적 괴리는 여전히 크다. 무엇보다 노동조합 활동 및 참여 권리가 제대로 보장되지 않는다. 특히 폭스콘은 다른 많은 기업과 달리 노동자 이익에 부응하는 자주적 공회 건설 요구를 억압하고 있다. 미국을 비롯한 많은 서구 국가에서 노조의 대표성이 쇠퇴하는 것과 대조적으로, 폭스콘을 비롯한 중국의 수많은 대규모 기업이 중화전국총공회를 중심으로 완전히 '조직화'되어 있다. 그 형식은 차치하더라도 중화전국총공회는 중국 공산당에 종속되어 있기에 노동자의 목소리와 민주적 참여가 결핍돼 있다.

한편 더 넓은 맥락에서 인력난이 확산하면, 인력 모집 기구들은 고용 1~2개월 후 '보너스 지급'이라는 계약 방식을 통해 임시직 노동자를 적극적으로 유치한다. 일부 노동자는 이러한 단기계약 보너스를 받아 조금이라도 생활을 개선해보려 하지만, 대체로 그 결과는 단지 임시직·하도급 노동자의 양산과 고착화를 초래할 뿐이며, 이를 통해 노동자의 네트워크와 조직력이 저해된다. 이처럼 노동자들은 흔히 사용자의 불법 전술의 희생양으로 전락했다.[32] 예컨대, 2018년 12월 중국 중부에 있는 폭스콘 정저우 공장의 파견직 노동자들은 크리스마스 휴가철의 아이폰 수요를 맞추기 위해 55일을 일한 후 합의된 '보너스'인 1인당 6,000위안을 받지 못한 것에 항의했다. 폭스콘과 파견업체 간의 공동 법적 책임은 여전히 애매한 상황이다. 그러나 분명한 사실은 많은 노동자가 위챗을 통해 우리에게 고발한 것처럼 약속된 보너스를 받지 못했다는 것이다. 놀랍지도 않지만, 당연히 친親회사 성향의 폭스콘 공회는 이 분쟁에서 노동자들을 지원하지 않았다.

12.

애플, 폭스콘,
그리고 중국 노동자의 삶

세상을 떠난 형제자매를 위해

나는 너다

나도 너와 같았지
십 대에 집을 떠나
나만의 세상을 꿈꿨어

나도 너와 같았지
마음은 바쁘게 돌아가는 생산라인에 허우적대고
몸은 기계에 매여
매일 더 많은 잠을 갈망하지만
여전히 야근과의 전쟁으로 발악해

기숙사에서도 나는 너와 같았지
모두가 이방인

줄을 서서 물을 받아 양치를 하고

각자의 작업장으로 바삐 나가지

때론 집으로 돌아갈 생각도 하지만

집에 가면, 그다음은?

나도 너와 같았지

끝없이 절규해

무참히 짓밟힌 내 자존감에

인생이란 내 청춘과 땀을 모두 바쳐야 하는 걸까?

꿈을 버려둔 채, 쾅 무너지도록?

나도 너와 같았지

열심히 일하고, 지시대로 침묵해

나도 너와 같았지

외롭고 지친 나의 눈

불안하고 절박한 나의 마음

나도 너와 같았지

규율에 얽매인 채

삶을 끝내고 싶을 만큼의 고통 속에

유일한 차이라면

난 결국 공장에서 탈출했고

넌 외지에서 젊은 나이에 죽었다는 것

결연히 빛나는 너의 붉은 피에서

다시 또 내 모습이 떠올라

너무나 짓눌리고 조여와 움직일 수가 없어

– 옌준, 여성 농민공[1]

고향에서 멀리 떠나 일하는 옌준 세대의 대부분이 부모와 사랑하는 이들을 그리워한다. 수많은 청년이 낙후된 고향 마을에 아이와 노인만 남겨둔 채 일자리를 찾아 수천 마일 떨어진 도시로 떠났다. 그러나 바깥세상은 냉혹했다. 일부는 집으로 돌아갈 생각도 하지만, 대다수 농민공의 꿈과 희망은 여전히 도시에 매여 있다.

중국의 '내부 이주노동'

중국은 지난 40년간 세계 최대 규모의 '내부 이주노동'(농촌에서 도시로의 이주노동)을 기록했다. 1980년대 이후 수많은 농민이 전국의 도시에서 급성장하는 산업 및 서비스 분야의 일자리라는 새로운 기회를 잡기 위해 도시로 밀려들었다. 2018년 기준으로 이들 농민공의 51.5%가 1980년 이후 출생자다. 1980년대 이후 세대는 다시 1980년대(50.4%), 1990년대(43.2%), 2000년대 이후(6.4%)의 세 집단으로 구분할 수 있다.[2] 다른 곳에서 일하는 동년배들과 마찬가지로 폭스콘의 청년 노동자들도 최소한의 생활임금을 벌고, 전문기술을 배우며, 전면적인 복지혜택을 누리고, 결혼하고, 그들이 거주하는 도시에서 완전한 시민권을 확보하기를 열망한다. 실제로 2011년 초 25개 시·구의 1,000개 기업을 대상으로 수행된 정부 조사 결과, 응답자 2,711명 중 42.3%가 직장 생활에서 단순히 돈만 버는 것이 아니라 '자기계발 기회를 찾는 것'에 관심이 많은 것으로 나타났다.[3]

중국 동부 해안 지역과 상하이, 선전, 베이징을 비롯한 주요 도시는 농민공이 가장 몰려드는 곳이었으며, 지금도 마찬가지다. 2018년 중국 동부는 1억 명 이상의 농민공을 보유했으며(전체 농민공의 36.1%), 동시에 거시 경제적 변화와 새로운 개발 사업들이 상당한 성과를 거뒀다. 또 중국 중부(33%)와 서부(27.5%) 지역 모두 농민공 수가 증가했고, 특히 서부(540만 명) 지역에서 가장 많이 증가했다([표12.1] 참조). 이처럼 내륙 지방의 급속한 산업화와 도시화로 대규모의 단거리 노동력 이동이 가능해졌다.

표12.1 2015~2018년 중국 지역별 노동력 이동(단위: 100만 명)

	2015년	2018년	증가 수	증가율
중국 동부	103.0	104.1	1.1	1.1%
중국 중부	91.7	95.4	3.7	4.0%
중국 서부	73.8	79.2	5.4	7.3%
중국 동북	9.0	9.7	0.7	7.8%
합계	277.5	288.4		

참고: 중국 동부는 성급 직할시 3개(베이징, 톈진, 상하이)와 7개의 성(허베이, 장쑤, 저장, 푸젠福建, 산둥, 광둥, 하이난海南), 중부는 6개의 성(산시, 안후이安徽, 장시江西, 허난, 후베이, 후난)을 포함한다. 서부는 충칭시와 6개의 성(쓰촨, 구이저우, 윈난, 산시陝西, 간쑤, 칭하이青海), 5개 자치구(광시广西, 네이멍内蒙구, 시짱西藏, 신장新疆, 닝샤寧夏)가 있으며, 동북부에는 3개의 성(랴오닝, 지린, 헤이룽장)이 있다.
출처: 중화인민공화국 국가통계국(2017, 2019년 통계자료)[4]

낙후된 내륙 지역의 기반시설 확충과 재정 지원 등 중국 정부의 지역 재균형 노력에도 불구하고 도농 간 및 지역 간 소득과 부의 격차는 여전히 크다. 메리 갤러거와 양위종은 중국의 대규모 산업 재배치와 신규 투자에 관해 다음과 같이 말한다.

내륙 지역으로 산업을 이전하면, 산업전환을 촉진하기 위해 해당 지역과 인근 노동력에 상당히 의존할 수밖에 없다. 이에 기존과는 다른, 그리고 더 나은 종류의 산업화를 창출할 수 있다. 내륙 지방정부는 기존 산업화 도시인 해안 지역 정부가 추구하던 것과 질적으로 다른 관리 방식을 모색할 가능성이 있다. 실제로 '농촌–도시 공동개발' 개념을 구축한 청두와 같은 도시들은 인근 농촌을 교외 및 도시 근교로 흡수하면서 확대된 인구에 대한 포용력과 대응력이 점차 높아지고 있다.[5]

그러나 10년에 걸친 우리 연구를 참조하면, 위 주장에 완전히 동의하기는 어렵다. 폭스콘의 고용 상황은 중국 동부 지역의 일자리 감소와 중서부 지역을 중심으로 한 일자리 증가 패턴에 부합한다. 이로 인해 산업화 수준이 낮은 지역에서 소득이 증가한 것은 사실이지만, 특히 상대적으로 최저임금 수준이 높았던 선전이나 상하이로부터 이동한 폭스콘 노동자 상당수가 '바닥으로의 경주'를 경험했다. 즉 동부 연안의 일자리와 집에서 저임금을 받는 내륙 지역으로 이동이 강제된 것이다. 그 밖의 상황도 여전히 마찬가지다. 예컨대, 폭스콘 청두 공장에서도 '기숙사 노동체제'가 그대로 재현되어 최저 비용으로 24시간 아이패드 생산이 가능하다. 또 내륙 지역 노동자들의 최저임금과 실질임금은 해안 지역 노동자보다 현저히 낮으며, 대부분 임시직이나 용역 혹은 비공식 부문에 고용되어 있다. 그리고 개인 자산도 없고, 정부 지원의 도시주택도 받을 수 없는 농민공들은 공장 기숙사와 급변하는 도시 외곽의 비좁은 셋방 사이를 표류하며 불안정한 삶을 이어가고 있다.

굻 농민공과 청년 농민공

2018년 12월 기준으로 전국 각지의 제조업, 서비스업, 건설업 부문에 유입된 농민공 수는 약 2억8,800만 명으로 공식 집계됐으며, 이는 전체 중국 인구의 5분의 1에 해당한다. 그러나 중국 인구학적 변화와 맞물려 농민공의 연간 증가율은 2010년 5.4%에서 2018년 0.6%로 감소했다.[6] 즉 청년 노동자의 공급이 위축되고 기대수명이 증가함에 따라 현재 정부 자료에 의해 명확하게 드러나듯이 고령의 노동자 대부분이 노년기까지 계속 일하고 있다.

[그림12.1]은 2008년부터 2018년까지 중국 농민공 연령대 분포의 변화를 보여준다. 이 기간에 가장 큰 변화는 16~20세 연령대에서 나타났는데, 2008년 약 11%에서 2018년 2.4%로 감소했다(16세는 중국 법률상 최소 취업 가능 나이다). 21~30세 집단도 2008년 35%에서 2018년 25%로 하락했다. 이와 동시에 고령자 집단은 꾸준히 증가했다. 즉 이 기간에 41~50세는 19%에서 26%로 급증했고, 50대 이상은 11%에서 22%로 더 빠르게 증가했다. 요컨대 중국 노동인구의 핵심 성원이자 폭스콘 노동자의 압도적 다수를 차지하는 농민공이 늙어가고 있다. 따

라서 빈곤층 노동자와 가정에 대한 복지 제공 등 정부의 사회적 정책 개입이 그 어느 때보다 시급한 상황이다.

그림12.1 2008~2018년 중국 농민공의 연령별 추이

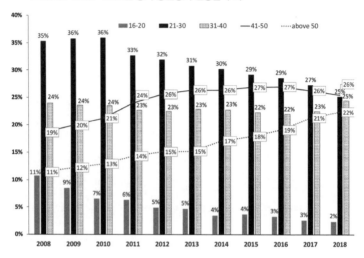

참고: 온라인으로 이용 가능한 정부의 중국 농민공 조사자료 중 가장 초기 자료가 2008년 것이다. 연령대는 16~20세, 21~30세, 31~40세, 41~50세, 50대 이상의 5가지 범주로 구분했다(60세 이상은 더 분류하지 않음).
출처: 중화인민공화국 국가통계국(2013, 2019년 자료).[7]

중국의 학생 노동자

중국 청년 노동자의 인력 공급원이 줄어들고 있다. 이런 맥락에서 만약 인턴 학생들이 직무 능력을 향상하고 첨단기술과 전문화된 지식을 요구하는 더 좋은 직업을 찾을 수 있도록 적절한 훈련을 받는다면, 국가 발전에 중요한 역할을 할 수 있을 것이다. 이에 대해 스탠퍼

드대학 '프리먼 스포글리 국제학연구소FSI'의 농촌 교육 활동 프로그램 공동책임자이자 중국 농촌문제를 오랫동안 연구한 스콧 로젤Scott Rozelle은 다음과 같이 말한다.

> 우리의 경험에 비춰볼 때, 애플은 학생 노동자를 보호하기 위한 실질적 기준과 혁신적 전략을 수립하기 위해 공급업체와 긴밀히 협력함으로써 학생 노동자의 발전을 보장하는 선도적 기업이다. 우리는 중국 학생 노동자의 주요 공급원인 직업학교의 질적 수준을 평가하기 위해 애플과 협력하고 있다.[8]

로젤은 2013년부터 전자기업의 사회적 책임을 강조하는 글로벌 조직 '전자산업시민연대Electronic Industry Citizenship Coalition'[9]의 지원을 받아 중국 직업교육 시스템에 대한 모니터링 및 평가 프로그램을 만들었다. 그 목표는 허난성 118개 직업학교 프로젝트를 시작으로 '책임있는 직업교육'을 달성하는 것이다.[10] 2016년 6월, 이 프로젝트팀은 일련의 기준에 따라 교육수준, 학교자원, 학습경력 등을 평가할 수 있도록 일정한 자격을 인증받은 22개의 직업학교 목록을 만들었다.[11]

허난성 정부는 이 목록을 참조해 기업들이 양질의 재학생과 졸업생을 인턴 및 취업에 선발하도록 권장함으로써 교사와 학생이 자신들의 실적을 향상하게 만드는 경제적 유인을 제공했다. 이에 협력하는 학교들은 장기적인 교육 발전을 위한 정부의 재정 지원 확대 약속을 받았다. 이는 스탠퍼드대학 연구팀의 정부, 학교, 회사 간 협력 강화를 위한 노력인 '윈-윈-윈 실천 연구'의 틀을 참조한 것이다.[12)]

그러나 스탠퍼드대학 연구진은 열악한 학습경험과 인턴과정 준비에 대해 직업학교의 직접적인 책임은 강조하는 반면, 우리가 '불안정 인턴십'이라 부르는 체제를 지탱하기 위해 중국 지방정부와 협력하는 애플과 폭스콘의 무거운 책임에 대해서는 소홀한 것으로 보인다. 즉 폭스콘 공장에 값싼 일회성 노동력 공급으로만 활용되고, 학생들에게 교육훈련도 제공하지 않기 때문에 '허울만 좋은 인턴십 프로그램'일 뿐이다. 우리는 이러한 비판을 가능하게 한 주요 책임이 직업학교의 실패에만 있다고 판단하지 않는다. 이는 무엇보다 학생들을 희생시키면서 인턴십 규칙과 규정을 자신들에만 유리하도록 제정한 '거대기업과 중국 정부 간 강고한 협력'의 산물이다.

2012년 언론 매체에 의해 폭스콘이 인턴 학생들(일부는 14세 미만)을 근본적으로 엉터리 프로그램으로 만들어진 얄팍한 형태의 위장 아동노동으로 고용했음이 폭로됐다.[13)] 이러한 엉터리 인턴 프로그램은 희생자들(인턴 학생들)을 더욱 혼란스럽고 무력하게 만들고 있다. 학생들이 폭스콘 및 다른 대기업의 노동력 구성에서 점차 상당한 비중을 차지하고 있기에, 인턴십 기간의 교육 및 노동권 보호 문제에 더욱 시급한 주의가 필요하다.[14]

중국의 '인턴 경제' 규제

법률 전문가 얼 브라운Earl Brown과 카일 드칸트Kyle deCant는 인턴십 프로그램이 "교육적 요소는 전혀 없고, 오직 고용주의 실리적 이익만을 위해 유지된다. … 인턴들은 중국 노동법의 완전한 보호를 받아야 한다"라고 주장했다.[15] 우리는 폭스콘의 인턴십 프로그램이 교육 및 기술 훈련과 전혀 관련이 없음을 명확히 밝혔다. 중국 중앙 정부는 2016년에야 인턴 학대에 대한 대응으로 인턴 학생의 기본권을 보호하기 위한 정책을 마련했다.

구체적으로 모든 직업학교는 '직업학교 학생실습 관리규정職業學校學生實習管理規定'에 따라 인턴십 프로그램을 운영하도록 규정되어 있다.[16] 2016년 4월 11일부터 시행된 이 새로운 규정에 따르면, 취업을 기반으로 하는 인턴십 기간은 통상 6개월로 제한된다. 또 직업학교와 회사가 공동으로 인턴에게 반드시 일반 책임보험을 제공해야 한다. 그리고 학생 인턴십 프로그램은 실질적인 교육 콘텐츠와 직무능력 훈련을 제공해야 하며, 8시간 근무 엄수와 초과근무 및 야간근무 제외 등과 같은 학생 인턴에 대한 종합적인 노동권 보호 규정도 명시했다. 무엇보다 어떤 상황에도 학생 인턴은 '특정 직업 시설' 노동력의 10%를 넘지 않아야 하고, '특정 직무'의 20% 이하로 구성하도록 규정한다.

그러나 정부는 기업들이 학생 인턴을 계속 값싸고 소모적인 노동력으로 취급할 수 있게 하는 조항을 그대로 남겨두었다. 즉 2016년 규정에는 인턴 급여의 법정 최저수준에 대해 "수습 기간 중의 임금은 **최소한** 일반 직원의 80% 이상이어야 한다"고 명시되어 있다(저자 강조). 다시 말해 인턴의 노동에 대한 급여는 제공하되, 고용주가 일반 노동자 임금의 80%만 인턴에게 지급할 수 있도록 허용한 것이다. 게다가 인턴은 노동자가 아닌 학생으로 분류되기에, 고용주들은 이들에게 퇴직금을 지급할 필요도 없다.

근본적으로 기업과 지방정부는 이해관계를 공유하고 있으며, 이로 인해 인턴 학생들의 피해가 초래된다. 예컨대 2019년 주로 아마존 제품을 위탁 생산하는 중국 후난성 헝양衡陽의 폭스콘 공장에서 인턴 및 파견직 인력 제한 규정을 위반한 사실이 드러났다. 이 공장의 전체 노동자는 7,435명인데, 이중 인턴이 21%, 파견 노동자가 34%였다. 법에 따르면, 파견 노동자는 회사 전체 인력의 10%를 초과할 수 없다. 이러한 '유연한' 고용의 확산은 파견 노동자만이 아니라 전체 노동자에게 악영향을 준다. 정규직도 이제 직장에서 임시직 노동자와 경쟁해야 하기에 고용주에게 집단적인 요구를 하기가 더욱 어려워질 것이기 때문이다. 게다가 이 공장의 학생 인턴들은 불법적으로 2시간의 강제 초과근무를 포함한 주야 10시간 교대근무를 해야 했다.[17] 사실상 학생 노동자에 대한 '고강도 착취'는 이제 폭스콘을 넘어 중국 전역의 제조 및 서비스업, 그리고 징동닷컴과 같은 전자상거래 대기업에까지 확대되고 있다.[18]

노동권 투쟁

중국 국가 요소의 많은 측면이 내외적으로 충돌하면서 빚는 이해관계 및 의도는 매우 복합적이다. 중국 '당–국가'(명목상 노동계급이 주도하는 인민민주독재하의 '사회주의 국가')는 새로운 노동법과 규정을 도입했다. 최근에는 이를 인턴 혹은 더 정확하게는 '학생 노동자'를 포함한 방대한 규모의 농민공에 확대 적용하여 이들의 노동자로서의 권익을 보호하고자 했다. 그러나 여전히 많은 중국 노동자가 정당한 임금과 보상을 쟁취하기 위해 싸우고 있다. 더구나 노동자의 이익을 보호해야 할 중국 공회는 경영자와 국가의 지배 및 통제의 대상으로 전락했다. 이에 대해 팀 프링글Tim Pringle은 노동조건 향상을 위한 노동자의 요구가 급증하는 상황을 고려하여 중국 공회 개혁의 중점 방향을 제시했다. 즉 "더 책임 있는 기업공회 대표와 지도부 구성"이 중요하며, "기업공회와 상급 공회 간에 더 협조적이고 쌍방향적이며 긴밀한 관계를 형성"할 필요가 있다고 강조했다.[19] 그러나 2018년 3월 취임한 중화전국총공회 주석 왕둥밍王東明(전국인민대표대회 상임위원회 부위원장이기도 함)은 노동자 권리 강화를 위한 정책에 심각할 정도로 침묵하고 있다. 또한 그는 폭스콘을 비롯한 여러 노동자 투쟁에 대해 회사와 정부의 억압적 통제를 암묵적으로 지지했다.

광둥성 선전시의 용접기계 제조 공장인 '제이식과기유한공사佳士科技股份有限公司'의 경험은 중국 공회 조직화의 실패를 명확하게 보여줬다.[20] 제이식 공장에서는 2018년 여름부터 2019년 초까지 노동권익 확보를 위해 노동자들과 활동가들의 강고한 연대투쟁이 전개됐다. 이 투쟁의 직접적인 배경은 노동자들의 정당한 임금과 복지 제공 및 작업장 안전과 건강권 보장 요구를 경영진이 계속 무시했기 때문이었다. 또 노동자에 대한 벌금 부과와 가혹한 처벌이 수시로 행해졌다. 이러한 문제를 해결하기 위해 2018년 7월 제이식 노동자들은 전체 직원 1,000명 중 89명(이는 법정 최소요건인 25명보다 훨씬 많다)의 서명을 받아 기업공회 설립 신청서를 제출했다. 이처럼 제이식 노동자들은 중국 공회법에 따라 공회를 설립할 수 있는 정당한 법적 권리를 행사했지만, 그 결과는 가혹한 탄압이었다.

특히 투쟁에 가장 적극적이었던 노동자가 해고되면서 제이식 동료들은 물론이고, 전국적으로 수십 명의 좌익

대학생과 마오쩌둥주의자 및 마르크스주의자의 관심이 집중됐다. 이에 중국 정부는 2018년 가을과 겨울에 베이징, 난징, 광저우 및 기타 도시의 대학생들이 제이식 노동자 투쟁을 지지하면서 새롭게 나타난 '노동자-학생 연합과 동원'을 막기 위해 집중적으로 단속했다.[21] 이에 대해 아우룽위Au Loong Yu는 "시진핑은 인민에게 마르크스-레닌주의와 마오쩌둥 사상으로부터 배울 것을 끊임없이 요구하지만, 정작 좌파 고전을 진지하게 연구하려는 독립적이고 집단적인 노력은 계속 억압하고 있다. 특히 이러한 노력이 노동자 대중과 공감하려는 열망을 품을 때 더욱 강력한 국가 탄압의 대상이 된다"고 비판적으로 분석했다.[22] 2019년 1월까지 3명의 노동자가 6개월 동안 구금됐다가 마침내 풀려났다. 전국 각지의 '좌익 대학생'으로 구성된 '제이식 노동자 지원단' 지도부 10명도 구금됐으며, 변호사와 가족의 접견도 거부됐다. 심지어 이들은 자신들이 법을 어겼음을 '자백'하는 영상 촬영을 강요받았다.[23] 분명한 사실은 회사와 정부 모두 노동자의 역량을 강화할 자주적 노조 출현을 저지하기 위해 계속 경계하고 있다는 것이다.

노동운동에 대한 정부의 대응

메리 갤러거가 자신의 저서 『중국의 권위주의적 합법성Authoritarian Legality in China』에서 분명하게 논의하듯이, 중국에서 현재 자신들의 권리를 주장하는 노동자들은 노동 관련 정부 부처와 법원에 '화재 경보'를 울려 노동자 착취를 경고하고, 근로 기준 준수를 요구하는 '소방관' 역할을 할 것으로 기대된다.[24] 만약 노동자들이 소송이나 투쟁의 방식으로 끊임없이 경보를 울리고, 이에 대응해 정부가 노동자 보호를 위한 법 집행을 일관되게 시행한다면, 고용주들은 노사분쟁의 위험을 대비하고 사전에 문제를 해결하려고 노력할 것이다. 그러나 정부의 시행이 느슨하면, 고용주들은 법 조항과 정신을 무시할 것이며, 갈등이 영속화될 것이다. 지방정부는 대체로 노동자를 위한 법·규제의 시행보다 투자 유치를 우선시한다. 따라서 경고음을 울리려는 노동자들의 노력에도 경영진의 착취와 같은 심각한 문제가 해결되지 않은 채 반복되는 악순환이 확립된다.

자살은 한 개인의 극도로 사적이면서도 사회적인 투쟁을 수반한다. 1970년 11월 한국에서 23세의 봉제공장 노동자 전태일이 자신의 몸에 휘발유를 붓고 분신했다. 여기에는 박정희 독재정권에 노동자의 권익 보호를 요구하기 위해 동료 노동자들을 규합하려는 열망이 담겨 있었다. 그의 자살은 후속 노동운동과 민주화운동에 영감을 주었고, 한국 시민사회의 변화에 크게 기여했다. 김효정의 말처럼, 전태일의 분신은 "대중의 '마음과 생각'을 동원해 집단행동"에 활력을 불어넣었다.[25]

중국에서도 2010년 폭스콘 노동자들이 열악한 노동환경에 저항해 자살한 사건이 화제가 되었다. 젊은 생명의 비극적인 죽음은 전체 사회와 세계적인 반향을 일으켜 노동자 권리 보장과 더 많은 죽음을 막기 위한 노력을 고무시켰다. 그러나 그들의 죽음과 이에 대한 반응이 과연 중국의 노동조건과 국가권력의 본질을 근본적으로 변화시킬 수 있을까?

2013년부터 시진핑 국가주석 체제하에서 풀뿌리 사회단체, 학생, 학자, 변호사 등 중국 내 노동권 문제를 다루는 이들의 정치적 환경이 심각하게 제한되었다. 특히 2015년 12월 광둥성에서 '불법' 비정부 노동권 조직이 폐쇄됐고, 최근 몇 년간 노동운동가(페미니스트 및 소셜미디어 편집자 포함)에 대한 감시 강화와 대규모 체포로 인해 노동조직과 노동자-학생 네트워크가 약화했다. 또 2017년 1월 1일부터 시행된 '중국 본토 내 해외 비정부기구 활동 관리에 관한 법률'('외국 NGO법'으로도 불림)이 통과되어 중국 당국의 홍콩을 비롯한 국제 비정부기구에 대한 감독이 강화됐다. 사실상 공안부가 이제 중국 본토에서 외국 NGO 조직들의 일상 업무를 '관리'할 권한을 보유하게 된 것이다. 경찰도 NGO 조직의 자금 출처뿐 아니라, 회원 현황이나 활동 내용과 같은 구체적인 정보를 요구할 수 있게 되었다. 이처럼 노동 관련 조직이 존재할 수 있는 시민사회의 성장이 심각하게 제약

되어 있다.[26)]

2017년 10월 시진핑 주석은 3시간 30분간의 연설을 통해 '신시대 중국 특색의 사회주의'를 더욱 발전시켜 2020년까지 모든 국민이 편안하고 풍요로운 삶을 누리는 '소강小康 사회'를 이룩해야 한다고 강조했다. 뒤이어 10월 24일 전국인민대표대회에서 다음과 같은 구체적인 국가 발전 로드맵을 제시했다.

> 1단계로 2020년까지 '소강 사회'의 전면적 완성, 2단계로 2035년까지 사회주의 현대화의 기본적 실현, 3단계로 2050년까지 부강하고 민주적이며, 문명이 있고 조화로우며 아름다운 '사회주의 현대화 강국'을 건설할 것이다.[27)]

이처럼 시진핑 주석이 '새로운 시대'를 맞아 국가를 부흥하겠다는 광범위한 목표를 내세우고 있지만, 구체적인 번영, 민주주의, 사회주의, 문화적 진보, 사회조화, 생태문명의 길은 여전히 요원하다. 중국 정부는 계속 '중화민족의 꿈 실현'을 강조한다. 그러나 그 꿈에 대한 정의와 누가 그것을 쟁취할 것인지는 여전히 치열한 쟁점으로 남아 있다. 2018년 3월 중국 공산당 중앙위원회는 1982년 헌법에서 비준된 '국가주석직 및 부주석직을 2연임 총 10년 임기로 제한한' 규정을 개헌 헌법에서 삭제했다. 이 조치로 시진핑은 2022년 퇴임 이후에도 종신 주석직을 수행할 수 있게 됐다.

누구를 위한 '중국의 꿈'인가?

노동자들의 저항이 격화하면서 일부 노동자는 시나 다른 저술활동, 동료들과의 토론을 통해 자신들의 대의명분을 강화했다. 예컨대 노동자 시인 샤오샤오小小는 2010년 1~5월간 두 곳의 폭스콘 선전 공단에서 투신자살한 12명의 노동자를 추모하는 시를 썼다. 그는 자신의 시에서 '跳'(점프 또는 도약)라는 한자를 12번 사용하며, 그가 '우리의 노동 열사'로 동일시한 그토록 절박했던 노동자들을 추모한다.

폭스콘 노동 열사들을 애도하며
뛰어
난 당신의 웃음을 끝내기 위해 내 생명을 바쳐
뛰어
난 생산라인을 멈추기 위해 내 생명을 바쳐
뛰어
난 세상 사람들에게 선언하기 위해 내 생명을 바쳐
뛰어
난 시대에 저항하기 위해 내 생명을 바쳐
뛰어

난 네 허울을 벗기기 위해 내 생명을 바쳐

뛰어

난 네 피를 사람들이 보도록 내 생명을 바쳐

뛰어

난 사람들의 필요를 드러내기 위해 내 생명을 바쳐

뛰어

난 마취된 사람들을 깨우기 위해 내 생명을 바쳐

뛰어, 뛰어, 뛰어

우리는 더 심층의 길로 나가기 위해 우리 생명을 바

쳐

뛰어

난 인간의 존엄성을 추구하기 위해 내 생명을 바쳐

― 샤오샤오. 청년 농민공[28]

샤오샤오는 1인칭 시점으로 글을 쓰면서 자살을 선택한 동료 노동자들과 자신을 강하게 동일시한다. 폭스콘 노동자 자살 시위는 투신을 막기 위해 경비가 삼엄해진 공장 기숙사에서 뛰어내리지 못하고, 2010년 5월 결국 자신의 손목을 그은 13번째 노동자의 자살이 발생하면서 절정에 달했다. 이에 샤오샤오는 단수에서 복수형으로 전환해 작가 자신뿐 아니라 생명을 희생한 모든 노동자를 위해 "우리는 더 심층의 길로 나가기 위해 우리 생명을 바친다"고 이야기한다. 여기서 그는 노동자들의 자살을 원자화된 행위를 넘어 '더 심층의 길로 나가기' 위한 과정인 집단적 행위로 이해할 가능성을 제시한다. 즉 "인간의 존엄성을 추구"하는 길을 열었다는 것이다.

한편 선전시 스카이라인이 상징적으로 보여주는 화려한 번영의 외관 뒤편에서, 2014년 9월 30일 쉬리즈許立志라는 이름의 노동자가 폭스콘 룽화 공장에서 투신해 생을 마감했다. 당시 그의 나이는 스물넷이었다. 광둥성 농촌 출신의 쉬리즈는 폭스콘대학의 사서직 등 조립라인에서 탈출할 일자리를 찾기 위해 수차례 시도했지만, 모두 실패했다. 그는 죽기 전 자신의 마지막 시를 남겼다.

임종을 앞두고

바다를 한 번 더 보고 싶어,

내 반평생의 눈물바다를 보게

한 번 더 높은 산에 오르고 싶어,

잃어버린 영혼을 되불러 보게

다시 하늘을 만지고 싶어,

그 푸르름을 느끼게

하지만 난 아무것도 할 수 없어, 이제 곧 이 세상을

떠나지

나를 아는 모든 이여

내 죽음에 놀라지 않기를

탄식도 슬픔도 없기를

난 올 때도 좋았고, 갈 때도 괜찮아

— 쉬리즈, 폭스콘 농민공, 2014년 9월 30일.[29]

쉬리즈의 시에서 가장 애절한 부분은 생산라인에 삶과 죽음의 감각을 담아낸 것이다. 그는 아래의 시에서 탈진해 생산라인에 선 채로 잠이 든 자신과 동료들을 포착한다.

그냥 그렇게 서서 잠들어

누렇게 바랜 내 눈앞의 종이에

강철 펜으로 울퉁불퉁 검은 칠을 새겨 넣어

온통 노동에 관한 말로 가득해

작업장, 조립라인, 기계, 출근카드, 야근, 월급…

난 그들에게 유순해지도록 훈육되어

소리 지르거나 반항할 줄 몰라

불평하거나 비난할 줄도 몰라

그저 묵묵히 피로를 견딜 뿐

처음 이곳에 발을 들였을 때

매월 10일의 회색 월급봉투만 기다렸어

뒤늦게나마 내게 위안을 주려고

나의 모나고 거친 언어를 벼려야만 했어

무단결근 불가, 병가 불가, 사적 휴가 불가

지각 불가, 조퇴 불가

생산라인 옆에 쇠처럼 붙어 서서, 두 손은 날듯이

얼마나 많은 낮과 밤을

그렇게 선 채로 잠들었던가

— 쉬리즈, 2011년 8월 20일

이후 쉬리즈는 바닥에 떨어진 나사에 관한 시를 통해 폭스콘에서의 삭막했던 삶과 죽음을 그려낸다.

땅에 떨어진 나사

나사 하나가 땅에 떨어지네

야근 중의 이 어두운 밤에

수직으로 떨어져, 가벼이 소리를 내네

누구의 관심도 못 끌겠지

지난번처럼

이토록 어두운 밤에

누군가 땅에 떨어졌을 때처럼

— 쉬리즈, 2014년 1월 9일

그가 어딘가에서 기록한 것처럼, 생산라인 위의 쳇바퀴 경쟁은 인류의 본성 및 염원과 충돌한다.

더 강한 사회운동을 향해

현대 중국의 발전 과정에서 정부와 노동자 모두가 고용 확대와 작업장 권리 신장을 거듭 요구하고 있지만, 이러한 권리의 상당수가 여전히 동경의 대상일 뿐 아직 실현되지는 못했다. 시진핑 주석은 2018년 10월 베이징에서 열린 새로운 공회 지도부와의 회담에서 다음과 같이 거듭 강조했다.

> 공회는 노동자 중심의 활동 방식을 고수해야 하고, 노동자 다수가 중시하는 가장 시급한 현안에 집중해야 하며, 노동자 권익 보호와 노동자 및 인민에게 성실히 봉사해야 할 의무를 다해야 한다.[30]

수사적 표현은 차치하더라도, 2010년 5월 설치돼 오늘날까지 남아 있는 폭스콘 공장 건물과 노동자 기숙사를 둘러싼 '자살 방지 그물'과 굳게 닫힌 '창살'은 여전히 고통받는 노동자들의 암울한 기억을 상기시킨다. 그리고 폭스콘과 애플 및 다른 첨단기술 기업들뿐 아니라 중국 정부 역시 노동자 권리 보장에 실패했음을 분명히 보여준다. 우리 분석에 의하면, 2010년의 비극적 자살과 이후로도 계속되는 갈등의 중요한 원인은 압박감에 시달리는 노동자들이 기업의 의사결정에 집단으로 저항하기 위해 공회를 활용할 권리를 박탈당했다는 사실이다. 이로 인해 노동자 자살의 위험성도 더욱 고조됐다. 또 전자제품 제조업 종사자에게 만연한 산업재해와 직업병으로 인한 생명의 위협은 공회가 기업 권력에 종속됐다는 사실에 일정 부분 기인하며, 이로 인한 노동자들의 불만이 심각한 상황이다. 중재와 소송이라는 노동자의 법적 권리는 종종 사업 경쟁자와 고용주, 정부 관료가 가격을 흥정하는 상품처럼 취급됐다.

노동자들은 불만을 표출하기 위한 수단으로 '직접 행동'을 취하며 분투한다. 예컨대, 공회의 개혁과 확대를 요구하기 위해 서로를 지원한다. 실제로 일부 노동자는 해고나 출소 후에도 자신들의 투쟁을 이어나갈 조직을 만들기 위해 노력했다. 이는 천평과 양쉐후이樣雪輝가 '저항을 동반한 이탈exit with voice'이라 부르는 실천이다.[31] 공장문 밖에서 이들 노동자는 활동가로 변신하여 정치·경제적 상황에 힘겹게 적응하면서 노동자들의 다양한 요구를 계속 지원한다.[32] 이들은 공동의 이익을 위해 더 많은 노동자를 교육하고 조직할 네트워크 구축과 새로운 전략 창출, 그리고 지역 사회와 연대 강화를 추구한다. 특히 정부의 용역을 받아 운영되는 공회나 여성연합中華全國婦女聯合會 등과 공식적으로 연계된 노동자 지원 단체들이 폐쇄되는 상황에서[33] 자주적이고 자율적인 풀뿌리 현장 조직의 성장이 점차 더 중요해지고 있다.

결론적으로 세계 많은 곳에서 그랬듯이, 노동자 권리

강화를 위한 노동자들의 투쟁과 사회운동은 중국에서
도 국가 및 기업의 엄혹한 도전에 직면해 있다. 그러나
이와 동시에 중국 노동자들은 연이은 투쟁을 통해 조직
화 경험과 지도력 및 집단적 요구를 제시할 역량을 축
적했다. 만약 중국 노동운동이 산업 전반에 걸쳐 분산
된 저항 현장에서의 국지적 행동을 넘어서려면, 국내외
의 지지를 받을 수 있는 광범위한 사회운동을 구축해야
할 것이다.

에필로그

제품을 만드는 올바른 방법이 있습니다.
그것은 제품을 만드는 사람들의 권리로부터 시작됩니다.

― 2016년 애플 공급업체 책임성 발전 보고서[1)]

2016년 애플은 10번째 '공급업체 책임성 발전 보고서'
를 발표했다. 이 보고서에서 애플은 "제품을 만드는 올
바른 방법"이 있으며, 이는 "제품을 만드는 사람들의 권
리로부터 시작"된다고 선언했다. 이것이 애플이 제품을
만드는 방식이어야 한다는 것이다. 그러나 중국 노동자
들은 인터뷰, 시, 노래, 편지, 블로그, 사진, 동영상 등
을 통해 이와는 다른 세상을 폭로했다. 이를 통해 우리
가 사랑하는 첨단 기기들이 실리콘밸리의 낙원에서 생
산되는 게 아님을 알게 되었다. 실제로 제품 디자인은
실리콘밸리에서 하지만, 그곳에서 제품이 생산되는 것

은 결코 아니다. 물론 폭스콘은 노동자들의 잇따른 자살과 고용조건의 연관성을 심각하게 검토해야 하고, 자살 예방뿐만 아니라 100만 명에 가까운 직원의 복지를 보장하기 위한 효과적인 정책을 개발해야 한다. 그러나 우리는 폭스콘 노동자의 삶이 자사 경영진에 의해서만이 아니라, 무엇보다 제품을 생산하는 브랜드에 의해 제약받는다는 것을 발견했다. 즉 폭스콘 노동자의 삶은 애플을 비롯한 삼성, 마이크로소프트, 아마존, 그리고 세계를 선도하는 기타 전자제품 브랜드 회사의 제약을 받는다.

애플이 인류를 위해 봉사할 수 있을까?

초국적 기업들은 중국의 공급 사슬과 노동자의 효율성, 유연성, 속도로부터 엄청난 이익을 얻었다. 이에 대한 대가로 애플은 "모든 노동에는 기회와 풍요가 반드시 포함되어야 한다"며, "공급업체 직원들에게 교육 및 역량 강화"의 기회를 제공할 것이라고 공언했다.[2] 또 애플의 연례행사인 2016년 '세계 개발자 회의Worldwide Developers Conference'에서 팀 쿡은 "애플은 사회적 선善"을 진전시키기 위한 신기술 활용에 앞장설 것이라며, 다음과 같이 발표를 마무리했다. "애플을 통해 우리는 기술이 인류를 진보하도록 돕고, 사람들이 경험하기 원하는 모든 방식으로 삶을 풍요롭게 할 것이라고 믿습니다."[3]

2017년 6월 9일 팀 쿡은 MIT 졸업식 연설에서 애플의 사명을 다시 한번 선포한다. 즉 애플의 사명이 "인류를 위해 봉사하라. 정말 간단하다. 인류에 봉사하라"임을 강조했다.[4] 그리고 2019년에는 다음과 같이 '애플 공급업체 책임성 발전 보고서'의 첫 장을 시작한다. "우리는 우리 사업이야말로 최고로 공익에 봉사하며, 전 세계 사람의 역량을 강화하고, 전에 없이 우리를 하나로 묶는다고 믿습니다."[5] 아마도 팀 쿡은 이 보고서를 애플 제품의 소비자뿐 아니라, 제품을 생산하는 노동자(이들 중 대다수는 폭스콘에서 일함)에게도 참조하도록 했을 것이다. 그러나 우리는 과연 폭스콘 노동자의 삶이 더 나아지고 있다고 말할 수 있는가? 애플 제품을 생산하는 노동자와 학생 인턴도 바로 그 '인류'의 일부인가?

애플은 경영지도자, 기술전문가, 사회과학자들과 함께 애플에 대한 비판적인 우려를 해소하기 위해 노력해왔다. 프레더릭 메이어Frederick Mayer와 개리 제레피Gary Gereffi는 "공급업체에 더 낮은 가격과 더 나은 품질을 요구하는 데 사용될 수 있는 (대기업의) 유리한 위치는 더 나은 노동관행을 압박하는 데도 사용될 수 있다"라고 정확하게 지적했다.[6] 핵심은 노동자의 복지를 전면에 내세워 노동 지배구조 문제를 극복하고, 상호 이익을 증진하기 위해 구매자와 공급업체 간에 더욱 긴밀히 협력하는 것이다. 2013년 중국의 대형 공급업체 공장(특히 폭스콘, 페가트론, 윈텍)에서 비극적 자살, 폭발 사고, 독극물 중독 등이 발생하자, 애플은 공급업체 책임성 강화 프로그램을 위한 학술자문위원회를 설립했다. 처음 임명된 8명의 자문위원은 미국 주요 대학의 글로벌 공급 사슬 및 노동, 그리고 중국 문제 전문가로 구성됐다. 자문위원으로 리처드 로크Richard Locke(브라운대학), 메리 갤러거(미시간대학), 마크 컬런Mark Cullen(스탠퍼드대학), 마거릿 레비Margaret Levi(스탠퍼드대학·워싱턴대학), 다라 오로크Dara O'Rourke(캘리포니아대학 버클리캠퍼스), 애너리 색스니언AnnaLee Saxenian(캘리포니아대학 버클리캠퍼스), 찰스 사벨Charles Sabel(콜롬비아대학), 엘리 프리드만Eli Friedman(코넬대학)이 임명됐다.[7] 자문위원회에는 '애플의 회계자료와 프로그램 결과 및 공급 사슬 정보'에 대한 접근권과 애플의 공급업체 책임성 프로그램 개발 프로젝트에 참여할 기회가 주어졌다.[8]

국제 노동권과 기업의 책임 문제에 관한 권위자인 리처드 로크는 애플 학술자문위원회 위원장(2013~2016)을 역임했고, 2015년 7월부터 미국 브라운대학 부총장직을 맡고 있다. 그는 자문위원회가 "애플의 공급 사슬에 연결된 모든 직원이 적절한 생활임금을 받고, 법정 근로시간 내에서 일하며, 시민의 권리를 주장할 수 있고, 안전한 환경에서 일할 수 있도록 애플과 그 공급업체들의 실천 프로그램을 구축할 것"이라는 희망을 나타냈다. 그의 조율 아래 학술자문위원들은 3단계 계획을 수립했다. 먼저 "현재 애플의 정책과 관행에 관한 연구와 권고", 둘째, "애플 공급 사슬 내의 노동기준에 관한 새로운 연구 수행 혹은 의뢰", 마지막으로 "이러한 정책과 관행을 개선하는 데 도움이 될 기존 연구 성과의 공유"를 제시했다.[9]

이와 관련해 리처드 로크는 2013년 5월 『보스턴 리뷰 Boston Review』 특집호에서 애플은 물론 나이키와 HP의 노동정책에 대한 자발적인 규제 의지를 높이 평가했다. 즉 "이들 기업은 전통적으로 정부나 노조에 의해 규제되던 노동문제를 해결하기 위해 사적이고 자발적인 규제를 사용하기로 약속했다. 그리고 이 기업들은 대부분 이러한 약속을 이행하고 있다"는 것이다.[10] 그러나 이와 동시에 자신이 "노동자의 건강과 행복을 개선하기 위한 기업들의 엄청난 노력"이라고 묘사한 것이, 현장에서는 단지 제한된 결과만을 낳았다는 점을 인정했다. '글로벌 공급 사슬의 통치성'에 관한 공동 연구를 통해 그는 노동관행을 규제하려는 기업 노력의 효과는 자체 프로그램의 실행보다는 국가 차원의 정치·경제적 상황에 더 크게 의존할 수 있다는 결론을 도출한 것이다.[11]

실제로 중국 정부의 주도로 실행된 시장화 개혁은 노동자를 '분할'하여 그들의 권익과 지위를 위계화했다. 1990년대 후반 이후 기업 구조조정, 인수합병, 민영화의 물결 속에서 구세대 국유 부문 노동자들은 고용안정을 상실했다. 이와 동시에 대다수가 농민공인 젊은 노동자들은 현지 노동자보다 적은 임금을 받으며, 의료보험, 연금 및 출산육아 지원금 수준도 열악하다. 이처럼 기업 구조조정과 대규모 정리해고로 도시의 국유 및 집체소유 노동자들은 농촌에서 이주해온 농민공들과 일자리 경쟁을 벌여야 했다. 그리고 직간접노동[12]에 모두 적용된 '분할 고용 시스템'은 동일 업무를 수행하는 노동자들의 임금과 일자리 안정 등의 노동조건을 달리함으로써, 새로운 형태의 사회적 갈등과 불평등을 초래했다. 하지만 회사의 인건비를 절감하고, 해고와 고용의 유연성을 높이기 위해 이러한 시스템이 유지됐다.

그러나 애플을 비롯한 국제적 기업들이 폭스콘 및 기타 공급업체에서 발생한 노동자의 권리 침해 문제에 관해 막대한 책임이 있음을 재차 강조할 필요가 있다. 아웃소싱 및 기타 형태의 하청계약을 통해 국내 고용을 적극적으로 축소한 미국 및 유럽의 굴지 기업들은 회사 규정에 명시된 것과 상관없이 현재 그들의 제품을 생산하고 조립하는 공급업체의 노동권을 존중하지 않고 있다. 근본적으로 글로벌 생산 네트워크 체계에서 구매자 중심의 경영 모델은 "산업 사슬의 최상층에 있는 기업의 수익성 상승과 하위 산업 사슬 공장에서 일하는 노동자들의 불안정한 노동조건 증대"를 보장하는 기능을 한다.[13] 이러한 상황은 노동자와 그들의 지지자들이 협력해 중국과 전 세계 노동자의 연대를 구축하기 위한 '반反 노동착취 공장 anti-sweatshop' 운동에 착수하도록 만들었다.

글로벌 '반反 노동착취 공장' 캠페인

폭스콘이 대만에서 중국 연안으로 확장한 것은 결국 중국 전역과 아시아, 유럽, 아메리카 대륙으로 사업을 확대하기 위한 발판이었다. 이러한 국제적 연계와 글로벌 수출 네트워크가 폭스콘 경제적 역량의 핵심이지만, 이는 폭스콘을 노동 및 환경 정의를 확보하기 위한 초국적 운동에 취약하게 만들기도 한다.

2016년 6월부터 시작된 폭스콘 노동자 연쇄 자살 사건 이후 대만 학자 린종홍林宗弘(대만 중앙연구원 사회학연구소)과 양여우런楊友仁(대만 동해대학 사회학과)은 300여 명이 서명한 공개 성명을 발표하고, 중국 본토 노동자에 대한 폭스콘 경영진의 잔혹한 처우를 규탄하는 기자회견을 대만에서 열었다. 그들은 이 문제에 대해 오직 임금 인상만을 약속한 폭스콘의 총수 궈타이밍과 정면으로 맞섰다. 이들은 폭스콘의 '최근 임금 인상'이 노동자들이 직면한 뿌리 깊은 문제를 해결하지 못했음에 주목하고, "폭스콘 노동자 집단 자살은 11명의 젊은 생명이 비인간적이고 착취적인 노동체제에 맞서 결연하게 이를

고발한 사건"으로 판단했다.[14]

수천 킬로미터 떨어진 멕시코 과달라하라Guadalajara의 폭스콘 노동자들도 중국의 노동 탄압에 항의하기 위해 연대 행동에 나섰다. 과달라하라의 폭스콘 노동자들은 안타깝게 생명을 잃은 중국 노동자들이 평화롭게 쉴 수 있고, 전 세계 언론이 이들의 아픔에 주목할 수 있도록 임시 묘지를 조성할 것을 요구했다.[15] 또한 그들은 폭스콘뿐 아니라 애플, 델, HP, 소니, 노키아 등의 세계적 브랜드 회사들도 중국에서 전개되는 노동위기 상황에 대해 책임질 것을 촉구하는 언론 성명을 스페인어로 낭독했다.

미국에서도 대학생과 교수, 노조 활동가, 노동인권단체 등이 폭스콘 노동자를 위한 정의를 외치며 뉴욕 애플스토어 앞에서 시위를 벌였다. 이들은 폭스콘에서 젊은 생을 마감한 노동자들의 사진과 장례 화환으로 애플스토어 주변 보도를 메웠다.[16] 미국 서부 해안의 샌프란시스코에 있는 '화인진보회(華人進步會, Chinese Progressive Association)'도 폭스콘 희생자와 가족을 추모하기 위한 촛불집회를 열었다. 다음 사진은 엄숙한 표정의 10대 청소년들이 스스로 목숨을 끊은 폭스콘 노동자들의 이름이 적힌 팻말을 들고 샌프란시스코 애플스토어 앞에서 피켓시위를 벌이고 있는 모습이다.[17]

2010년 6월 17일 샌프란시스코 애플스토어 앞에서 13명의 젊은 활동가가 피켓시위를 벌였다. 그들은 각기 13명의 폭스콘 자살 피해자 중 이름이 알려진 12명의 이름과 나이가 적힌 팻말과 익명의 팻말 하나를 들고 묵념의 시간을 가졌다. 아이패드 모양의 팻말에는 "DEATH PAD(죽음의 아이패드)", "工人要正义(노동자는 정의를 원한다)"라는 글자가 적혀 있다.

2010년 6월 14일 250개 이상의 미국 대학 및 고등학교에 지부를 갖춘 전국적 네트워크 조직인 '노동착취공장반대학생연합United Students Against Sweatshops'은 당시 애플 최고경영자였던 스티브 잡스에게 "애플 제품 공급업체인 폭스콘 공장에서 적절한 생활임금 지급, 합법적 노동시간 준수, 민주적 노조 선거 등을 보장함으로써, 중국 선전 지역 노동문제를 해결할 것"을 촉구하는 공개서한을 보냈다. 이 서한은 홍콩의 SACOM, 워싱턴의 '노동자권리협력단Worker Rights Consortium'(전 세계 공장의 노동환경을 조사하는 독립적 노동권 감시 조직), 샌프란시스코의 '화인진보연합Chinese Progressive Alliance' 등의 연대 단체에 공유됐다.[18] 그러나 이들은 애플로부터 아무런 응답도 듣지 못했다. 분명한 사실은 이러한 캠페인을 계속 확대·심화해서 조직적인 행동을 통해 기업 경영진과 관심 있는 시민들에게 다가갈 필요가 있다는 것이다.

"iSlave at Ten: 2017" −캠페인은 계속된다

2017년에는 아이폰 출시 10주년을 맞아 더는 아이폰의 노예로 살지 않겠다는 의미의 "#iSlaveat10—No More iSlave" 캠페인이 시작됐다. 10년 전 애플은 아이폰을 출시하면서 핸드폰 시장에 뛰어들었다. 시간이 흐르면서 전자제품 제조와 노동자들이 받는 고통의 연관성에 대한 소비자의 인식이 높아졌고, 이에 따라 세계적

2017년 11월 3일 애플은 999달러 가격의 아이폰X를 출시했다. 이에 SACOM은 홍콩 페스티벌워크의 애플스토어 앞에서 "iSlave at X"라고 적힌 현수막을 들고 애플의 노동정책에 항의했다.

인 거대기업으로 성장한 애플이 더욱 책임감 있고 투명하게 행동할 것을 요구하는 소비자들이 늘어났다.[19)]

나이키와 아디다스 등 운동화 제조업체를 겨냥한 소비자 운동의 여파로, 애플도 학교와 대학을 기반으로 불매운동을 벌이는 소비자들의 역량에 더욱 민감해졌을까? 애플 시장의 상당 부분은 교육기관을 통해 창출되며, 윤리적 실천에 대한 요구는 다른 소비자 중에서도 학생과 교직원에게 직접적인 영향을 미친다. 이는 글로벌 시장을 구성하는 많은 국가에서 애플을 더 강하게 압박할 방편이 될 수도 있을 것이다.

애플은 2019년 9월 아이폰11을 출시하면서 국내외 고등학생과 대학생을 대상으로 앱 개발 교육과정을 홍보했다. 이에 대해 팀 쿡은 "앱 경제와 소프트웨어 개발은 미국에서 가장 빠르게 성장하는 직종 중 하나이며, 우리는 교육자와 학생들에게 이를 배울 수 있는 도구를 제공하게 되어 매우 흥분된다"라며 열변을 토했다.[20)] 애플은 모든 어린이가 학교에서 앱 코딩을 배울 것을 제안했으며, 애플의 주요 프로그래밍 언어인 '스위프트'가 이러한 학습에 매우 이상적인 수단이라고 강조한다. 완벽하게 디지털화된 생태계에서 애플의 앱은 아이폰, 아이패드, 아이맥, 애플TV, 아이워치 등의 애플 제품을 활용해 '아이튠즈 U'와 같은 가상 온라인 교실과 연동된다. 이와 관련해 애플은 "교육은 애플 DNA의 핵심이며, '아이튠즈 U'는 교사와 학생에게 매우 소중한 자원이 될 것"이라고 자랑스럽게 발표했다.[21] 그러나 정작 폭스콘 공장에서 착취당하는 인턴 학생들은 애플의 이러한 세계적인 교육사업에서 제외된다는 것은 공공연한 비밀이다. 아이폰과 아이패드를 만들기 위해 밤낮으로 일하는 폭스콘의 인턴 학생들은 코딩 공부는커녕 제대로 쉴 시간도 없다. 그렇기에 '노동착취 공장'에 반대하는 활동가들은 애플뿐만 아니라 한국의 삼성을 비롯한 전자산업 전반의 노동환경 실태조사를 촉구하고 있으며, 이를 통해 중국 등에서 발생하는 고질적 노동권 침해 문제에 대한 업계 차원의 해결책을 촉진하고자 노력하고 있다.[22]

폭스콘은 글로벌 포식자인가?

타인이 받는 억압으로부터 자유로운 사람은 아무도 없다. 이 책의 집필은 폭스콘 공장에서 연속적으로 발생한 노동자 자살로부터 촉발됐으며, 중국 국가 및 폭스콘과 애플에 관한 현실 연구에 기반한다. 특히 우리는 어디서든 발견되는 노동 탄압에 저항할 초국가적 실천 행동을 고취하여 노동문제에 관한 사회적 경각심을 일깨우려 시도했다. 최근 노동자와 환경운동가 사이의 집단행동이 대두되고 있다. 또 중국 권위주의 국가체계와 글로벌 기업의 압박에도 지속 가능한 변화를 위한 노동자 조직화가 계속되고 있다. 폭스콘의 경제적 역량 및 애플을 비롯한 주요 고객들과의 영속적인 관계를 고려할 때, 그리고 전 세계적 파장을 일으킬 산업 전반의 장기적 변화를 이루기 위해서도 폭스콘 노동자와 연대하는 것은 전략적으로 매우 중요하다.

국제적 연구와 주류 언론 보도를 통해 드러났듯이, 폭스콘은 전 세계의 정부와 우호적인 거래(담합)를 체결함으로써 글로벌 생산체계에서 자신의 가치 사슬을 높이려고 분투해왔다. 대만의 다국적 기업들은 그동안 노동과 환경을 비롯한 사회적 규제를 회피하고, 일대일로 전략에 따른 중국의 대규모 글로벌 투자를 활용함으로써 새로운 시장을 계속 점유해왔다. 심지어 대규모 글로벌 투자를 통해 중국에서도 빠른 성공을 재현하려는 폭스콘의 시도가 노동자와 지역 주민, 환경운동가, 진보적 정치인 및 시민의 도전과 저항에 부딪혔을 때도 폭스콘의 시장 확장은 계속됐다.

중국은 여전히 폭스콘 제국의 심장부지만, 동유럽에서도 체코 2곳, 슬로바키아 1곳, 헝가리 1곳, 러시아 1곳(상트페테르부르크), 터키 1곳(이스탄불에서 서쪽으로 100㎞ 떨어진 유럽 자유무역 지대) 등 6개의 공장을 운영하고 있다. 이들 폭스콘 제조단지는 모두 중국 공장보다 규모는 작지만, 빠르게 성장하는 유럽, 중동, 아프리카 시장에 서비스를 제공하고 있다.[23] 특히 폭스콘은 체코

공장 2곳의 임시직 노동자 채용을 위해 용역업체에 크게 의존하고 있으며, 이를 통해 급변하는 생산수요에 부응하여 조직구조의 유연성을 강화하고 운영비를 절감하고 있다.

폭스콘은 멕시코 마킬라도라Maquiladora의 일부인 시우다드후아레스(치와와주 최대 도시), 산제로니모(치와와주 통관항), 레이노사(타마울리파스 북부 국경도시), 티후아나(바하칼리포르니아주 최대 도시), 과달라하라(할리스코의 주도州都) 등에도 5개의 제조 공장을 갖고 있다.[24] 멕시코 마킬라도라 일대에서는 폭스콘, 애플, 소니, 아마존을 비롯한 세계적 브랜드 기업들이 미국으로 수입되는 상품에 대해 관세를 부과하지 않는다. 2015년 기준으로 폭스콘은 시우다드후아레스 공장에 2만2,000명의 직원을 고용함으로써 멕시코 내 최대 외국인 투자업체 중 하나가 되었다.[25]

2011년 폭스콘은 브라질의 6개 시설(상파울루, 아마조나스, 미나스제라이스)에도 대규모 투자를 제안했다. 이 계획은 100억 달러를 투자해 중국 이외 지역에 최대 아이폰 생산지를 구축하고, 10만 명의 일자리를 창출할 것으로 기대됐다.[26] 그러나 폭스콘은 2017년까지 단지 2,800명의 노동자만 고용했고, 제안된 사업장 대부분이 폐기됐다. 폭스콘은 다른 곳에서와 마찬가지로 브라질에서도 중국 국가 지원의 이점을 누릴 수 없기에 동아시아 지역과 같은 시너지 효과를 재현할 수 없으며, 더구나 동유럽이나 중남미 지역 공장에서 시간당 평균 2.50 달러로 노동력을 통제할 수 없음을 깨달았다. 어쨌든 폭스콘과의 거래를 중단한 브라질 지우마 호세프Dilma Rousseff 행정부가 부패혐의로 탄핵당하면서, 적어도 잠정적으로는 폭스콘의 브라질 공장 건설 계획이 막을 내렸다.[27]

한편 폭스콘은 2017년 3월 중국 제조업체 샤오미와 제휴를 맺고, 인도 안드라프라데시주 스리 시티에서 스마트폰 생산을 시작했다.[28] 인도 현지 당국은 이들 대형 투자자들에게 중국에서 제공하는 것보다 훨씬 유리한 조건의 면세 및 감세 혜택을 부여했다. 폭스콘은 인도의 마하라슈트라, 우타르프라데시, 타밀나두, 하리아나, 텔랑가나 등에서 관계자들과 생산력 확대를 위한 협상을 전개했다.[29] 그러나 2019년 현재까지 마하라슈트라에 5만 개의 일자리를 창출할 것이라는 전망을 견지하면서도, 구체적인 계획은 여전히 논의 수준에만 머물러 있다.[30]

폭스콘은 이와 비슷하게 인도네시아 자바의 대학도시 욕야카르타에도 스마트폰 조립공장 설립 계획을 발표했다. 이르면 2014년부터 3~5년 안에 10억 달러를 투자할 것이며, 인도네시아는 "대만과 중국을 제외한 가장 중요한 성장 지역"으로 변모할 것이라고 주장했다.

또한 폭스콘은 "단지 공장만 짓는 것이 아니라" 기계 개발, 광학, 반도체 사업 등 "첨단산업 공급망을 통째로" 들여오는 것이라고 자랑했다.[31] 하지만 1년 만에 이 계획은 무산됐다. 그러다가 2017년 애플이 자카르타 서부 반텐주 탕에랑에 있는 연구개발센터에 투자한다는 소식이 전해지면서 폭스콘도 인도네시아에서 스마트폰 생산을 늘릴 것이라는 이야기가 다시 나왔다.[32]

폭스콘이 이처럼 생산 거점을 다각화하도록 한 가장 강력한 동기는 아마도 트럼프 행정부의 '미국 우선주의America First' 전략의 핵심으로 떠오른 중국산 수입품에 대한 공격일 것이다. 이로 인해 중국산 제품에 대한 높은 관세 부과와 이후에도 관세를 계속 올리겠다는 위협이 계속됐다. 당시 폭스콘은 미국 시장 접근권을 잃지 않기 위해 자발적으로 트럼프 대통령의 중국을 비롯한 '불공정 무역관행' 공격에 부응하는 기업 행렬에 빠르게 동참했다. 특히 중국의 거대 인터넷기업 회장 마윈馬雲은 트럼프 대통령에게 미국에 100만 개의 일자리 창출을 약속했으며, 일본 소프트뱅크그룹 창업자 손 마사요시孫正義도 500억 달러 규모의 대미 투자를 제안하는 등 많은 거대기업이 이 행렬에 가세했다.

당시 스콧 워커Scott Walker 미국 위스콘신 주지사와 폴 라이언Paul Ryan 하원의장의 격렬한 지지에 따라, 트럼프 대통령과 언론은 위스콘신 남동부 마운트플레전트에 첨단 액정디스플레이 제조단지를 건립하겠다는 폭스콘의 프로젝트를 재빨리 환영했다. 폭스콘은 이르면 2017년부터 '100억 달러 이상'의 예산을 투입해 TV용 대형 디스플레이 제조단지 건립 계획을 발표했다.[33] 이에 마운트플레전트 의회는 폭스콘 제조단지 거점 건설을 위해 약 200만㎡에 달하는 농지를 확보해 제공하는 것으로 화답했다.[34] 또 폭스콘은 2018년에 '위스콘 밸리 과학기술단지' 건립을 시작함으로써, 당시 무역 불균형 문제로 불거진 미-중 간 갈등을 진정시키기 위해 노력했다.[35] 한편 위스콘신주는 폭스콘과의 거래를 성사시키기 위해 토지 매입부터 도로 정비에 이르기까지 사업 지원을 위해 45억 달러 이상의 보조금 지급을 약속했다. 이는 미국 역사상 외국 기업에 대한 가장 큰 규모의 공적 보조금 지원이었다. 〈블룸버그〉에 의하면, 폭스콘에 제공될 지원금은 "일반적인 정부 지원보다 10배 이상 많은 것"으로 추정됐다.[36] 그러나 폭스콘 시설은 주정부에 또 다른 비용을 부과했다. 예컨대, 폭스콘 디스플레이 공장은 "하루 평균 580만 갤런의 물이 필요했으며, 인근 공장의 운영을 위해" 추가로 120만 갤런의 물이 더 필요할 것으로 추정됐다.[37]

이 거대 사업의 후원자들은 위스콘신이 미국 중서부 첨단기술 산업의 중심지로 변모할 것을 상상했다. 그러나 2018년 12월까지 폭스콘은 위스콘신에서 총 178명의 정규직원만을 채용했으며, 공장 건설에 참여한 854명을 합쳐도 당해 고용목표에는 크게 못 미쳤다.[38] 심지어 폭스콘이 마운트플레전트, 라신, 그린베이, 오클레어, 밀워키 등 위스콘신 전역에서 채용박람회를 열었음에도 원래의 고용 계획이 상당히 축소됐다. 위스콘신주가 제공한 막대한 보조금에 대한 대중적 분노로 볼 때, 공장이 완공되면 위스콘신에 1만3,000개의 일자리를 창출할 것이라는 폭스콘의 약속도 이미 물거품이 된 것처럼 보인다. 또 폭스콘의 이번 프로젝트로 위스콘신 지역 노동구조가 블루칼라에서 엔지니어 및 연구개발R&D 과학자 등의 지식노동자로 전환하면서, 미국 산업노동력을 재활성화하겠다는 트럼프 대통령의 목표도 오히려 훼손됐다는 지적이 나온다. 2019년 2월 폭스콘은 위스콘신에 대형 액정스크린LCD을 생산할 수 있는 10.5세대 공장이 아닌, 6세대 설비 구축을 시작했다. 그리고 10월에는 '폭스콘 산업 인터넷Foxconn Industrial Internet' 계열사 산하 소규모 공장에서 소형 액정스크린뿐 아니라 자동차 제어장치, 서버 및 다양한 장치를 만들기로 결정하면서 위스콘신의 6세대 시설 구축 계획도 최종 폐기됐다.[39] 요컨대 위스콘신을 첨단기술의 허브로 만들겠다는 폭스콘의 거창한 계획은 기껏해야 평범한 투자 수준으로 축소됐다.

요약하면, 폭스콘의 전 세계적 확장으로 노동과 환경

에 미치는 영향력이 확대됐지만, 그 규모는 아직 중국 및 몇몇 주목받는 글로벌 계획의 극히 일부에 불과하다. 노동자들이 국내외의 지원을 통해 자신들의 존엄성과 공정한 노동에 대한 권리를 되찾기 위해 단결할 때, 폭스콘 사례(현재 29개국 및 지역에 퍼져 있는 폭스콘 공장에 대한 국제적 관심과 미국, 유럽, 아시아 및 기타 지역으로의 끊임없는 확대)는 새로운 차원의 세계적 노동투쟁을 불러일으킬 수 있을 것이다.

감사의 말

폭스콘 노동자들은 미국, 중국, 유럽 및 아시아를 포함한 전 세계 고객을 위해 아이폰, 킨들, 엑스박스 등의 제품을 만든다. 그들은 또한 더 밝은 미래에 대한 꿈과 희망을 공유함으로써 이 책을 함께 만들었다. 2019년 말 코로나바이러스가 출현하고, 2020년 3월 세계보건기구WHO가 세계적 대유행global pandemic을 인정함에 따라 많은 다국적 기업이 글로벌 공급망의 기회와 위험을 재평가하고 있다. 특히 중국에 전적으로 혹은 주로 기반을 둔 기업의 경우 더욱더 그러하다. 만성적인 노동과 환경의 위험으로부터 공장 폐쇄로 인한 임금 손실 및 여행 불가능에 이르기까지, 수억 명의 중국 노동자가 어떠한 건강과 생계 위협에 직면해 있는지는 많이 연구되지 않았다.

2010년 12명 이상의 젊은 중국 농민공이 목숨을 잃지 않았다면, 우리는 폭스콘과 그 노동자들의 삶에 대해 배울 기회가 전혀 없었을지도 모른다. 우리는 깊이 애도한다. 동시에 우리는 이 연구와 책이 중국을 비롯한 곳곳에서 더 나은 일터를 만드는 데 기여할 것이라는 신념을 공유해준 폭스콘 노동자들의 신뢰와 확신에 감사한다. 이러한 이유로, 우리는 이 책을 폭스콘과 모든 곳의 노동자에게 바친다.

대면회의, 화상통화, 이메일을 통해 우리는 이 책에 대한 수많은 아이디어를 교환했다. 이 일을 마치면서 우리도 "아이슬레이브iSlave"로 일하고 있다는 농담을 했다. 사실이긴 하지만, 그보다 더 중요한 것은 이 책에서 절정을 이룬 공동작업 과정에서 수많은 생산적인 논쟁과 배움, 흥분, 발견, 성취감이라는 즐거운 경험을 했다는 점이다.

제프리 허먼슨Jeffery Hermanson, 어맨더 벨Amanda Bell, 그레그 페이Greg Fay, 매슈 헤일Matthew A. Hale과 친구들이 노동자의 시와 노래를 언어의 품격과 문화적 감수성을 담아 중국어에서 영어로 번역했다. 알프레드 루커스Alfred Ruckus, 다니엘 푸크스Daniel Fuchs, 앙드레 루게리Andrés Ruggeri, 플로렌시아 올리베라Florencia Olivera, 페루치오 감비노Ferruccio Gambino, 조르조 그라피Giorgio Grappi, 데비 사케토Devi Sacchetto, 셀리아 이조드Celia Izoard, 티에리 디세폴로Thierry Discepolo, 류신팅Liu Xinting은 우리의 원문을 독일어, 이탈리아어, 프랑스어, 스페인어, 중국어로 번역했다.

데비 찬Debby Chan, 이이 청Yiyi Cheng, 마이클 마Michael Ma, 소피 첸Sophie Chen, 페리 렁Parry Leung, 켄 야우Ken Yau, 비비

언 야우Vivien Yau, 소피아 소Sophia So, 윈청 천Yun-chung Chen, 미라나 시토Mirana Szeto, 케네스 옹Kenneth Ng, 린린Lin Lin, 수키 청Suki Chung, 설갑수Kap Su Seol, 일레인 후이Elaine Hui, 엘렌 데이비드 프리드먼Ellen David Friedman, 리창Li Qiang, 테드 스미스Ted Smith, 개릿 브라운Garrett Brown, 폴린 오버레임Pauline Overeem, 에스터 더 한Esther de Haan, 알레한드로 곤살레스Alejandro González, 스콧 노바Scott Nova, 아이작 셔피로Isaac Shapiro, 다이애나 보몬트Diana Beaumont, 비에른 클레이슨Björn Claeson, 피터 폴리키Peter Pawlicki, 앤 린지Anne Lindsay, 에릭 리Eric Lee, 키미 리Kimi Lee, 알렉스 톰Alex Tom, 쇼산Shaw San Li, 리아나 폭스보그Liana Foxvog, 브리기테 더머Brigitte Demeure, 올가 마틴오르테가Olga Martin-Ortega, 샹탈 파이어Chantal Peyer, 제인 슬로터Jane Slaughter, 폴 가버Paul Garver, 제이슨 저드Jason Judd, 케이티 콴Katie Quan, 린다 얀즈Lynda Yanz, 팀 베이티Tim Beaty, 리아나 돌턴Liana Dalton, 케빈 린Kevin Lin, 이반 프란체치니Ivan Franceschini, 니컬러스 루베레Nicholas Loubere, 크리스티안 소라체Christian Sorace, 아니아 호프너Anja Höfner, 비비언 프릭Vivian Frick 등의 국제 캠페인 조직자와 노동 연구자들은 출판과 기자회견 조직을 용이하게 해 줬다. 특별히 브라운 백작Earl V. Brown Jr.(1947~2017)과 윌리엄 브라운William Brown(1945~2019)의 영감과 동지애에 감사한다.

언론인 아디트야 차크라보티Aditya Chakrabortty, 조너선 애덤스Jonathan Adams, 캐슬린 매클로플린Kathleen McLaughlin, 존 섹스턴John Sexton, 유나 양Yuan Yang, 톰 행콕Tom Hancock, 크리스티안 셰퍼드Christian Shepherd, 제리 시Gerry Shih, 팍 유Pak Yiu, 대니얼 덴비르Daniel Denvir, 루이자 림Louisa Lim, 그레임 스미스Graeme Smith, 찰스 듀히그Charles Duhigg, 키스 브래드셔Keith Bradsher, 미셸 천Michelle Chen, 데이비드 바르보자, 하비에르 에르난데스Javier C. Hernández, 리처드 스위프트Richard Swift, 디냐르 고드레지Dinyar Godrej, 씨씨 저우Cissy Zhou, 그레이스 초이Grace Tsoi, 대니얼 수엔Daniel Suen, 피터 벵첸Peter Bengtsen, 샤이 오스터Shai Oster, 조슈아 베이트만Joshua Bateman, 도미닉 모건Dominic Morgan, 마이클 오트너Michael Ortner, 린 베르바에케Leen Vervaeke, 레나 홀워스Lena Hallwirth, 로버트 포일 허닉Robert Foyle Hunwick, 사이프 멀헴Saif Malhem 과 많은 이가 인터뷰를 통해 우리의 주요 연구 결과를 널리 공유해줬다.

학계에서는 엘리자베스 페리Elizabeth Perry, 리칭콴, 메리 갤러거, 디미트리 케슬러Dimitri Kessler, 마이클 부라보이Michael Burawoy, 마가렛 아브라함Margaret Abraham, 도로시 솔링거Dorothy Solinger, 마크 블레처Marc Blecher, 조엘 안드레아스Joel Andreas, 리처드 애플바움Richard Appelbaum, 넬슨 리히텐슈타인Nelson Lichtenstein, 랠프 리칭거Ralph Litzinger, 데보라 데이비스Deborah Davis, 옌 허룽Yan Hairong, 스티븐 필리온Stephen Philion, 잭 추이Jack Qiu, 에릭 플로렌스Eric Florence, 퉁훙 린

Thung-hong Lin, 대니얼유렌 양DanielYou-ren Yang, 프레드 추이Fred Chiu, 시아 추 조Chu-joe Hsia, 천싱싱陳信行, 지민 우Jiehmin Wu, 페이 치아 란Pei-Chia Lan, 쉔 유안Shen Yuan, 루 훼이린Lu Huilin, 궈위화郭于華가 우리 책 일부와 초기 원고에 대해 상세한 논평과 면밀한 비평을 제공했다. 더 좋은 책이 되도록 도와준 그들의 관대함과 통찰력에 감사한다. 또 매릴린 영Marilyn Young(1937~2017)이 보내준 유용한 제안에도 감사 한다.

우리는 발표와 책을 통해 다음의 멘토와 동료들로 부터 박식한 논평을 받았다. 아니타 찬Anita Chan, 조너선 엉거Jonathan Unger, 피터 에반스Peter Evans, 루스 밀크만Ruth Milkman, 마크 애너Mark Anner, 크리스 틸리Chris Tilly, 데이비 드 굿맨David Goodman, 잉지에 궈Yingjie Guo, 샐리 사지슨Sally Sargeson, 필립 황Philip Huang, 인와 추Yinwah Chu, 앨빈 소Alvin So, 타이 록 루이Tai-lok Lui, 스티븐 추이Stephen Chiu, 데이야 투슈Daya Thussu, 아니타 쿠Anita Koo, 벤 쿠Ben Ku, 크리스 찬 Chris Chan, 칵스턴 시우Kaxton Siu, 수잔 초이Susanne Choi, 민화 링Minhua Ling, 데이비드 포르David Faure, 루트비카 안드리야 세비치Rutvica Andrijasevic, 얀 드라호쿠필Jan Drahokoupil, 키스 반 데르 필Kees van der Pijl, 리처드 맥스웰Richard Maxwell, 칼 하인 츠 로스Karl Heinz Roth, 마르셀 반데르 린덴Marcel van der Linden, 크리스 스미스Chris Smith, 조스 갬블Jos Gamble, 팀 프링글 Tim Pringle, 주드 하월Jude Howell, 안드레아스 비엘러Andreas

Bieler, 춘이 리Chun-Yi Lee, 제인 하디Jane Hardy, 제인 홀게이트 Jane Holgate, 가브리엘라 알베르티Gabriella Alberti, 데이비드 하 비David Harvey, 이준구Joonkoo Lee, 리민치李民騏, 제니퍼 지혜 춘Jennifer Jihye Chun, 조슈아 코헨Joshua Cohen, 제프리 핸더슨 Jeffrey Henderson, 데이비드 파센페스트David Fasenfest, 장대업 Dae-oup Chang, 응아이 링 섬Ngai-Ling Sum, 밥 제솝Bob Jessop, 이안 쿡Ian Cook, 데브라 하우크로프트Debra Howcroft, 필립 테일러Philip Taylor, 토니 던든Tony Dundon, 에이드리언 윌킨슨 Adrian Wilkinson, 폴 라이언Paul Ryan, 제이미 두셋Jamie Doucette, 제이미 펙Jamie Peck, 재키 시핸Jackie Sheehan, 나일 더건Niall Duggan, 제니 버틀러Jenny Butler, 톰 펜턴Tom Fenton, 아론 할 레과Aaron Halegua, 니키 리사 콜Nicki Lisa Cole, 제너비브 레 바론Genevieve LeBaron, 닐 하워드Neil Howard, 엘리 프리드먼 Eli Friedman, 사로쉬 크루빌라Sarosh Kuruvilla, 스티븐 카우든 Stephen Cowden, 크리스티안 푸흐스Christian Fuchs, 앤 알렉산 더Anne Alexander, 미리얌 아우라흐Miriyam Aouragh, 마크 그레 이엄Mark Graham, 앤드루 라마스Andrew Lamas, 데브 나단Dev Nathan, 대니얼 스펜서Daniel Spencer, 존 기팅스John Gittings, 세 라 워터스Sarah Waters, 리나 아가르왈라Rina Agarwala, 알렉 산더 갈라스Alexander Gallas, 벤 스컬리Ben Scully, 카린 팜팰 리스Karin Pampallis, 외르크 노왁Jörg Nowak, 조이 스벤센Zoë Svendsen, 사이먼 도Simon Daw, 베스 워커Beth Walker, 폴 조빈 Paul Jobin, 루돌프 트라우브메르츠Rudolf Traub-Merz, 레이첼 머

330

피Rachel Murphy, 폴 어윈 크룩스Paul Irwin Crookes, 안나 로라 웨인라이트Anna Lora-Wainwright, 퍼트리샤 손턴Patricia Thornton, 헨리에타 해리슨Henrietta Harrison, 마거릿 힐렌브랜드Margaret Hillenbrand, 바렌트 테 하Barend ter Haar, 라나 미처Rana Mitter, 매슈 에리Matthew Erie, 데이비드 존슨David Johnson, 그레그 디스텔호스트Greg Distelhorst, 난디니 굽투Nandini Gooptu, 테리사 라이트Teresa Wright, 맨프레드 엘프스트룀Manfred Elfström, 루 장Lu Zhang, 크리스티안 괴벨Christian Göbel, 리처드 스미스Richard Smith, 낸시 홀름스트롬Nancy Holmstrom, 데이비드 암스트롱David Armstrong, 마우리치오 아체니Maurizio Atzeni, 임마누엘 네스Immanuel Ness, 로버트 오베츠Robert Ovetz, 엘사 라파예 드 미쇼Elsa Lafaye de Micheaux, 클로에 프루아사르Chloé Froissart, 카린 피셔Karin Fischer, 플로리안 부톨로Florian Butollo, 보이 뤼체Boy Lüthje, 사라 스위더Sarah Swider, 크리스 롬버그Chris Rhomberg, 만주샤 나이르Manjusha Nair, 줄리 그린Julie Greene, 하이디 고트프리트Heidi Gottfried, 아일린 보리스Eileen Boris, 질 젠슨Jill Jensen, 매슈 호라Matthew Hora, 매슈 볼프그램Matthew Wolfgram, 찰스 킴Charles Kim, 게이 시드먼Gay Seidman, 마크 프레이저Mark Frazier, 워닝 선Wanning Sun, 조슈아 프리먼Joshua Freeman, 홍호펑Ho-fung Hung, 비벌리 실버Beverly Silver, 수전 매키천Susan McEachern, 엘렌 슈레커Ellen Schrecker, 그리고 익명으로 남아야만 하는 사람들.

10년간의 연구 및 집필 노력 동안 우리는 운 좋게도

다음의 연구 지원을 받았다. 홍콩연구보조금위원회The Research Grants Council of Hong Kong, 홍콩이공대학, 홍콩대학, 베이징대학, 칭화대학, 옥스퍼드대학, 옥스퍼드대학 켈로그 칼리지.

앤서니 아노브Anthony Arnove, 줄리 페인Julie Fain, 니샤 볼시Nisha Bolsey, 레이첼 코헨Rachel Cohen, 로리 패닝Rory Fanning이 이 책을 헤이마켓북스에서 출간하도록 도와준 것에 매우 감사한다. 애슐리 스미스Ashley Smith는 언론용 원고를 읽으며 통찰력 있는 편집 제안을 했다. 다나 헨릭스Dana Henricks는 책 편집과정 전반에 귀중한 지원을 제공했다. 데이비드 슐만David Shulman, 플로렌스 스텐셀 웨이드Florence Stencel-Wade, 에밀리 오퍼드Emily Orford, 크리스 브라운Chris Browne, 제임스 켈리James Kelly, 키런 오코너Kieran O'Connor, 데이비드 캐슬David Castle, 로버트 웹Robert Webb, 브레크나 아프Brekhna Aftab, 플루토출판사Pluto Press의 멜라니 패트릭Melanie Patrick는 동료들과 함께 열정과 전문성을 갖고 영국판을 준비했다.

마지막으로 가장 중요한, 사랑으로 우리의 삶을 풍요롭게 해주는 가족에게 진심으로 감사를 표하고 싶다. 특히 교코 이리에 셸던Kyoko Iriye Selden은 삶에 대한 지식과 열정을 아낌없이 공유한 것으로 기억된다. 제니Jenny의 오빠, 챈 와이 탁Chan Wai Tak은 2014년 10년간 투병 끝에 30대에 세상을 떠났다. 그는 가족과 친구들에게 영원히 그리움으로 남을 것이다. 진 웨이저^{Jean Wager} 이모는 제니의 아름답고 사랑스러운 기억 속에 살고 있다. 이 책에 자신들의 정보를 제공한 모든 노동자와 그들 가족에게 우리의 사랑과 믿음, 희망을 전한다.

제니 챈, 마크 셀던, 푼 응아이

홍콩, 중국, 미국 뉴욕

2020년 3월

'살아 있는 죽음과 같은' 삶의 무게

이 책은 애플의 아이폰 생산을 주로 담당하는 중국 내 거대기업 폭스콘 노동자들의 삶과 죽음 및 저항, 그리고 글로벌 생산 네트워크의 구조적 문제를 가장 생생하면서도 면밀하게 분석한 연구서다. 2015년 홍콩에서 『애플 배후의 생과 사: 생산라인 위의 폭스콘 노동자 蘋果背後的生與死: 生產線上的富士康工人』라는 제목으로 먼저 출간됐으며, 이를 2020년 미국에서 『아이폰을 위해 죽다: 애플, 폭스콘, 그리고 중국 노동자의 삶 Dying for an iPhone: Apple Foxconn, and Lives of China's Workers』으로 보완해 재출간했다. 단순히 제목만 바뀐 게 아니라, 5년 동안의 중국 내 정치·사회적 변화와 글로벌 경제 시스템의 변동을 반영해 내용이 대폭 수정·확장됐다. 이에 영문판을 원본으로 번역하면서, 주요 개념이나 인명(대부분이 가명), 지명, 시와 노래 등은 중국어판을 참조했다.

중국 정부가 제공하는 각종 기반시설 지원과 인센티브를 바탕으로 중국 전역에 40곳 이상의 산업단지와 자체 병원 및 학교 등을 운영하는 '폭스콘 제국'은 중국 노동문제가 응축된 핵심 현장이며, 세계화된 전자제품 생산 네트워크의 핵심 마디다. 이에 저자들은 폭스콘 공장에서 2010년부터 20여 명의 노동자가 연속으로 자살한 사건을 계기로 중국 노동체제의 한계와 글로벌 산업사슬의 착취구조를 파헤치기 위해 현장조사와 연구를 시작했다. 2010년 여름부터 2019년 12월까지 폭스콘 관리자와 노동자, 학생 인턴, 지도 교사, 지방 관료, 노동운동 활동가 등을 대상으로 심층 인터뷰를 진행하고, 폭스콘 공장이 있는 중국 전역의 12개 도시 곳곳을 누비며 현지 조사를 수행했다. 이를 통해 중국 노동자들이 처한 열악한 노동조건과 불안정한 생활조건, 지방정부와 기업 및 직업학교가 결탁해 만들어낸 학생 인턴의 실상, 글로벌 생산 네트워크의 불평등한 수익구조와 노동착취 메커니즘 등을 낱낱이 보여준다. 그리고 중국의 권위주의적 국가체계와 글로벌 기업의 압박에도 불구하고 여전히 계속되는 중국 노동자들의 저항과 조직화 과정을 그들 자신의 이야기와 시, 노래, 편지 등으로 생동감 있게 그려낸다.

이 책에서 주목한 폭스콘 노동자 연쇄 자살 및 노동자 저항은 개혁개방 이후 눈부신 경제 성장을 이룬 중국의 노동문제를 세계에 알린 일대 사건이었다. 세계 주요 언론 및 학계가 '세계의 공장'이 된 중국의 노동현실에 주목하기 시작했으며, 노동자의 권리 보호를 주장하는 시위와 파업도 잇따랐다. 그러나 이 책에서 볼 수 있듯이, 사회주의 국가 중국에서 노동자의 존엄과 권리는 제대로 보장되지 못하고 있다. 폭스콘 노동자들의 자살을 방지한다는 목적으로 기숙사 건물에 설치한 그물과 쇠창살이 이를 상징적으로 보여준다. 저자들이 강조하듯, 이는 물론 폭스콘 기업만의 문제도, 중국의 권위주의적 국가 체제 때문만도 아니다. 폭스콘의 성장은 미국과 유럽 및 동아시아의 거대기업들이 해외로 생산지를 이전해 생산과 노동을 위탁하는 세계적인 산업구조 전환으로 가능했으며, 수많은 중국의 하청 노동자와 학생 인턴들이 이를 떠받치고 있다. 그렇기에 거대 국가권력과 자본의 결탁으로 뭉친 탐욕과 소비의 욕망이 모두 '공동정범共同正犯'이다.

개혁개방 이후 어느덧 40여 년이 흘러 중국 공산당 창당 100주년을 맞이한 2021년 현재, 시진핑 국가주석은 중화인민공화국 성립 100주년이 되는 2049년까지 '사회주의 현대화 강국'을 건설하겠다는 원대한 목표를 제시하며 '중국의 꿈'을 연일 부르짖고 있다. 대외적으로는 미국을 추월하는 강대국으로 도약해 글로벌 거버넌스를 선도할 것이고, 대내적으로는 모든 인민이 발전의 성과를 향유하는 '공동부유共同富裕'를 실현하겠다는 것이다. 그러나 다른 한편으로, 시진핑 체제하에서 노동운동 관련 풀뿌리 사회단체, 학생, 학자, 변호사 등에 대한 감시 강화와 탄압으로 인해 정치·사회적 환경은 그 어느 때보다 심각하게 제약받고 있다. 우리가 잊지 말아야 할 것은 이처럼 엄혹한 상황에서도 중국 노동자들의 권익 보호를 위한 사회적 연대와 투쟁이 계속되고 있다는 사실이다. 즉 시진핑 정부가 강조하는 '중국의 꿈'이 과연 누구의 꿈이고, 누구를 위한 꿈인지를 묻는 저항의 움직임이 곳곳에서 다양한 방식으로 전개되고 있다.

폭스콘에서 아들을 잃고 '매일이 살아 있는 죽음과 같다'는 한 아버지의 절규와 몸부림부터 희망과 좌절 사이를 오가는 청년 노동자들의 힘겨운 생존기, '공동부유'를 누리기 전에 이미 늙어버린 수많은 농민공, 열악한 노동환경 개선과 자주적 독립노조 건설을 위한 투쟁까지 모두 오늘날 중국이 마주한 현실이다. 그리고 중국의 미래는 낡은 사회주의의 이념이나 구호가 아닌, 바로 이 저항자들의 삶과 실천에 달려 있다. 모든 비판의 출발은 현실에 기초해 미래로 나아가야 한다. 이것이 이 책의 저자들이 중국 노동체제의 한계 및 글로벌 산업구조의 모순에 대한 비판으로부터 시작해 '새로운 차원의 세계적 노동 투쟁'을 향한 국제적 연대를 강조하는 이유일 것이다.

이 책을 번역해 출간하기까지 도움을 주신 모든 분께

감사드린다. 특히 애정으로 출판을 기다려주고 기꺼이 추천사까지 써 주신 조문영 교수님과 박민희 한겨레 논설위원에게 진심을 담아 감사의 마음을 전한다. 그리고 밝은 눈으로 좋은 책을 선정해 기획부터 출간까지 애써 준 나름북스 편집자들께도 감사드린다. 무엇보다 각자 연구와 활동으로 바쁜 일정임에도 이 책의 의의와 중요성에 공감해 번역 작업에 동참한 윤종석, 하남석, 홍명교 선생님의 연대와 우정에 감사드린다. 마지막으로 아이폰13 출시로 지금도 "생산라인 옆에서 선 채로 잠을 자며", 삶과 죽음의 경계에서 피와 땀과 눈물로 밤을 지새울 폭스콘 노동자들의 건강과 안전을 기원한다. 거대 자본과 권력에 사랑하는 사람을 잃은 모든 이의 '살아 있는 죽음과 같은' 삶의 무게를 기억하며….

2021년 9월 15일

아이폰13 출시 이튿날

옮긴이를 대표하여 정규식

[부록1]

우리의 책 웹사이트

이 책에 우리 연구의 산물인 1차 자료, 컬러 사진, 시청각 기록물을 이용할 수 있는 웹사이트를 첨부한다. 2010년부터 2019년까지 중국 내 폭스콘의 주요 생산도시들을 여러 차례 방문하면서 노동자의 블로그 게시물, 시, 노래, 사진, 비디오, 공개서한 등을 회사 자료 및 정부 간행물과 함께 수집했다.

『아이폰을 위해 죽다Dying for iPhone』는 온라인에서도 볼 수 있다.

헤이마켓북스:

www.haymarketbooks.org/books/1468-dying-for-an-iphone

플루토 출판사:

www.plutobooks.com/9780745341286/dying-for-an-iphone

저자의 책 웹사이트:

www.dyingforaniphone.com

우리는 다음 두 편의 공동 제작한 다큐멘터리에 대한 권리가 있으며, 이는 웹사이트에 공개할 것이다.

"애플 아이패드의 진실The Truth of the Apple iPad"(2011년, 6분)

웡 틴싱Wong Tinshing, 릴리안 루이Lilian Lui

SACOM과 협업

"아이프로테스트iProtest"(2011년, 24분)

〈알자지라Al Jazeera〉

제임스 렁James Leong, 린 리Lynn Lee

SACOM과 협업

폭스콘 노동자 인터뷰와 노동 캠페인 활동에 대한 추가 동영상 및 화면은 SACOM의 유튜브 채널에서 이용할 수 있다.
https://www.youtube.com/user/sacom2005

2011년 9월 24일 SACOM이 아이폰 발매일에 맞춰 홍콩 국제금융센터 애플스토어 3층에서 6m 높이의 배너를 펼쳤다.

[부록2]

2010년 중국 폭스콘에서의 자살과 자살 시도

	이름	성별	나이
1	룽보	남	19
2	마센첸	남	19
3	리훙량	남	20
4	톈위**	여	17
5	리웨이**	남	23
6	류즈쥔	남	23
7	라오슈친**	여	18
8	닝링	여	18
9	뤼신	남	24
10	주첸밍	여	24
11	량차오	남	21
12	난강	남	21
13	리하이	남	19
14	허*	남	23
15	천린**	남	25
16	류*	남	18
17	류밍	여	23
18	허*	남	22

* 성만 알고 실제 이름은 모름
** 자살을 시도했으나 생존

고향	폭스콘 근무장소	자살 시도 날짜	비고
후베이	랑팡	2010.1.8.	8층에서 뛰어내림
허난	관란	2010.1.23.	건물에서 떨어짐
허난	룽화	2010.3.11.	5층에서 뛰어내림
후베이	룽화	2010.3.17.	4층에서 뛰어내림
후베이	랑팡	2010.3.23.	5층에서 뛰어내림
후난	룽화	2010.3.29.	14층에서 뛰어내림
장시	관란	2010.4.6.	7층에서 뛰어내림
윈난	관란	2010.4.7.	건물에서 뛰어내림
후난	룽화	2010.5.6.	6층에서 뛰어내림
허난	룽화	2010.5.11.	9층에서 뛰어내림
안후이	룽화	2010.5.14.	7층에서 뛰어내림
후베이	룽화	2010.5.21.	4층에서 뛰어내림
후난	관란	2010.5.25.	4층에서 뛰어내림
간쑤	룽화	2010.5.26.	7층에서 뛰어내림
후난	룽화	2010.5.27.	뛰어내리는 데 실패하여 손목을 그음
허베이	난하이南海	2010.7.20.	건물에서 뛰어내림
장쑤	쿤산	2010.8.4.	3층에서 뛰어내림
후난	관란	2010.11.5.	건물에서 뛰어내림

중국 현지 조사

2010년 여름부터 2019년 12월까지 여러 장소에 대한 현장 연구 기간, 전·현직 폭스콘 관리자, 노동자, 학생 인턴, 인턴십 프로그램 감독 교사, 지방 관료, 중국의 비정부 노동인권단체와 인터뷰를 진행했다. 우리는 주요 폭스콘 단지가 집중된 중국 전역의 12개 도시를 방문했다.

도시	중국 내 폭스콘 현지 방문 장소
선전	룽화/관란기술원, 선전시, 광둥
랑팡	기술산업원, 랑팡시, 후베이
톈진	톈진 경제기술개발구
상하이	쑹장松江 수출가공지구, 상하이
쿤산	베이먼로北門路, 쿤산시, 장쑤
난징	푸커우 하이테크산업개발구浦口高新區, 난징시, 장쑤
항저우	첸탕과학기술원錢塘科技園, 항저우시, 저장
타이위안	경제개발구, 타이위안시, 산시
우한	동호 첨단기술개발구, 우한시, 후베이
정저우	수출가공구역과 항공경제포괄실험구, 정저우시, 허난
충칭	샤핑바沙坪壩구, 충칭
청두	수출입가공구, 하이테크산업개발구高新技術產業開發區, 청두시, 쓰촨

우리는 특히 2010년 자살의 빈발 이후 폭스콘의 노동조건이 개선됐는지 알고 싶었다. 지배적인 비즈니스 관행을 유지하거나 개혁할 수 있게 만드는 요인은 무엇일까? 현장조사 기간, 우리는 노동자의 급여명세서, 고용계약서, 인턴계약서, 산업재해 의료보고서, 노동분쟁 법률문서, 회사 간행물(직원 핸드북, 신문, 잡지, 채용포스터, 공고, 연차보고서, 보도자료 등 포함), 정부 자료(교육 지침과 지방 노동법규 포함)를 모으고 인터뷰를 수행했다. 폭스콘 생산단지, 기숙사, 식품 판매점, 찻집, 인터넷 카페, 농구 코트, 디스코클럽, 쇼핑몰, 공원, 지역커뮤티니서비스센터社區服務中心, 병원 등 우리가 가는 곳마다 친구와 동료들이 소개한 노동자(직원카드와 유니폼으로 식별할 수 있는)와 학생 인턴들을 만났다. 또한 직업상 연줄을 통해, 향, 진, 시급의 정부 관료와 대화를 나누기도 했다.

폭스콘의 내륙으로 확장과 이전을 따라서 2011년 초에는 중국 남서쪽 청두에 있는 "아이패드 시티"로 갔다. 우리는 환기가 불량한 작업장에서 아이패드의 알루미늄 먼지의 결과로 노동자가 고통받는다는 걸 배웠다. 실제로 방문한 지 한 시간 만에 현장에서 알루미늄 분진 한 봉지를 수거했다. 업그레이드된 아이패드를 양산하는 과정에서 2011년 5월 20일, 치명적인 알루미늄 분진 폭발이 발생했다. "산업재해"의 근본 원인을 이해하고

사람들에게 전달하기 위해 우리는 SACOM과 협력하여 조사의 일환으로 노동자와 목격자를 촬영했다.[1]

2011~2012학년도에는 청두(쓰촨), 정저우(허난), 선전(광둥)의 폭스콘 단지에서 8개 직업학교의 학생 인턴과 교사를 만났다. 그 후 몇 년 동안 폭스콘이 아이폰, 아이패드, 게임기(게임 콘솔)를 양산해온 주요 도시에서 우리는 성省 정부가 회사의 노동 할당량을 충족한 학교에 특별 보조금을 제공하며, 지방정부, 학교, 기업 간의 긴밀한 연결을 확고히 한다는 사실을 알게 되었다. 학생 인턴 노동의 비자발적인 성격은 우리의 심층 연구에서 밝혀졌다.

비교적 안전한 공간에서 노동자의 증언을 청취하고, 관리자 인터뷰, 회사의 언론 발표, 언론기사 등을 토대로 그들의 말을 평가함으로써 시위와 파업 당시 동원 과정을 재구성했다. 첨예한 갈등은 임금과 사회보험 분쟁, 산재 보상, 물량 고조 기간 휴식 거부, 10대 인턴 남용, 효력없는 공회 조직 등에 집중되었다. 폭스콘이 애플과 다른 거대 기술기업의 주문을 따내기 위해 다른 공급자들과 겨룰 때 이런 긴장감은 고조됐다.

폭스콘의 영토적·영역적 확장 과정에서 "강제 전근"에 맞닥뜨린 노동자와 관리자들은 현재의 직위로 상당히 낮은 임금을 받아들이거나, 퇴직금 없이 회사를 떠나야만 했다. 일부는 이동에 따른 임금 및 혜택 삭감에 대해 항의하기도 했다. 특히 노동자 지도자들이 신제품 출시와 휴일 세일 기간 자신들이 이용 가능한 집단행동 기회를 활용한다는 것을 알게 되었다. 그들은 국내외 언론에 관여하며 이미지를 의식하는 브랜드들이 자신의 요구에 응하도록 압력을 가했다.

가능할 때마다 우리는 암호화된 통신 앱(시그널Signal, 와이어Wire 등)을 사용했는데, 특히 메시지 앱 왓츠앱WhatsApp이 중국 당국에 차단된 2017년에 더욱더 그러했다.[2] 우리는 기층 노동전략의 수많은 사례를 발견했고, 특정 조립작업장과 공장에서 부분적으로 노동자가 승리한 사례 또한 포함했다. 그러나 일부 노동자의 요구가 받아들여지는 사례에서조차 "사회 안정"을 우선시하면서 시공간 모두에서 노동자의 행동을 제한하는 중국 국가의 역량에 대해서도 배웠다. 이러한 것들은 전 세계 소비자뿐 아니라 노동자 및 그들의 지지자들과 함께 공유한 중요한 경험들이었다. 지난 10년 동안 우리는 홍콩, 중국, 대만, 미국, 유럽에 기반을 둔 동료와 학생들로 구성된 팀의 협력을 통해 현지 조사를 수행했다. 보안을 위해 비밀 현장조사, 인터뷰, 미디어 제작과 관련된 연구자의 익명성을 유지한다.

세계 전역의 폭스콘 시설

국가	도시
대만	투청구, 신베이新北시: 본사 및 기타 제조 현장
중국	베이징, 톈진, 상하이, 충칭: 안칭安慶(안후이), 샤먼廈門(푸젠), 란저우(간쑤), 선전·후이저우·둥관·포산·중산·주하이·광저우(광둥), 난닝(광시), 구이양(구이저우), 하이커우海口(하이난), 랑팡·친황다오秦皇島(허베이), 정저우·지위안·허비·무양·란카오蘭考(허난), 우한(후베이), 헝양·창사長沙(후난), 난징·쿤산·화이안淮安·창수常熟·푸닝阜宁(장쑤), 펑청豐城(장시), 창춘長春(지린), 선양瀋陽·잉커우營口(랴오닝), 엔타이(산둥), 타이위안, 진청晉城·다퉁大同(산시), 청두(쓰촨), 항저우·닝보寧波·자산嘉善(저장), 다른 소규모 생산기지와 연구센터
일본	도쿄, 사카이, 교토, 나가노, 지바, 요코하마
한국	서울
호주	라이델미어(뉴사우스웨일스)
뉴질랜드	웰링턴
캐나다	토론토
미국	마운트플레전트(위스콘신), 시카고(일리노이), 보스턴(매사추세츠), 롤리(노스캐롤라이나), 선라이즈·포트세인트루시(플로리다), 인디애나(인디애나폴리스), 멤피스(테네시), 댈러스·포트워스·오스틴·휴스턴(텍사스), 샌디에이고·로스앤젤레스·샌프란시스코·산호세·샌타클래라·프리몬트(캘리포니아), 힐즈버러(오레곤), 샌드스톤(버지니아)
멕시코	시우다드후아레스·산예로니모(치와와), 레이노사(타마울리파스), 과달라하라(할리스코), 티후아나(바하칼리포르니아)
브라질	준디아이·이투·소로카바·인다이아투바(상파울루), 마나우스(아마조나스), 산타 리타 두 사푸카이(미나스제라이스)
터키	촐루
체코	파르두비체, 쿠트나호라
헝가리	*페치, *세케슈페헤르바르, 코마롬

슬로바키아	니트라
독일	뒤셀도르프
오스트리아	비엔나
네덜란드	암스테르담, 에인트호벤, 헤이를런
덴마크	코펜하겐
스웨덴	룬드
핀란드	헬싱키
러시아	상트페테르부르크, 모스크바
스코틀랜드	글래스고
아일랜드	리머릭
아랍에미리트	두바이
인도	*첸나이, 스리페룸부두르(타밀나두); 스리 시티(안드라프라데시), 자이푸르(라자스탄)
베트남	박닌, 박장
말레이시아	쿠알라룸푸르·페낭·쿨라이(조호르)
싱가포르	Ruby Land Complex, 54 Genting Lane
인도네시아	욕야카르타

* 폐업한 폭스콘 공장
출처: 폭스콘 웹사이트(1974~2020)[1]

서문

1) 이 블로그 글은 다른 1차 연구자료들과 더불어 이 책의 웹사 이트에서 이용할 수 있다([부록1] 참조). 별도로 명시하지 않은 한 모두 저자들이 옮긴 것이다.

2) [역주] 중국에서 유일하게 승인된 전국적 노동조합 조직이 '중 화전국총공회'다. '공회는 국가 행정 체계와 일치하는 조직망 을 갖추고 있으며, 전국적으로 광범위하게 기층까지 깊숙이 침투해 있다. 즉각 경제 부문에 10개의 산업별 공회 전국위원 회가 있으며, 각 성과 자치구, 직할시에 31개의 총공회가 있 고, 총공회의 관할 아래 다시 시·구·현·기층기업 공회 등이 설립되어 있다. 한편 관방 조직답게 높은 조직률을 보이는 겉 모습과는 달리, 총공회와 산하 조직들은 현장 노동자들의 요 구나 정서를 대변하기보다는 기업의 사용자들과 밀착되어 있 거나 사용자들이 통제하는 조직으로 전락했다는 비판을 받고 있다. 정규식, 『노동으로 보는 중국』(나름북스, 2019), 16p.

3) 발췌문은 영어로 번역했으며, 2010년 5월 18일 중국어로 쓰인 전체 진술서는 저자들이 함께 정리했다.

4) 2010년 자살을 시도한 폭스콘 노동자 18명(14명 사망)의 이름 은 [부록2] 참조.

5) http://www.foxconn.com/GroupProfile_En/ CompetitiveAdvantages.html

6) Kaityn Stimage, "The World's Largest Employers," WorldAtlas, February 15, 2018, https://www.worldatlas. com/articles/the-world-s-largest-employers.html

7) http://www.foxconn.com.cn/GroupProfile.html; Foxconn Technology Group's "2017 Social and Environmental Responsibility Report" for the 2016

data (3.6%) for comparison(2018), 11, http://ser.foxconn.com/javascript/pdfjs/web/viewer.html?file=/upload/CserReports/2e4ecfaa−df6f−429a−88cd−cf257828b0a7_.pdf&page=1

8)   http://ser.foxconn.com/javascript/pdfjs/web/viewer.html?file=/upload/CserReports/5b75b277−d290−45f4−a9e1−efe87475543b_.pdf&page=1

9)   Foxconn Technology Group, "2018 Report," 11.

10) Timothy Sturgeon, John Humphrey, and Gary Gereffi, "Making the Global Supply Base," in *The Market Makers: How Retailers Are Reshaping the Global Economy*, ed. Gary G. Hamilton, Misha Petrovic, and Benjamin Senauer(Oxford: Oxford University Press, 2011), 236.

11) Leander Kahney, *Tim Cook: The Genius Who Took Apple to the Next Level*(New York: Portfolio/Penguin, 2019). 한국어판으로는 『팀 쿡: 애플의 새로운 미래를 설계하는 조용한 천재』(다산북스, 2019).

12) 2013년 12월 31일 폭스콘의 7페이지 분량의 성명(폭스콘 글로벌 사회환경책임위원회 마틴 싱Martin Hsing 상무 서명)과 2014년 2월 18일 애플의 이메일 회신(애플 공급업체책임성 수석책임자 재키 헤인즈Jacky Haynes 발송)은 저자들이 함께 취합했다. 이 기록은 우리의 2013년 12월 16일 서한과 함께 웹사이트에서 찾아볼 수 있다.

13) 2010~2019년 우리의 현장 연구 장소, 폭스콘 공장 및 중국 주요 도시들에 관한 연구 설계는 [부록3] 참조.

14) 1974~2010년 대만과 중국을 비롯한 전 세계 다른 나라에 위치한 폭스콘의 생산현장에 대해서는 [부록4] 참조.

1. 어느 자살 생존자

1) 톈위는 본명이다. 그녀의 자살 시도에 대해 언론 보도가 뒤따를 수 있다는 점에 동의를 얻었다. 저자들과 연구팀은 이 책을 위해 인터뷰를 진행했다. 별도의 언급이 없는 한 모든 인터뷰 대상자의 이름은 익명이다.

2) *Shenzhen Daily*, "Non-Hukou Population Sees 1st Drop," April 13, 2012, http://english.sz.gov.cn/news/latest/201204/t20120413_14893232.htm

3) 부모 중 한 명 또는 모두가 돈을 벌러 도시로 떠나 농촌에 남아 있는 아동을 의미한다.

4) 2010년 중국 인구조사에 따르면, 부모 중 하나 또는 둘이 도시로 이주하면서 6,100만 명의 농촌 아동들(18세 미만)이 남겨졌다. 2015년에는 그 수가 6,900만 명으로 늘었다. 자세한 내용은 유니세프 보고서 "What Census Data Can Tell Us about Children in China: Facts and Figures 2013", 9(그림9)와 2017년 유니세프 연간 보고서, 3 참조. https://www.unicef.cn/media/10621/file/Census%20Data%20About%20Children%20in%20China%20Facts%20and%20Figures%202013.pdf; https://www.unicef.org/about/annualreport/files/China_2017_COAR.pdf

5) 1980년 도입부터 2015년 폐지까지 중국의 도시들에서 엄격하게 시행된 '한 자녀 정책'은 일부 농촌 지역에서는 더욱 완화되어 두세 명의 자녀를 가질 수도 있었다. 그러나 둘째나 셋째 아이를 갖는 데 성공한 사람들에겐 무거운 벌금이 부과됐다.

6) QQ(1999년 설립)는 위챗을 소유한 중국의 거대기업 텐센트의 소셜미디어 플랫폼이다. QQ를 통해 이용자는 온라인 연락처를 그룹별로 분류할 수 있다. 예를 들어, '친구', '특별한 친구', '가족', '동료', '낯선 사람' 등 원하는 그룹을 만들 수 있다. QQ와 위챗은 새로운 관계를 형성하고, 오래된 관계를 강화하는 디지털 공간이다.

2. 폭스콘: 세계에서 가장 큰 전자제품 제조기업

1) Chang Dianwen, Decoding *Terry Gou's Quotations* (Taipei: CommonWealth Magazine Company, 2008), 23 (in Chinese).

2) Hon Hai Precision Industry Company (Foxconn), "Company Milestones," 1974–present, http://www.foxconn.com/GroupProfile_En/CompanyMilestones.html

3) *Harvard Business Review*, "The Best—Performing CEOs in the World 2018," November–December 2018, https://hbr.org/2018/11/the—best—performing—ceos—in—the—world—2018

4) Steve Jobs, "Stanford University Commencement Speech," June 12, 2005, https://www.english—video.net/v/ja/720

5) *Bloomberg Businessweek*, "The Tao of Gou," September 13–19, 2010, https://www.yumpu.com/en/document/read/17853759/bloomberg—businessweek—ftp—directory—listing

6) Frederik Balfour and Tim Culpan, "A Look Inside Foxconn—Where iPhones Are Made: A Postmodern Chinese Industrial Empire That Was Blighted by Suicides," *Bloomberg Businessweek*, December 9, 2010, http://www.nbcnews.com/id/39099077/ns/business—us_business/t/look—inside—foxconn—where—iphones—are—made/#.Xc5atFczaUk

7) Henry Wai—chung Yeung, *Strategic Coupling: East Asian Industrial Transformation in the New Global Economy* (Ithaca, NY: Cornell University Press, 2016).

8) 1985년 9월 22일 미국, 영국, 서독, 프랑스, 일본의 재무장관과 중앙은행 총재는 뉴욕 플라자호텔에서 통화시장을 조절하는 협약에 서명했다. 당시 막대한 적자를 내던 미국은 수출경

쟁력을 높이기 위해 통화를 평가절하했고, 일본 엔화와 동아
시아 신흥산업국의 통화 가치는 격상됐다.

9) Gary G. Hamilton and Cheng-shu Kao, "The Asia Miracle and the Rise of Demand-Responsive Economies," in *The Market Makers: How Retailers Are Reshaping the Global Economy*, ed. Gary G. Hamilton, Misha Petrovic, and Benjamin Senauer (Oxford: Oxford University Press, 2011), 181-210.

10) You-tien Hsing, *Making Capitalism in China: The Taiwan Connection* (New York: Oxford University Press, 1998), 8.

11) Dieter Ernst, "From Partial to Systemic Globalization: International Production Networks in the Electronics Industry," Berkeley Roundtable on the International Economy Working Paper 98 (1997), p. 40, https://brie.berkeley.edu/sites/default/files/wp_98.pdf

12) Yu-ling Ku, "Human Lives Valued Less Than Dirt: Former RCA Workers Contaminated by Pollution Fighting Worldwide for Justice (Taiwan)," in *Challenging the Chip: Labor Rights and Environmental Justice in the Global Electronics Industry*, ed. Ted Smith, David A. Sonnenfeld, and David Naguib Pellow (Philadelphia: Temple University Press, 2006), 181-90. 한국어판으로는 『세계 전자산업의 노동권과 환경정의』 (메이데이, 2009).

13) Hongbin Li, Lei Li, Binzhen Wu, and Yanyan Xiong, "The End of Cheap Chinese Labor," *Journal of Economic Perspectives* 26, no. 4 (2012): 57.

14) Ho-fung Hung and Mark Selden, "China's Post-Socialist Transformation and Global Resurgence: Political Economy and Geopolitics," in *The Cambridge History of Communism*, ed. Juliane Fürst, Silvio Pons, and Mark Selden, vol. 3 (Cambridge: Cambridge University Press, 2017),

502-28.

15) Suzanne Pepper, "China's Special Economic Zones: The Current Rescue Bid for a Faltering Experiment," *Bulletin of Concerned Asian Scholars* 20, no. 3 (1988): 7.

16) Phyllis Andors, "Women and Work in Shenzhen," *Bulletin of Concerned Asian Scholars* 20, no. 3 (1988): 22-41.

17) William Hurst, *The Chinese Worker after Socialism* (Cambridge: Cambridge University Press, 2009), 16.

18) Albert Park and Fang Cai, "The Informalization of the Chinese Labor Market," in *From Iron Rice Bowl to Informalization: Markets, Workers, and the State in a Changing China*, ed. Sarosh Kuruvilla, Ching Kwan Lee, and Mary E. Gallagher (Ithaca, NY: Cornell University Press, 2011), 17.

19) 폭스콘은 2009년부터 11건의 사회 및 환경 책임성 보고서를 발표했다(2008년 1월 1일~12월 31일 회계연도). 2010년에 출판된 보고서 중 10개는 중국어와 영어로 온라인에 제공됐다. 폭스콘기술그룹이 발표한 다음의 자료 참고. (2009, p. 11; 2010, p. 5; 2011, pp. 4, 14; 2012, pp. 3, 12; 2013, pp. 4, 12; 2014, pp. 3, 12; 2015, pp. 15-16, 25; 2016, pp. 14-15; 2017, p. 2; 2018, p. 2; 2019, p. 11), http://ser.foxconn.com/viewCserReport_listYearReport.action

20) http://www.foxconn.com/GroupProfile_En/CompanyMilestones.html

21) Elaine Huang, "Hon Hai Precision: You Are Your Own Greatest Enemy," *CommonWealth Magazine*, October 16, 2014, https://english.cw.com.tw/article/article.action?id=340

22) Tse-Kang Leng, "State and Business in the Era of Globalization: The Case of Cross-Strait Linkages in the

Computer Industry," *China Journal* 53 (2005), 70.

23) http://ser.foxconn.com/viewCserReport_listYearReport. action

24) Thomas Dinges, "Is There Trouble on the Horizon for Contract Manufacturers?," EBN (The Premier Online Community for Global Supply Chain Professionals), October 31, 2012, http://www.ebnonline.com/author. asp?section_id=1096&doc_id=253427

25) Charlie Z. W. Chiang and Ho-Don Yan, "Terry Gou and Foxconn," in *Handbook of East Asian Entrepreneurship*, ed. Fu-Lai Tony Yu and Ho-Don Yan (Abingdon, Oxon, UK: Routledge, 2015), 300-312.

26) Panasonic (Fortune Global 2019), https://fortune.com/ global500/2019/panasonic

27) Xiaomi (Fortune Global 2019), https://fortune.com/ global500/2019/xiaomi

28) http://ser.foxconn.com/javascript/pdfjs/web/viewer. html?le=/upload/CserReports/5b75b277-d290-45f4- a9e1-efe87475543b_.pdf&page=1

29) https://d18rn0p25nwr6d.cloudfront.net/CIK- 0000320193/68027c6d-356d-46a4-a524-65d8ec05a1da. pdf

30) 기술 부문에 의해 필터링되고 수익 순위에 따라 순위가 매 겨진 'Global 500(2019)' 검색 결과. https://fortune.com/ global500/2019/search/?profits=desc&sector=Technolo gy

31) https://www.scmp.com/business/companies/ article/2154130/why-stock-traders-are-dumping- apple-supplier-foxconn-industrial

32) 기술 부문에 의해 필터링되고 수익 순위에 따라 순위가 매

겨진 'Global 500(2019)' 검색 결과. https://fortune.com/
global500/2019/search/?profits=desc&sector=Technolo
gy

33) http://ser.foxconn.com/javascript/pdfjs/web/viewer.
html?file=/upload/CserReports/2e4ecfaa-df6f-429a-
88cd-cf257828b0a7_.pdf&page=1 (2013), 구글은 홍하이
의 특허 "항공과 엔지니어링, 게임 등에 자주 사용될 가상 이
미지를 실제 화면 위에 띄워놓는 머리 부착형 디스플레이"를
구입했다. 글로벌 특허 솔루션Global Patent Solutions의 "Google
Purchases Foxconn Patents for Wearable Tech" 참조.
2013년 8월 27일, https://www.globalpatentsolutions.
com/blog/google-purchases-foxconn-patents-
wearable-tech
다양한 분야에 걸친 폭스콘의 특허에 대해 2014년에 이뤄진
광범위한 토론은 2014년 10월 13일에 발표된 스티브 브라만
Steve Brachmann의 "Foxconn Innovation: Cleaning Robots,
Fool-Proofing Manufacturing and Rotating Notebook
Screens"(IPWatchdog) 참조. https://www.ipwatchdog.
com/2014/10/13/foxconn-innovation-cleaning-robots-
fool-proofing-manufacturing-and-rotating-notebook-
screens/id=51670

34) http://ser.foxconn.com/javascript/pdfjs/web/viewer.
html?file=/upload/CserReports/5b75b277-d290-45f4-
a9e1-efe87475543b_.pdf&page=1

35) Foxconn Industrial Internet Co., Ltd. (2017-present),
http://www.fii-foxconn.com/en/Home/About

36) Robin Kwong, "Terry Gou: Managing '1m Animals,'"
Financial Times, January 20, 2012, https://www.ft.com/
content/be3d2550-f9e6-34c0-91fb-afd639d3e750

37) *Bloomberg*, "A Rare Look Inside Foxconn's Latest
Facility," July 13, 2014, YouTube video, https://www.
youtube.com/watch?v=ZJg707RDYUM

38) He Huifeng, "Foxconn Hits Bumps in Road to Full Automation," *South China Morning Post*, July 29, 2016, http://www.scmp.com/business/companies/article/1996639/foxconn-hits-bumps-road-full-automation

39) 폭스콘의 제조 및 연구센터는 베이징, 톈진, 상하이, 충칭 등 직할시와 안후이, 푸젠, 간쑤, 광둥, 광시, 구이저우, 하이난, 허베이, 허난, 후베이, 후난, 장쑤, 장시, 지린, 랴오닝, 산둥, 산시, 쓰촨, 저장 등 19개 성에 기반을 두고 있다.

40) 9개 자치시는 광둥성의 광저우, 선전, 주하이, 포산, 후이저우, 둥관, 중산, 장먼江門, 자오칭肇慶 등이다. 이들은 9개의 주 강 삼각주 권역의 지방 도시들이다.

41) He Huifeng, "Why America May Prove a Cheaper Option Than China for Foxconn," *South China Morning Post*, July 28, 2017, https://www.scmp.com/news/china/economy/article/2104480/why-america-may-prove-cheaper-option-china-foxconn

42) Zhuhai Municipal Government, "Foxconn Selects Zhuhai for Greater Bay Opportunities," August 20, 2018, http://subsites.chinadaily.com.cn/zhuhai/2018-08/20/c_264431.htm

43) Foxconn Technology Group's group profile (1974-2020) (in Chinese), http:// www.foxconn.com.cn/GroupProfile.html

44) Foxconn Technology Group, "2018 Social and Environmental Responsibility Report" (2019), 25, http://ser.foxconn.com/javascript/pdfjs/web/viewer.html?file=/upload/CserReports/5b75b277-d290-45f4-a9e1-efe87475543b_.pdf&page=1

45) Lyu Chang, Li Jun, and Zhao Kai, "In Go-Ahead Guiyang, It All Figures," *China Daily*, September 20, 2013, http://europe.chinadaily.com.cn/epaper/2013-09/20/content_16981406.htm

46) Belt and Road Portal, "Guiyang Transforms from 'an Unknown City' to 'China's Big Data Valley,'" May 15, 2019, https://eng.yidaiyilu.gov.cn/DigitalValley/AmazingGuiyang/90525.htm

47) *China Daily*, "Guian New Area," February 27, 2015, http://www.eguizhou.gov.cn/2015-02/27/content_19670225.htm

48) Guian New Area, Guizhou Province, "Apple Center to Inject New Energy into Guian's Big Data Development," June 8, 2018, http://en.gaxq.gov.cn/2018-06/08/c_241167.htm

49) [역주] 일대일로란 중국 주도의 '신新 실크로드 전략 구상'으로, 내륙과 해상의 실크로드 경제벨트를 지칭한다. 35년 (2014~2049) 동안 고대 동서양의 교통로인 현대판 실크로드를 다시 구축해 중국과 주변 국가의 경제·무역 합작 확대의 길을 연다는 대규모 프로젝트다. 2013년 시진핑 주석의 제안으로 시작됐으며, 2017년 현재 100여 개 국가 및 국제기구가 참여하고 있다.

50) *Xinhua*, "Foxconn to Build Processing Base in Northwest China," November 20, 2015, http://www.chinadaily.com.cn/m/gansu/2015-11/20/content_22505392.htm

51) Foxconn Technology Group, "2012 Social and Environmental Responsibility Report" (2013), 4, http://ser.foxconn.com/javascript/pdfjs/web/viewer.html?file=/upload/CserReports/42470921-ed8f-4e16-8021-81c8cb9a813b_.pdf&page=1

3. 애플, 폭스콘을 만나다

1) 매슈 헤일Matthew A. Hale이 번역한 중국어 원문의 노동자 시는 이 책의 웹사이트에서 확인할 수 있다.

2) Foxconn Technology Group's Company Milestones (1974-

present), http://www.foxconn.com/GroupProfile_En/
CompanyMilestones.html

3) Walter Isaacson, *Steve Jobs* (London: Little, Brown, 2011)

4) Apple, "The Facts about Apple's Tax Payments"
(November 6, 2017), https:// www.apple.com/
newsroom/2017/11/the—facts—about—apple—tax—
payments

5) Michael Moritz, *Return to the Little Kingdom: Steve Jobs,
the Creation of Apple, and How It Changed the World* (New
York: Overlook Press, [1984] 2009), 208–9.

6) City of Fremont, California, "Staff Report 1491: Report to
Council on Referral of Former Apple Macintosh Factory
History" (2012), http://fremontcityca.iqm2.com/Citizens/
Detail_LegiFile.aspx?ID=1491&highlightTerms=macinto
sh

7) *Wired*, no. 506 (June 1997), https://www.wired.com/
story/wired—cover—browser—1997

8) Steve Jobs, "Steve Jobs Hammers Michael Dell"
(1997), YouTube video, https://www.youtube.com/
watch?v=dXh8MPHKQl4

9) Adam Lashinsky, *Inside Apple: The Secrets behind the
Past and Future Success of Steve Jobs's Iconic Brand*
(London: John Murray, 2012), 142.

10) Apple, "Think Different" (1997), YouTube video, https://
www.youtube.com/watch?v=nVoIdConZys

11) Malcolm Gladwell, "The Tweaker: The Real Genius of
Steve Jobs," *New Yorker*, November 14, 2011, https://
www.newyorker.com/magazine/2011/11/14/the—
tweaker

12) *Dezeen Magazine*, "Steve Jobs Once Wanted to Hire

Me—Richard Sapper," June 19, 2013, http://www.dezeen.
com/2013/06/19/steve-jobs-once-wanted-to-hire-
me-richard-sapper

13)   Apple, "The First iMac Introduction" (1998),
      YouTube video, https://www.youtube.com/
      watch?v=0BHPtoTctDY

14)   Lashinsky, *Inside Apple*, 51.

15)   *Fortune*, "What Makes Apple Golden?," March 3, 2008,
      http://money.cnn.com/2008/02/29/news/companies/
      amac_apple.fortune/index.htm

16)   Apple, "Apple Board of Directors Announces CEO
      Compensation" (January 19, 2000), https://www.apple.
      com/newsroom/2000/01/19Apple-Board-of-Directors-
      Announces-CEO-Compensation

17)   David E. Sanger, "New Plants May Not Mean New Jobs,"
      New York Times, March 25, 1984, http://www.nytimes.
      com/1984/03/25/jobs/new-plants-may-not-mean-
      new-jobs.html

18)   Jason Dean, "The Forbidden City of Terry Gou," *Wall
      Street Journal*, August 11, 2007, http://www.wsj.com/
      articles/SB118677584137994489

19)   Apple, "Apple Ships New Power Mac G5"
      (August 18, 2003), https://www.apple.com/
      newsroom/2003/08/18Apple-Ships-New-Power-
      Mac-G5

20)   Thomas Dinges, "To Win, Focus on Speed, Not Just
      Cost," EBN (The Premier Online Community for Global Supply
      Chain Professionals), July 19, 2012, http://www.ebnonline.
      com/author.asp?section_id=1096&doc_id=247738

21)   http://www.peacelink.it/cybercultura/docs/176.pdf

22) 선전당대관찰연구소, 핀워치FinnWatch, 핀란드 ECA(수출신용기관)의 개혁 캠페인 "Day and Night at the Factory: Working Conditions of Temporary Workers in the Factories of Nokia and Its Suppliers in Southern China"(2005년 3월). 저자들이 수집한 이 보고서는 이 책의 웹사이트에서 볼 수 있다.

23) *Macworld*, "Inside Apple's iPod Factories," June 12, 2006, http://www.macworld.co.uk/news/mac/inside-apples-ipod-factories-14915

24) http://news.bbc.co.uk/1/hi/5079590.stm

25) 애플 컴퓨터사는 2005년 11월 13일 공급업체 행동 강령을 채택했다. http://image2.sina.com.cn/IT/it/2006-06-18/U58P2T1D995340F3647DT20060618165929.pdf

26) Apple, "Report on iPod Manufacturing" (August 17, 2006), 3. Apple has removed the four-page factory audit report from its Supplier Responsibility web page. The report is archived by the authors and is uploaded to our book website.

27) Stephen Frost and Margaret Burnett, "Case Study: The Apple iPod in China", *Corporate Social Responsibility and Environmental Management* 14 (2007): 104.

28) 1985년에 설립된 국경없는기자회는 정보의 자유와 언론의 자유를 홍보하고 옹호하는 프랑스의 비영리 단체다. 자세한 내용은 국경없는기자회 "Foxconn Drops Lawsuit against Two *China Business News* Journalists"(2006.9.4.) 참조. https://rsf.org/en/news/foxconn-drops-lawsuit-against-two-china-business-news-journalists

29) Committee to Protect Journalists, "China: Apple Subcontractor Reduces Libel Damages Claim," August 31, 2006, https://cpj.org/2006/08/china-apple-subcontractor-reduces-libel-damages-cl.php

30) RBA는 글로벌 전자제품 생산체인에서 사회·환경·윤리적 산업 기준을 정하는 행동 강령을 발표했다. RBA는 전 세계적으로 150개 사의 회원을 보유하고 있다. http://www.responsiblebusiness.org/code-of-conduct

31) Apple, "Apple Supplier Code of Conduct" (December 13, 2006), https://www.ilr.cornell.edu/sites/ilr.cornell.edu/files/apple-supplier-code-of-conduct.pdf

32) Apple, "Macworld San Francisco 2007 Keynote Address" (January 9, 2007), https://podcasts.apple.com/lu/podcast/macworld-san-francisco-2007-keynote-address/id275834665?i=1000026524322

33) Apple, "Apple Reinvents the Phone with iPhone" (January 9, 2007), https://www.apple.com/newsroom/2007/01/09Apple-Reinvents-the-Phone-with-iPhone

34) Ian Parker, "The Shape of Things to Come: How an Industrial Designer Became Apple's Greatest Product," *New Yorker*, February 23, 2015, http://www.newyorker.com/magazine/2015/02/23/shape-things-come

35) 아일랜드 코크시 애플 광고판의 태그라인 "애플에서 일하는 이유(Why Work for Apple)."

36) James B. Stewart, "How, and Why, Apple Overtook Microsoft," *New York Times*, January 29, 2015, http://www.nytimes.com/2015/01/30/business/how-and-why-apple-overtook-microsoft.html?_r=0

37) Apple, "Apple Introduces the New iPhone 3G" (June 9, 2008), https://www.apple.com/newsroom/2008/06/09Apple-Introduces-the-New-iPhone-3G

38) Apple, "iPhone 3G on Sale Tomorrow" (July 10, 2008), https://www.apple.com/newsroom/2008/07/10iPhone-

3G-on-Sale-Tomorrow

39) Apple, "Annual Report for the Fiscal Year Ended September 24, 2011" (2011), 30, http://d18rn0p25nwr6d. cloudfront.net/CIK-0000320193/64c7905f-0468-48d9-8f25-e6ec8f3b5e32.pdf

40) 애플의 분기별 수입 보고서(2010년 1분기~2018년 4분기 보고서), https://investor.apple.com/sec-filings/default.aspx

41) Kenneth L. Kraemer, Greg Linden, and Jason Dedrick, "Capturing Value in Global Networks: Apple's iPad and iPhone" (2011), 5, http://econ.sciences-po.fr/sites/default/files/file/Value_iPad_iPhone.pdf

42) Jason Dedrick and Kenneth L. Kraemer, "Market Making in the Personal Computer Industry," in *The Market Makers: How Retailers Are Reshaping the Global Economy*, ed. Gary G. Hamilton, Misha Petrovic, and Benjamin Senauer (Oxford: Oxford University Press, 2011), 303.

43) China Labor Watch, "Analyzing Labor Conditions of Pegatron and Foxconn: Apple's Low-Cost Reality," February 11, 2015, http://www.chinalaborwatch.org/report/107

44) Jason Dedrick, Greg Linden, and Kenneth L. Kraemer, "We Estimate China Makes Only $8.46 from an iPhone—and That's Why Trump's Trade War Is Futile," *The Conversation*, July 7, 2018, https://theconversation. com/we-estimate-china-only-makes-8-46-from-an-iphone-and-thats-why-trumps-trade-war-is-futile-99258

45) https:// www.apple.com/newsroom/2016/07/apple-celebrates-one-billion-iphones

46) https://www.apple.com/newsroom/2017/01/iphone-at-ten-the-revolution-continues

47) Tim Bajarin, "6 Reasons Why Apple Is So Successful," *Time*, May 7, 2012, http://techland.time.com/2012/05/07/six-reasons-why-apple-is-successful

48) http://d1lge852tjjqow.cloudfront.net/CIK-0000320193/e3115d1d-4246-45ae-94f2-f8e3762d8e3e.pdf; https://d18rn0p25nwr6d.cloudfront.net/CIK-0000320193/1a919118-a594-44f3-92f0-4ecca47b1a7d.pdf

49) https://www.apple.com/newsroom/2018/07/app-store-turns-10

50) https://www.apple.com/newsroom/2017/01/app-store-shatters-records-on-new-years-day

51) https://www.apple.com/newsroom/2019/01/app-store-caps-record-breaking-2018-with-blockbuster-holiday-week

52) https://www.apple.com/newsroom/2017/07/isabel-ge-mahe-named-apple-managing-director-of-greater-china

53) Apple, "Annual Report for the Fiscal Year Ended September 24, 2016" (2016), 23, https://d18rn0p25nwr6d.cloudfront.net/CIK-0000320193/ffb58afc-aa5d-4b55-8d12-8e0937575a35.pdf; Apple, "Annual Report for the Fiscal Year Ended September 28, 2019" (2019), 20, https:// d18rn0p25nwr6d.cloudfront.net/CIK-0000320193/1a919118-a594-44f3-92f0-4ecca47b1a7d.pdf

54) http:// www.stats.gov.cn/english/PressRelease/201902/t20190228_1651335.html; https://www.mckinsey.com/featured-insights/china/china-brief-the-state-of-the-economy

55) http://en.people.cn/90883/7772779.html

56) https://www.apple.com/leadership/tim-cook

57) https://www.apple.com/newsroom/2005/10/14Tim-Cook-Named-COO-of-Apple

58) https://www.apple.com/newsroom/2011/10/05Apple-Media-Advisory

59) https://www.apple.com/newsroom/2019/09/apples-new-mac-pro-to-be-made-in-texas

60) http://time.com/3822599/tim-cook-2015-time-100

61) https://www.npr.org/2018/08/02/632697978/apple-becomes-worlds-1st-private-sector-company-worth-1-trillion

4. 폭스콘의 관리

1) 궈타이밍어록의 해당 부분은 장뎬원張殿文의 책『폭스콘의 비밀을 풀다解碼富士康』(臺北: 天下文化, 2008)에서 재인용.

2) 마오쩌둥 주석은 문화대혁명 당시 홍위병을 동원하여 "당내 주자파走資派"를 제거하려 했다.『마오쩌둥 어록』은 1964년에서 1976년까지 출판됐다. https://en.wikisource.org/wiki/Quotations_from_Chairman_Mao_Tse-tung.

3) Jonathan Watts, "Foxconn Offers Pay Rises and Suicide Nets as Fears Grow over Wave of Deaths," *Guardian*, May 28, 2010, http://www.guardian.co.uk/world/2010/may/28/foxconn-plant-china-deaths-suicides.

4) C. W. Wang, C. L. Chan, and P..S. Yip, "Suicide Rates in China from 2002 to 2011: An Update," *Social Psychiatry and Psychiatric Epidemiology* 49 (2014): 929-41.

5) X. Y. Li, M. R. Phillips, Y. P. Zhang, D. Xu, and G. H. Yang, "Risk Factors for Suicide in China's Youth: A Case-Control Study," *Psychological Medicine* 38 (2008):

397-406.

6) 중국어로 된 폭스콘의 이 자살 금지 서약서(2010년 5월)는 저
    자들이 보관하고 있으며, 이 책의 웹사이트에서 열람할 수 있
    다.

7) Apple, "Steve Jobs in 2010, at D8," (June 1, 2010), https://
    podcasts.apple.com/us/podcast/steve-jobs-in-2010-
    at-d8/id529997900?i=1000116189688

8) Foxconn Technology Group, "2010 Social and
    Environmental Responsibility Report" (2011), 1, http://
    ser.foxconn.com/javascript/pdfjs/web/viewer.html?le=/
    upload/CserReports/d8604d35-877c-4cde-9e24-
    de891775b503_.pdf&page=1

9) Apple, "Apple Supplier Responsibility: 2011 Progress
    Report," (2011), 19, https://www.apple.com/supplier-
    responsibility/pdf/Apple_SR_2011_Progress_Report.pdf

10) Apple, "Apple Supplier Responsibility 2011," 18.

11) Apple, "Apple Supplier Responsibility 2011," 18-19.

12) Jason Dean, "The Forbidden City of Terry Gou," *Wall
    Street Journal*, August11, 2007, http://www.wsj.com/
    articles/SB118677584137994489

13) "모범 노동자"는 1950년대 사회주의 중국에서 인민과 당-국
    가를 위해 복무하는 이상적인 시민으로 환영받았다. 비록 정
    치적 의미는 줄었지만, 모범 노동자 선정은 오늘날에도 계속
    되고 있다.

14) Henry Blodget, "CEO of Apple Partner Foxconn:
    Managing One Million Animals Gives Me a Headache,"
    Business Insider, January 19, 2012, https://www.
    businessinsider.com/foxconn-animals-2012-1

15) 2012년 1월 17일에 쓴 이 게시글은 이후에 삭제됐다. 중국어
    원문의 전문은 저자들이 보관하고 있으며, 이 책의 웹사이트

에서 열람할 수 있다.

16) John Biggs, "Foxconn Responds to CEO's 'Employees Are Animals' Comment," *TechCrunch*, January 20, 2012, https://techcrunch.com/2012/01/20/foxconn-responds-to-ceos-employees-are-animals-comment

17) Frederick Winslow Taylor, *The Principles of Scientic Management* (New York: Dover Publications, [1911] 1998).

18) William M. Tsutsui, *Manufacturing Ideology: Scientic Management in Twentieth-Century Japan* (Princeton, NJ: Princeton University Press, 1998).

19) Rob Schmitz, "Foxconn's Newest Product: A College Degree," *Marketplace*, July 30, 2014, https://www.marketplace.org/2014/07/30/world/learning-curve/foxconns-newest-product-college-degree

20) Foxconn Technology Group, "2018 Social and Environmental Responsibility Report" (2019), 23, http://ser.foxconn.com/javascript/pdfjs/web/viewer.html?le=/upload/CserReports/5b75b277-d290-45f4-a9e1-efe87475543b_.pdf&page=1

21) Foxconn Technology Group, "2015 Social and Environmental Responsibility Report" (2016), 9, http://ser.foxconn.com/javascript/pdfjs/web/viewer.html?le=/upload/CserReports/3a1ff599-f238-4fb0-824a-a6dc2b725fc0_.pdf&page=1

22) Foxconn Technology Group, "Foxconn Is Committed to a Safe and Positive Working Environment" (October 11, 2010), 1, http://regmedia.co.uk/2010/10/12/foxconn_media_statement.pdf

23) Foxconn Technology Group, "2010 Social and Environmental Responsibility Report" (2011), 4, http://ser.foxconn.com/javascript/pdfjs/web/viewer.html?le=/

upload/CserReports/d8604d35−877c−4cde−9e24−
de891775b503_.pdf&page=1

24) *Xinhua*, "Shenzhen Raises Minimum Wage to 1,320
Yuan a Month," March 4, 2011, http://www.chinadaily.
com.cn/business/2011−03/04/content_12114436.htm

25) Fair Labor Association, "Fair Labor Association Secures
Commitment to Limit Workers' Hours, Protect Pay
at Apple's Largest Supplier," March 29, 2012, http://
www.fairlabor.org/blog/entry/fair−labor−association−
secures−commitment−limit−workers−hours−protect−
pay−apples−largest

26) FLA의 설문조사는 폭스콘 관란(2012년 2월 14일부터 17일까지
총 3.5일), 폭스콘 룽화(2012년 3월 5일부터 8일까지 총 4일), 폭
스콘 청두(2012년 3월 6일부터 9일까지 총 4일)에서 실시되었다.
Fair Labor Association, "Independent Investigation of
Apple Supplier, Foxconn," (March 2012), 4, 6, 9, http://
www.fairlabor.org/sites/default/les/documents/reports/
foxconn_investigation_report.pdf

27) National Bureau of Statistics of the People's Republic
of China, "Investigative Report on the Monitoring of
Chinese Rural Migrant Workers in 2012," section 5.1 and
table 9 (in Chinese) (2013), http://www.stats.gov.cn/tjsj/
zxfb/201305/t20130527_12978.html

28) Fair Labor Association, "Independent Investigation of
Apple Supplier, Foxconn," 9.

29) 폭스콘 노동자들의 임금 명세서는 저자들이 보관하고 있으며,
이 책의 웹사이트에서 열람할 수 있다.

30) *Shenzhen Daily*, "Shenzhen's Minimum Wage Raised
by 12%, Remains Highest in China," February 17, 2015,
http://www.newsgd.com/gdnews/content/2015−02/17/
content_118640191.htm

5. 학생 인턴들의 목소리

1) 인턴십 프로그램은 학교 웹사이트와 학생모집 브로슈어에 공개되므로 학교명을 그대로 사용한다. 하지만 인터뷰한 학생 인턴, 교사, 정부 관료와 관리직의 경우 개인정보 보호를 위해 가명을 사용했다.

2) Ministry of Education of the People's Republic of China, "Composition of Students in Senior Secondary Schools" (August 18, 2015), http://en.moe.gov.cn/documents/statistics/2014/national/201509/t20150902_205030.html

3) State Council of the People's Republic of China, "Decision of the State Council on Accelerating the Development of Vocational Education" (in Chinese) (2005), http://www.gov.cn/zwgk/2005-11/09/content_94296.htm

4) State Council of the People's Republic of China, "Decision of the State Council on Accelerating the Development of Modern Vocational Education" (in Chinese) (2014), http://www.gov.cn/zhengce/content/2014-06/22/content_8901.htm; Ministry of Education, National Development and Reform Commission, Ministry of Finance, Ministry of Human Resources and Social Security, Ministry of Agriculture, and the State Council Office of Poverty Alleviation and Development, "Modern Vocational Education System Construction Plan (2014-2020)" (in Chinese) (2014), http://www.moe.gov.cn/publicles/business/htmlles/moe/moe_630/201406/170737.html

5) Ministry of Education of the People's Republic of China, "Composition of Students in Senior Secondary Schools" (August 18, 2015).

6) Ministry of Education of the People's Republic of China, "National Medium and Long-Term Education

Reform and Development Plan, 2010–2020," table 1 (in Chinese) (2010), http://www.gov.cn/jrzg/2010−07/29/content_1667143.htm

7)　예를 들어, 2019년 2월 13일 국무원은 시장 지향 경제에 필요한 노동력을 더 잘 준비하기 위해 중국 직업교육 시스템의 국가적 개혁을 요구하는 회람 문서를 발행했다. The State Council of the People's Republic of China, "Implementation Plan on National Vocational Education Reform" (in Chinese) (2019), http://www.gov.cn/zhengce/content/2019−02/13/content_5365341.htm

8)　Minhua Ling, "'Bad Students Go to Vocational Schools!': Education, Social Reproduction, and Migrant Youth in Urban China," *China Journal* 73 (2015), 108–31.

9)　Ministry of Education of the People's Republic of China, "Composition of Students in Senior Secondary Schools" (August 18, 2015); Ministry of Education of the People's Republic of China, "Composition of Students in Senior Secondary Schools" (August 12, 2019), http://www.moe.gov.cn/s78/A03/moe_560/jytjsj_2018/qg/201908/t20190812_394224.html

10)　Ministry of Education of the People's Republic of China, "Composition of Students in Senior Secondary Schools" (August 18, 2015 and August 12, 2019).

11)　Foxconn Technology Group, "Foxconn Response to Report Alleging Abuses in Internship Program" (July 29, 2011), https://business−humanrights.org/en/china−university−report−nds−abuses−in−foxconns−internship−program

12)　Foxconn Technology Group, "Foxconn Is Committed to a Safe and Positive Working Environment" (October 11, 2010), 2, http://regmedia.co.uk/2010/10/12/foxconn_media_statement.pdf

13) Ross Perlin, *Intern Nation: How to Earn Nothing and Learn Little in the Brave New Economy*, updated edition (London: Verso, 2012), p. 6.

14) Foxconn Technology Group, "'Win—Win Cooperation': iDPBG [integrated Digital Product Business Group] Convenes the Intern Appraisal and Awards Ceremony," *Foxconn Bridgeworkers*, no. 183 (2010): 23 (print edition) (in Chinese).

15) 교육부와 재정부가 공동으로 발의한 2007년 중등직업학교 인턴십 행정지침은 중국 노동법(1995년 1월 1일 발효), 교육법(1995년 9월 1일 발효), 직업교육법(1996년 9월 1일 발효)에 따라 학생 인턴십 시행을 규정한다. http://www.moe.gov.cn/publicles/business/htmlles/moe/s3566/201001/xxgk_79114.html

16) 2010년 3월 중국 교육부는 "기업의 숙련 인력 부족과 관련한 중등직업학교 학생 인턴십의 심화 개선"을 위한 공문을 발행했다.http://www.moe.gov.cn/srcsite/A07/moe_950/201003/t20100324_87769.html

17) 중화인민공화국의 미성년자 보호에 관한 법률은 2012년에 개정되어 2013년 1월 1일부터 시행됐다. http://www.npc.gov.cn/wxzl/gongbao/2013-02/25/content_1790872.htm

18) 2010년 10월 중국 중앙정부는 2011년 7월부터 시행된 사회보험법을 통과시켰다. 이 법에 따르면, 5가지 보험 외에 주택기금 가입(이전에는 선택사항)도 필수이며, 고용주는 자신과 직원의 사회보험료를 계산해 원천징수해야 하고, 사회보험 및 주택기금 관련 부서에 적시에 납부할 책임이 있다.

19) 중국에서는 지역에 따라 경제적 조건과 법정 최저임금이 상당히 다르므로, 여기서는 1인당 월 200위안이라는 낮은 기준으로 계산했다.

20) Huawei, "Huawei Named Chinese Investor of the Year at the 2014 British Business Awards" (January 7, 2015), https://connect-world.com/huawei-named-chinese-

investor—of—the—year—at—the—2014—british—business—
awards

21) Emily Honig, "The Contract Labor System and Women
Workers: Pre—Liberation Cotton Mills of Shanghai,"
Modern China 9, no. 4 (1983): 421–54.

22) Ann—Margaret Esnard and Alka Sapat, *Displaced by
Disaster: Recovery and Resilience in a Globalizing World*
(New York: Routledge, 2014), 170.

23) Sichuan Provincial People's Government, "Sichuan: Top
Choice of Taiwan Enterprises" (May 5, 2011), http://www.
sc.gov.cn/10462/10758/10760/10765/2011/5/5/10160504.
shtml

24) Andrew Ross, *Fast Boat to China: Corporate Flight and
the Consequences of Free Trade—Lessons from Shanghai*
(New York: Pantheon Books, 2006), 218.

25) Fair Labor Association, "Second Foxconn Verication
Status Report" (2013),5, http://www.fairlabor.org/
sites/default/les/documents/reports/second_foxconn_
verication_status_report_0.pdf#overlay—context

26) Zhengzhou Municipal Education Bureau (Henan),
"Notication to Mobilize Secondary Vocational School
Students for Employment (Internship) at Foxconn
Shenzhen," June 12, 2010 (print edition) (in Chinese).

27) Henan Provincial Poverty Alleviation Office,
"Announcement Regarding Foxconn Technology Group
Worker Recruitment and Training in Impoverished
Areas," July 14, 2010 (print edition) (in Chinese).

28) Henan Provincial Education Department, "Emergency
Announcement on Organizing Secondary Vocational
School Students for Internships at Foxconn Technology
Group," no. 89, September 4, 2010 (in Chinese), http://

acftu.people.com.cn/GB/197470/12932391.html

29) *China Daily*, "Foxconn Plans New Plant to Produce iPhone 7 Touch-Screen," November 25, 2014, http://www.chinadaily.com.cn/regional/2014-11/25/content_18974896.htm

30) Zhengzhou Airport Economic Comprehensive Experimental Zone (Henan)(2014), YouTube video, https://www.youtube.com/watch?v=ZDZRWaMBhfY

31) David Barboza, "How China Built 'iPhone City' with Billions in Perks for Apple's Partner," *New York Times*, December 29, 2016, https://www.nytimes.com/2016/12/29/technology/apple-iphone-china-foxconn.html

32) Chad Raphael and Ted Smith, "The Future of Activism for Electronics Workers," in *The Routledge Companion to Labor and Media*, ed. Richard Maxwell (New York: Routledge, 2016), 330.

33) 2008년 1월 1일부터 시행된 중국 노동계약법은 고용주의 책임을 회피하는 단기계약의 광범위한 사용을 제한한다. 노동관계 확립이 10년 이상이면, 연속 2차례 이상 고정기한이 있는 노동계약관계를 확립했을 경우 무고정기한 노동관계를 맺게 하여 노동자의 권리를 보호하고자 한다. 그 의도는 노동자의 고용안정성과 노동안정성을 높이기 위함이다.

34) 일리야 레핀의 "볼가강의 배 끄는 인부들"은 유튜브 "볼가강의 뱃노래" 영상에 함께 나온다. https://www.youtube.com/watch?v=KfsWoNpHg2s

35) Guy Standing, *The Precariat: The New Dangerous Class* (London: Bloomsbury Academic, 2011), 16. 한국어판으로는 『프레카리아트: 새로운 위험한 계급』 (박종철출판사, 2014).

36) Ross Perlin, *Intern Nation: How to Earn Nothing and Learn Little in the Brave New Economy, updated edition*

(London: Verso, 2012), 23. 한국어판으로는 『청춘 착취자들: 너의 노동력을 공짜로 팔지 마라!』 (사월의책, 2012).

6. 지옥의 업화業火

1) 미니노이즈가 부르는 광둥어 뮤직비디오는 다음 유튜브 주소에서 볼 수 있다. https://www.youtube.com/watch?v=INoyDhMlsto

2) (국제 원자력 사고 등급에서 가장 심각한 사고 등급인) 7등급의 후쿠시마 원전사고는 일본 북동부, 그리고 일본을 넘어서 영향을 미치고 있다. Koide Hiroaki and Norma Field, "The Fukushima Nuclear Disaster and the Tokyo Olympics," *Asia-Pacic Journal* 17, issue 5, no. 3 (March 1, 2019), https://apjjf.org/2019/05/Koide-Field.html; the *Asia-Pacic Journal archive*, "Japan's 3.11 Earthquake, Tsunami, Atomic Meltdown": https://apjjf.org/3-11.html

3) Adam Satariano and Peter Burrows, "Apple's Supply-Chain Secret? Hoard Lasers," *Bloomberg Businessweek*, November 3, 2011, http://www.businessweek.com/magazine/apples-supplychain-secret-hoard-lasers-11032011.html

4) Adam Lashinsky, *Inside Apple: The Secrets behind the Past and Future Success of Steve Jobs's Iconic Brand* (London: John Murray, 2012), 95.

5) Jena McGregor, "Tim Cook, the Interview: Running Apple 'Is Sort of a Lonely Job,'" *Washington Post*, August 13, 2016, http://www.washingtonpost.com/sf/business/2016/08/13/tim-cook-the-interview-running-apple-is-sort-of-a-lonely-job/?tid=a_inl&utm_term=.823cdf32f8c5

6) Harry McCracken, "The 50 Best Inventions of 2010," *Time*, November 11, 2010, http://

content.time.com/time/specials/packages/artic
le/0,28804,2029497_2030652_2029804,00.html

7) *CBS News*, "Bill Gates on Steve Jobs: We Grew Up Together," March 27,2015, http://www.cbsnews.com/videos/bill-gates-on-steve-jobs-we-grew-up-together

8) Apple, "Apple Launches iPad 2" (March 2, 2011), https://www.apple.com/newsroom/2011/03/02Apple-Launches-iPad-2

9) *Daily Mail*, "We Can't Make Them Fast Enough! Apple Claims to Have Sold EVERY iPad Ever Made (All 19.5 Million of Them)," April 22, 2011, https://www.dailymail.co.uk/sciencetech/article-1379227/Appleadmits-sold-EVERY-iPad-made.html?ITO%3D1490

10) Agam Shah, "Watchdog Group Cites Continued Foxconn Abuses," *IDG News Service*, May 6, 2011, http://www.pcworld.com/businesscenter/article/227306/watchdog_group_cites_continued_foxconn_abuses.html

11) *Guardian*은 "기업의 부당행위에 맞서는 학생과 학자들 SACOM"이 작성한 조사보고서를 독점보도했다. Gethin Chamberlain, "Apple Factories Accused of Exploiting Chinese Workers" and "Apple's Chinese Workers Treated Inhumanely, Like Machines," *Guardian*, April 30, 2011, http://www.guardian.co.uk/technology/2011/apr/30/apple-chinese-factory-workers-suicides-humiliation; http://www.guardian.co.uk/technology/2011/apr/30/apple-chinese-workers-treated-inhumanely

12) Jesus Diaz, "Foxconn Explosion Kills Two, iPad Production Line Halted," Gizmodo, May 20, 2011, http://gizmodo.com/5803963/would-the-foxconn-factory-explosion-further-delay-ipad-shipments

13) Tania Branigan, "Workers Killed in Blast at China Plant

of iPad Maker Foxconn," *Guardian*, May 20, 2011, http://www.guardian.co.uk/technology/2011/may/20/foxconn-apple-blast-china.

14) *China Digital Times*, "Directives from the Ministry of Truth: May 1-31, 2011," June 4, 2011, https://chinadigitaltimes.net/2011/06/directives-from-the-ministry-of-truth-may-1-31-2011

15) Charles Duhigg and David Barboza, "In China, Human Costs Are Built into an iPad," New York Times, January 25, 2012, http://www.nytimes.com/2012/01/26/business/ieconomy-apples-ipad-and-the-human-costs-for-workers-in-china.html

16) Brid-Aine Parnell, "Blast at Apple Gear Factory Hurts 61," *Register*, December 19, 2011, http://www.theregister.co.uk/2011/12/19/apple_supplier_factory_explosion

7. 도시를 배회하다

1) [역주] 여기서 '선전'은 중국 남부의 홍콩 바로 위에 있는 '선전深圳' 지역을 의미한다.

2) [역주] 2014년 중D음노동자밴드가 발표한 "선전, 선전" 가사의 일부를 발췌한 것이다. 영어 원문은 제니 챈과 마크 셀던이 번역했으나, 역자가 원문을 참조하여 보다 원문의 뜻에 맞도록 한글로 재번역했다. 가사는 농민공의 자작시를 바꾼 것이고, 베이징신노동자예술단北京新工人藝術團의 쉬두오許多가 작곡했다. 중D음노동자밴드 이름에서 D는 저층(底層, 중국어 발음으로 Dǐcéng)을 대표한다는 의미이고, 중重은 중요함과 역량 있음을 표시한다. 즉 저층의 중요함과 역량을 소리로 담은 노동자밴드라는 의미라 할 수 있다. 이 밴드는 '선전에 온 건설자(來深建設者: 선전에 온 외지 출신의 농민공)'들이 여가시간에 조직한 밴드로, 자신과 노동, 생활, 야만 속에 성장하는 역량을 노래했다고 밝히고 있다. 전체 가사와 노래는 다음 사이트를 참고할 것. https://powerbassdworkerband.bandcamp.

com/track/shenzhen−shenzhen; 중D음노동자밴드에 대
한 간략한 소개는 다음을 참조. https://site.douban.com/
zhongDying/?not_redirect=1

3)   1972년 출간된 『계급의 숨겨진 상처The Hidden Injuries of Class』의
      저자들이다.

4)   Richard Sennett and Jonathan Cobb, *The Hidden Injuries
      of Class* (New York: W. W. Norton & Company, [1972]1993).

5)   Foxconn Technology Group, "2018 Social and
      Environmental Responsibility Report" (2019), 29, http://
      ser.foxconn.com/javascript/pdfjs/web/viewer.html?le=/
      upload/CserReports/5b75b277−d290−45f4−a9e1−
      efe87475543b_.pdf&page=1

6)   홍콩 투자자가 부분 소유한 즈리 완구공장 참사는 선전 쿠이
      용葵涌진에서 발생했다. 1993년 1월 시 당국은 3층 즈리 공장
      이 통로를 막고 창문과 비상구를 잠근 것을 확인했다. 정부
      조사관들은 13개의 수정사항을 요구하며 기한을 정했다. 그
      러나 공장 관리자는 비용을 최소화하고 생산 차질을 방지하
      기 위해 권고사항을 이행하지 않은 채 소방당국에 뇌물을 주
      고 안전증명서를 발급받았다. 11월 19일 "사고"가 일어나 87
      명의 농민공이 죽었는데, 2명을 제외하고는 모두 여성이었다.
      이 참사는 1970년대 말 개혁개방 이후 외국인 투자가 시작된
      이래 중국에서 가장 많은 화재 사망자를 낸 사건이다. Anita
      Chan, *China's Workers under Assault: The Exploitation of
      Labor in a Globalizing Economy* (New York: M. E. Sharpe,
      2001), 106−36.

7)   [역주] 선전 지하철 4호선은 홍콩과 인접한 남쪽의 푸톈구와
      폭스콘 공장이 위치한 북쪽의 룽화구를 연결한다. 2020년 현
      재, 23개 지하철역과 31.3㎞의 노선을 갖추고 있다.

8)   상하이(2,420만 명)와 베이징(2,170만 명)에서 농민공은 도
      시 거주 인구의 약 40%를 차지한다. 이런 패턴은 다른 초대
      도시에서도 다소 차이는 있지만 반복된다. William Hurst
      and Christian Sorace, "Urban China: Changes and

Challenges," in *Politics in China*, ed. William A. Joseph, 3rd ed. (Oxford: Oxford University Press, 2019), 349.

9) Foxconn Technology Group, "2014 Social and Environmental Responsibility Report" (2015), 11. http://ser.foxconn.com/javascript/pdfjs/web/viewer.html?le=/upload/CserReports/1fdbd912−c592−4a56−b23f−ccfcabd60e83_.pdf&page=1

10) 취학 전 3년간 교육은 중국의 무상 의무교육에 포함되지 않는다. 2018년 현재, 인구 500만 명 이상의 대도시 공립 또는 사립 유치원에 접근할 수 있는 '유수아동(부모를 따라 농촌에서 도시로 함께 이주한 아동)'은 63%에 불과하다. 유치원의 유형별 세부 통계는 이용할 수 없다. 중화인민공화국 국가통계국 "2018년 중국농민공모니터링조사보고서"(2019, 중국어) 섹션 5.1 참조, http://www.stats.gov.cn/tjsj/zxfb/201904/t20190429_1662268.html. 도시와 농촌 주민 간 초기 교육 차이와 그에 따른 삶의 결과에 대해서는 다음을 참조, Sarah−Eve Dill, Yue Ma, Andrew Sun, and Scott Rozelle, "The Landscape of Early Childhood Development in Rural China," *Asia-Pacific Journal* 17, issue 16, no. 3 (August 15, 2019), https://apjjf.org/2019/16/Dill−Yue−Sun−Rozelle.html.

11) Austin Ramzy, "Person of the Year 2009, Runners−Up: The Chinese Worker," *Time*, December 16, 2009, http://content.time.com/time/specials/packages/article/0,28804,1946375_1947252_1947256,00.html

12) Fang Cai, John Giles, Philip O'Keefe, and Dewen Wang, *The Elderly and Old Age Support in Rural China: Challenges and Prospects* (Washington DC: The World Bank, 2012), 3, https://openknowledge.worldbank.org/bitstream/handle/10986/2249/675220PUB0EPI0067882B09780821386859.pdf?sequence=1

13) [역주·원주] "Embrace Life"는 신노동자예술단이 2007년 발

표한 두 번째 앨범에 수록된 노래다. 역자가 중국어 원문의 가사와 영어 번역 가사(Jack Qiu 번역)를 참고하여 한국어로 번역했다. 영어본의 중국어 가사 링크가 현재는 연결되지 않아 역자가 새로운 링크를 추가했다.

http://www.baidu.com/s?wd=%E6%8B%A5%E6%8A%B1%E7%94%9F%E5%91%BD%20%E6%AD%8C%E6%9B%B2%20%20%E6%89%93%E5%B7%A5%E9%9D%92%E5%B9%B4%E8%89%BA%E6%9C%AF%E5%9B%A2&rsv_spt=1&rsv_iqid=0xcd48000e003729b9&issp=1&f=8&rsv_bp=1&rsv_idx=2&ie=utf-8&rqlang=cn&tn=baiduhome_pg&rsv_enter=0&rsv_dl=tb&oq=%25E6%258B%25A5%25E6%258A%25B1%25E7%2594%259F%25E5%2591%25BD%2520%25E6%25AD%258C%25E6%259B%25B2&rsv_btype=t&inputT=1456&rsv_t=a59aO2TIaGNibPOCDFjF0udaKUtSc6XF697Z8YlILzSIUlNNNuYJ5jhdEH2S%2BKmAZz2X&rsv_sug3=6&rsv_sug1=6&rsv_sug7=100&rsv_pq=a1cecc9a001be39e&rsv_n=2&rsv_sug4=1835

8. 꿈을 좇다

1) Leslie T. Chang, *Factory Girls: From Village to City in a Changing China* (New York: Spiegel & Grau, 2008).

2) Foxconn Technology Group, "2011 Social and Environmental ResponsibilityReport" (2012), 12, http://ser.foxconn.com/javascript/pdfjs/web/viewer.html?le=/upload/CserReports/8a6fb59c-e3c3-495e-abb0-35e727328912_.pdf&page=1

3) Foxconn Technology Group, "2017 Social and Environmental Responsibility Report" (2018), 24, http://ser.foxconn.com/javascript/pdfjs/web/viewer.html?le=/upload/CserReports/2e4ecfaa-df6f-429a-88cd-cf257828b0a7_.pdf&page=1

4) Foxconn Technology Group, "2018 Social and Environmental Responsibility Report" (2019), 25, http://ser.foxconn.com/javascript/pdfjs/web/viewer. html?le=/upload/CserReports/5b75b277-d290-45f4-a9e1-efe87475543b_.pdf&page=1

5) 한 여성 노동자는 작업장 내 괴롭힘의 "체계적 성격"을 한탄하며, 이를 폭스콘의 효과적인 시정 메커니즘redress mechanisms 이 부족한 것과 연관 지었다. 그녀는 회사가 피해자 비난 문화를 배양했다고 비난하며, 관리자와 노동자의 젠더 권리의식 부족 문제가 뿌리 깊다는 데 주목했다. Jiayun Feng, "'I Am a Woman Worker at Foxconn, and I Demand a System That Opposes Sexual Harassment': A Translated Essay," *SupChina*, January 26, 2018, https://supchina.com/2018/01/26/i-am-a-woman-worker-at-foxconn-demand-system-opposes-sexual-harassment

6) 폭스콘 그룹의 '사회·환경 책임 보고서'를 보라. 2008년 보고서는 저자들이 파일로 보관하고 있으며, 2010년 이후의 10개 보고서는 온라인에서 이용할 수 있다. Foxconn Technology Group (2009, p. 22; 2010, p. 19; 2011, p. 14; 2012, p. 12; 2013, p. 12; 2014, p. 12; 2015, p. 26; 2016, p. 27; 2017, p. 29; 2018, p. 25; 2019, p. 24), http://ser.foxconn.com/viewCserReport_listYearReport.action

7) Foxconn Technology Group, "Foxconn Code of Conduct Policy-Social and Environmental Responsibility" (2019), 6, http://ser.foxconn.com/javascript/pdfjs/web/viewer. html?le=/upload/policyAttachments/%0D979c9ad3-a8e3-4eb6-9779-86ce2e51c8a3_.pdf&page=1

8) Dexter Roberts, "China's Young Men Act Out in Factories," *Bloomberg*, May 2, 2014, http://www. bloomberg.com/news/articles/2014-05-01/chinas-young-male-factory-workers-change-the-assembly-line

9)   1990년대와 2000년대 중국의 출생 성비는 여자아이 100명 당 남자아이 120명에 달했는데, "한 자녀 정책"의 가족과 노동시장에 대한 지속적인 영향을 반영한다. 국제적으로는, 여자아이 100명당 남자아이가 103~106명 수준이다. 오늘날 "한 자녀 제한"이 완화되면서 일부 부부는 외동딸만 있는 가족 구성보다는 아들 한 명, 딸 한 명을 갖기를 원하며, 그런 까닭에 왜곡된 성비를 다소 유지하고 있다. Deborah S. Davis, "Demographic Challenges for a Rising China," *Daedalus: The Journal of the American Academy of Arts and Sciences* 143, no. 2 (2014): 30-31.

10) [역주] 11월 11일은 네 명의 싱글이 함께 모여 있는 것과 닮았다.

11) Weimei Sun and Brian Creech, "Celebratory Consumerism on China's Singles' Day: From Grass-Roots Holiday to Commercial Festival," *Global Media and Communication* 15, no. 2 (2019): 248.

12) Arjun Kharpal, "Apple Was the Top-Selling Mobile Phone Brand on Alibaba Platforms during Singles Day, Beating Chinese Rivals," *CNBC*, November 12, 2018, https://www.cnbc.com/2018/11/12/alibaba-singles-day-2018-apple-was-the-top-selling-mobile-phone-brand.html

13) Stephanie Clifford and Miguel Helft, "Apple Stores Chief to Take the Helm at J.C. Penney," *New York Times*, June 14, 2011, http://www.nytimes.com/2011/06/15/business/economy/15shop.html?_r=0

14) 2020년 3월 중국의 애플 소매점 현황은 다음과 같다. 42개의 소매점이 4개의 성급 대도시(베이징, 상하이, 톈진, 충칭)와 10개 성(푸젠, 광둥, 광시, 허난, 장쑤, 랴오닝, 산둥, 쓰촨, 윈난, 저장)에 위치해 있다. http://www.apple.com/cn/retail/storelist

15) *Economist*, "Apple in China," February 16, 2012, http://www.economist.com/node/21547884

16) Apple, "The Song" (also known as "The Old Record") (2015), http://v.qq.com/page/h/f/9/h00153ascf9.html

17) Apple, "The City" (2017), https://www.facebook.com/watch/?v=1547851685234355

18) 화웨이 뮤직비디오 "꿈을 가능하게"는 앤디 러브Andy Love 작사, 델아시Delacey 작곡으로, 다음 온라인 주소에서 확인할 수 있다. https://www.youtube.com/watch?v=o9F1wq-k7dk

19) "나의 꿈"은 "꿈을 가능하게"의 중국어 번역본으로, 왕하이타오王海濤와 제인 장이 개사하고, 제인 장이 편곡했다. https://www.youtube.com/watch?v=70qyvaQLLZQ&list=RD70qyvaQLLZQ&start_radio=1&t=79

20) "드림워크 차이나"는 "세계의 공장인 중국에서 신세대 농민공의 꿈과 권리"에 주목한 독립적인 멀티미디어 프로젝트로, 이반 프란체치니, 토마소 팩친, 토마소 보나벤투라가 시작했다. 1시간 분량의 다큐멘터리에서 발췌한 13분 분량(중국 보통화로 내레이션, 영어 자막 포함)은 다음 온라인 사이트에서 확인할 수 있다. http://www.dreamworkchina.com/en/portraits

21) Karen Eggleston, Jean C. Oi, Scott Rozelle, Ang Sun, Andrew Walder, and Xueguang Zhou, "Will Demographic Change Slow China's Rise?" *Journal of Asian Studies* 72, no. 3 (2013): 506.

22) Quan Gao and Junxi Qian, "Migrant Workers in an Era of Religious Revival: Industrial Capitalism, Labour, and Christianity in Shenzhen," *China Quarterly* 241 (March 2020): 77

9. 환경 위기에 직면하다

1) Friends of Nature, Green Stone Environmental Action Network, Green Beagle, EnviroFriends, and Institute of Public and Environmental Affairs, "The Other Side of Apple II: Pollution Spreads through China's Water Supply

Chain" (2011), 5분짜리 다큐멘터리, https://www.youtube.com/watch?v=rpFz9VAX8zM

2) Ted Smith, David A. Sonnenfeld, and David N. Pellow, eds., *Challenging the Chip: Labor Rights and Environmental Justice in the Global Electronics Industry*, (Philadelphia: Temple University Press, 2006).

3) Greenpeace, "Green My Apple Bears Fruit," May 31, 2007, http://www.greenpeace.org/international/en/news/features/greening-of-apple-310507

4) Friends of Nature, Institute of Public and Environmental Affairs, Green Beagle, EnviroFriends, and Green Stone, Environmental Action Network, "The Other Side of Apple II: Pollution Spreads through Apple's Supply China" (August 31, 2011), http://wwwoa.ipe.org.cn//Upload/Report-IT-VApple-II-EN.pdf

5) Rob Schmitz, "In China, Concerns Grow over Environmental Costs of Apple Products," *Marketplace*, November 28, 2011, https://www.marketplace.org/2011/11/28/tech/apple-economy/china-concerns-grow-over-environmental-costs-apple-products

6) Paul Mozur, "China Scrutinizes 2 Apple Suppliers in Pollution Probe," *Wall Street Journal*, August 4, 2013, http://online.wsj.com/news/articles/SB10001424127887323420604578648002283373528

7) [역주] "녹색선택연맹"은 베이징에 기반한 비정부 싱크탱크 공공환경연구센터(IPE, 公众环境研究中心)가 2008년 ADM캐피탈재단ADMCF과 '록펠러형제기금Rockefeller Brothers Fund'의 지원을 받아 책임 있는 공급망 관리 프로그램을 위한 플랫폼으로 시작됐다.

8) Lv Se Jiang Nan [Greening Southern Jiangsu], Institute of Public and Environmental Affairs, Friends of Nature, EnviroFriends, and Nature University, "Who

is Polluting the Taihu Basin? Green Choice Alliance, IT Industry Supply Chain Investigative Report—Phase VII" (August 1, 2013),3, http://wwwoa.ipe.org.cn//Upload/20131112123538SWY.pdf

9) 장허우페이는 실명이며, 폭스콘의 전임 팀장이다. 그는 언론 인터뷰 및 우리 연구 프로젝트에 참여했다.

10) Ted Smith and Chad Raphael, "Health and Safety Policies for Electronics Workers," in *The Routledge Companion to Labor and Media*, ed. Richard Maxwell (New York: Routledge, 2016), 83.

11) Apple, "Apple Supplier Responsibility: 2011 Progress Report" (2011), 20, https://www.apple.com/supplier-responsibility/pdf/Apple_SR_2011_Progress_Report.pdf

12) *Shanghai Daily*, "Poisoned Workers in Apple Plea," February 23, 2011, https://archive.shine.cn/nation/Poisoned-workers-in-Apple-plea/shdaily.shtml

13) Kathleen E. McLaughlin, "Silicon Sweatshops: An Illness in Suzhou," *GlobalPost*, May 30, 2010, https://www.pri.org/stories/2010-03-17/silicon-sweatshops-illness-suzhou; Kathleen E. McLaughlin, "Silicon Sweatshops: More Workers Fall Ill in China," *GlobalPost*, June 25, 2010, https://www.pri.org/stories/2010-06-25/silicon-sweatshops-more-workers-fall-ill-china

14) David Barboza, "Workers Sickened at Apple Supplier in China," *New York Times*, February 22, 2011, https://www.nytimes.com/2011/02/23/technology/23apple.html

15) [역주] SACOM은 2005년 6월 홍콩에 설립된 민간단체로, 대학교수와 학생들을 주축으로 한다. 기업의 부당행위 감찰을 목적으로 하며, 특히 노동자의 권리, 건강과 안전, 복지 및 존엄을 침해하는 기업 행위에 대해 항의운동을 조직하고, 학생, 노동운동가, 소비자가 함께 대응하는 것을 목적으로 한다.

http://sacom.hk

16) Apple, "Apple Supplier Responsibility: 2012 Progress Report" (2012), 16, https://www.apple.com/supplier-responsibility/pdf/Apple_SR_2012_Progress_Report.pdf

17) Apple, "Apple Supplier Responsibility: 2013 Progress Report," (2013), 16, https://www.apple.com/supplier-responsibility/pdf/Apple_SR_2013_Progress_Report.pdf

18) 2015년 스콜상 수상자. 스콜재단은 세계에서 가장 시급한 문제를 해결하는 데 영향을 미친 사람에게 상을 수여한다. http://skoll.org/contributor/ma-jun

19) Liu Jianqiang, "Apple Has Made No Progress at All," chinadialogue, August 31, 2011, https://www.chinadialogue.net/article/show/single/en/4500--Apple-has-made-no-progress-at-all

20) Apple, "Apple Supplier Responsibility: 2012 Progress Report," 3; Apple, "Apple Suppliers 2011" (2012), 1, http://les.rassegna.it/userdata/sites/rassegnait/attach/2012/01/applesupplierlist2011_247409.pdf

21) Apple, "Focus on Toxins: Safe Products and Healthy Work Environments,"(August 2014), http://www.apple.com/uk/environment/our-progress/posts/201408-focus-on-toxins.html

22) Apple, "Environmental Responsibility Report: 2014 Progress Report, Covering FY2013" (2014), 15, https://www.apple.com/environment/reports/docs/Apple_Environmental_Responsibility_Report_2014.pdf

23) Gethin Chamberlain, "'Metal Particles Splash into Eyes': Study Claims iPhone Workers Face Toxic Risks," *Guardian*, January 16, 2018, https://www.theguardian.com/global-development/2018/jan/16/workers-making-iphones-in-china-exposed-to-toxic-

hazards–report–says–apple–catcher–technology

24) China Labor Watch, "Apple's Failed CSR [Corporate Social Responsibility] Audit: A Report on Catcher Technology Polluting the Environment and Harming the Health of Workers" (January 16, 2018), http://www.chinalaborwatch.org/report/131

25) Smith, Sonnenfeld, and Pellow, *Challenging the Chip*, 11.

26) 이 게임은 스마트폰의 기술 플랫폼을 비판적으로 성찰하도록 한다. http://www.phonestory.org

27) Stuart Dredge, "Apple Bans Satirical iPhone Game Phone Story from Its App Store," *Guardian*, September 14, 2011, https://www.theguardian.com/technology/appsblog/2011/sep/14/apple–phone–story–rejection.

28) *Panorama*, "Apple's Broken Promises," on BBC One and iPlayer, December18, 2014, http://www.bbc.co.uk/iplayer/episode/b04vs348/panorama–apples–broken–promises

29) Sean McGrath, "BBC Was Wrong to Single Out Apple in Panorama Investigation," *MicroScope*, December 19, 2014, https://www.computerweekly.com/microscope/opinion/BBC–was–wrong–to–single–out–Apple–in–Panorama–investigation

30) Jeff Williams, "Email to Staff from Apple Senior Vice President of Operations Jeff Williams," December 19, 2014, http://www.bbc.co.uk/news/technology–30548468

31) Apple, "Annual Green Bond Impact Report—2018 Update" (2019), 2, https://s2.q4cdn.com/470004039/les/doc_downloads/additional_reports/Apple_GreenBond_Report_2018.pdf

32) Apple, "Supplier Clean Energy—Program Update" (April

2017),
https://images.apple.com/environment/pdf/Apple_
Supplier_Clean_Energy_Program_Update_April_2017.pdf

33) Apple, "Apple Launches New Clean Energy Programs
in China to Promote Low–Carbon Manufacturing and
Green Growth" (October 22, 2015),https://www.apple.
com/newsroom/2015/10/22Apple–Launches–New–
Clean–Energy–Programs–in–China–To–Promote–
Low–Carbon–Manufacturing–and–Green–Growth

34) Dexter Roberts, "Apple Manufacturer Foxconn Goes
Green in China's Guizhou," *Bloomberg*, July 12, 2014,
https://www.bloomberg.com/news/articles/2014–07–11/
apple–manufacturer–foxconn–goes–green–in–chinas–
guizhou

35) Apple, "Environmental Responsibility Report—2017
Progress Report, Covering Fiscal Year 2016" (2017), 3,
https://images.apple.com/environment/pdf/Apple_
Environmental_Responsibility_Report_2017.pdf

36) Romain Dillet, "Apple's Lisa Jackson Says the EPA
[Environmental Protection Agency] Hasn't Changed,
Leadership Has Changed," *TechCrunch*, September 19,
2017,
https://techcrunch.com/2017/09/19/apples–lisa–
jackson–says–the–epa–hasnt–changed–leadership–
has–changed

37) Elizabeth Jardim, "What 10 Years of Smartphone Use
Means for the Planet," Greenpeace, February 27, 2017,
https://www.greenpeace.org/international/story/6913/
what–10–years–of–smartphone–use–means–for–the–
planet

38) Heather White and Lynn Zhang codirected the
documentary lm Complicit(2017): http://www.

complicitlm.org

39) Hsin—Hsing Chen, "Professionals, Students, and Activists in Taiwan Mobilize for an Unprecedented Collective—Action Lawsuit against a Former Top American Electronics Company," *East Asian Science, Technology and Society* 5, no. 4 (2011): 563.

40) *Taipei Times*, "Former RCA Employees Win Decade—Long Legal Battle," April 18, 2015, https://www.taipeitimes.com/News/front/archives/2015/04/18/2003616192

41) Green America, "200,000 Petitions & Counting: Health, Labor & Environment Groups Say 'Clean Up Samsung': Global Day of Action Against Samsung," May 1, 2018, https://www.greenamerica.org/pressrelease/200000—petitions—counting—health—labor—environment—groups—sayclean—samsung—global—day—action—against—samsung

42) Stop Samsung—No More Deaths! International Campaign for Health and Labor Rights of Samsung Electronics Workers, "Two Legal Wins," July 10, 2017, https://stopsamsung.wordpress.com/2017/07/10/two—legal—wins—sharps—achieves—new—momentum

10. 죽음으로 가는 길Dead Man Walking

1) [역주] '데드 맨 워킹Dead Man Walking'이란 사형수가 형장으로 이동하는 것을 의미하는데, 곧 죽을 운명을 가진 사람에 대한 은유로도 많이 사용되며, 직장의 해고 예정자라는 뜻으로도 쓰인다.

2) 선전 폭스콘 룽화 공장에서 발생한 산업재해와 관련해 장 씨 가족을 인터뷰했다. 장광더와 장팅전은 실명이다.

3) Ching Kwan Lee, "Pathways of Labor Activism," in

Chinese Society: Change, Conflict, and Resistance, ed. Elizabeth J. Perry and Mark Selden, 3rd ed.(London: Routledge, [2000] 2010), 76.

4) [역주] 여기서 말하는 '새로운 법'이란, 2007년 12월 제10차 전국인민대표대회에서 통과된 "노동쟁의 조정중재법"을 의미하며, 2008년 5월부터 정식으로 시행됐다. 이 법의 핵심 내용은 노동쟁의 적용 범위 확대와 분쟁 처리기간 단축, 쟁의 소송 시효 1년으로 연장, 중재 비용 무료화 등이다. 더 자세한 사항은 정규식, 「노동으로 보는 중국」(나름북스, 2019) 132p 참조.

5) Mary E. Gallagher and Baohua Dong, "Legislating Harmony: Labor Law Reform in Contemporary China," in *From Iron Rice Bowl to Informalization: Markets, Workers, and the State in a Changing China*, ed. Sarosh Kuruvilla, Ching Kwan Lee, and Mary E. Gallagher (Ithaca, NY: Cornell University Press, 2011), 59.

6) *China Labour Statistical Yearbook* 2018 (2019).

7) Aaron Halegua, "Who Will Represent China's Workers? Lawyers, Legal Aid, and the Enforcement of Labor Rights" (U.S.-Asia Law Institute, NewYork University School of Law, 2016), 1, https://www.aaronhalegua.com/chinasworkers

8) Ching Kwan Lee, *Against the Law: Labor Protests in China's Rustbelt and Sunbelt* (Berkeley: University of California Press, 2007), 260.

9) Patricia Chen and Mary Gallagher, "Mobilization without Movement: How the Chinese State 'Fixed' Labor Insurgency," *ILR Review* 71, no. 5, (2018):1033.

10) [역주] 중국의 법원은 기층인민법원, 중급인민법원, 고급인민법원, 최고인민법원으로 구분된다. 이외에 전문 법원으로 군사법원, 해사법원, 철로운수법원이 따로 있다. 기층인민법원은 중국의 가장 낮은 지방 단위 법원으로, 일반적인 1심 민사 안건이 모두 여기에서 취급된다.

11) Feng Chen and Xin Xu, "'Active Judiciary': Judicial Dismantling of Workers' Collective Action in China," *China Journal* 67 (2012): 91.

11. 파업과 저항

1) Huw Beynon, *Working for Ford*, 2nd ed. (Harmondsworth, UK: Penguin, [1973] 1984).

2) 1936년 개봉된 걸작 영화 "모던타임즈"에서 찰리 채플린은 그의 아이콘이 된 '리틀 트램프' 역을 맡아 혹독한 산업 세계에서 생존을 위해 고군분투한다.

3) [역주] '군체성 사건'은 특정 집단 혹은 불특정 다수가 자신들의 이익을 쟁취하기 위한 집단행동으로 정의되며, 일반적으로 법적 근거 없이 사회질서와 안정에 위해를 가하는 불법적 행위로 규정된다. 특히 노동자에 의한 조업중단(停工), 태업(怠工) 등 파업을 주요 형식으로 하는 단체행동의 경우는 시장경제 국가의 집단적 이익분쟁과 구별하기 위해 '노동자 군체성 사건 勞動者群體性事件'이라고 표현하며, 이러한 유형들을 포괄하여 '집단적 노동쟁의集體勞動爭議'라고 한다.

4) Mark Selden and Elizabeth J. Perry, "Introduction: Reform, Conflict, and Resistance in Contemporary China," in *Chinese Society: Change, Conflict, and Resistance*, ed. Elizabeth J. Perry and Mark Selden, 3rd ed. (London: Routledge, [2000] 2010), 1–30.

5) Murray Scot Tanner, "China Rethinks Unrest," *Washington Quarterly* 27, no. (2004): 138.

6) Dan Weihua, "A Multilevel, Multicausal Analysis of Mass Incidents Related to Police during the Period of Social Transformation," *Policing Studies* 8 (2010): 25 (in Chinese).

7) Kai Chang and Fang Lee Cooke, "Legislating the Right to Strike in China: Historical Development and Prospects," *Journal of Industrial Relations* 57, no. 3 (2015): 44–55.

8) https://maps.clb.org.hk/strikes/en

9) Geoffrey Crothall, "China's Labour Movement in Transition," *Made in China* 3, no. 2 (April–June, 2018): 28, http://www.chinoiresie.info/PDF/Made–in–China–02–2018.pdf

10) Beverly J. Silver, *Forces of Labor: Workers' Movements and Globalization since* 1870 (Cambridge: Cambridge University Press, 2003), 13. 한국어판으로는 『노동의 힘』(그린비, 2005), 35p.

11) Yang Su and Xin He, "Street as Courtroom: State Accommodation of Labor Protest in South China," *Law and Society Review* 44, no. 1 (2010): 157–84.

12) Ching Kwan Lee and Yonghong Zhang, "The Power of Instability: Unraveling the Microfoundations of Bargained Authoritarianism in China," *American Journal of Sociology* 118, no. 6 (2013): 1475–1508.

13) *Reuters*, "Workers Protest at Foxconn Plant in China," April 27, 2012, https://www.reuters.com/article/us–china–foxconn/workers–protest–at–foxconn–plant–in–china–idusbre83q0jv20120427

14) 2012년 폭스콘 우한 공장의 '관리지침서'(발췌본)의 일부를 번역한 것이다.

15) 2012년 초 애플은 폭스콘에서의 자살, 폭발, 부상, 죽음 등과 관련해 언론의 비난을 받았다. 이에 시정조치 계획 마련을 위해 세 곳의 폭스콘 공장을 선정해 FLA의 조사를 받았다. Auret van Heerden, "FLA Investigation of Foxconn in China," *Global Labour Journal* 3, no. 2 (2012): 278–81.

16) https://www.apple.com/newsroom/2012/09/24iPhone–5–First–Weekend–Sales–Top–Five–Million

17) http://www.wjla.com/articles/2012/09/china–apple–factory–riot–foxconn–workers–riot–suspends–work–

at–facility–80213

18) http://appleinsider.com/articles/12/09/23/riot_reported_
at_apple_partner_manufacturer_foxconns_iphone_5_
plant

19) https://www.apple.com/newsroom/2012/10/29Apple–
Announces–Changes–to–IncreaseCollaboration–
Across–Hardware–Software–Services

20) *CBS News*, "What's Next for Apple?," December 20, 2015,
http://www.cbsnews.com/news/60–minutes–apple–
tim–cook–charlie–rose

21) Foxconn Technology Group, "2012 Social and
Environmental Responsibility Report"(2013), 14, http://
ser.foxconn.com/javascript/pdfjs/web/viewer.html?le=/
upload/CserReports/42470921–ed8f–4e16–8021–
81c8cb9a813b_.pdf&page=1

22) All–China Federation of Trade Unions (ACFTU), "ACFTU
Marks 80th Anniversary" (2005) (print edition).

23) Zhan Lisheng, "Guangzhou: Hotbed for Rise of Trade
Unions," *China Daily*, August 29, 2006, http://www.
newsgd.com/business/zones/200608290055.htm

24) Mingwei Liu, "'Where There Are Workers, There Should
Be Trade Unions': Union Organizing in the Era of
Growing Informal Employment," in *From Iron Rice Bowl
to Informalization: Markets, Workers, and the State in a
Changing China*, ed. Sarosh Kuruvilla, Ching Kwan Lee,
and Mary E. Gallagher(Ithaca, NY: Cornell University Press,
2011), 157.

25) Kong Xianghong, "Capacity–Building and Reform of
Chinese Trade Unions: Using Legal and Democratic
Means to Resolve the Conflict of Roles of Trade Union
Chairs," in *Industrial Democracy in China: With*

Additional Studies on Germany, South-Korea, and Vietnam, ed. Rudolf TraubMerz and Kinglun Ngok (Beijing: China Social Sciences Press, 2012), 80.

26) Foxconn Technology Group, "2014 Social and Environmental Responsibility Report" (2015), http://ser. foxconn.com/javascript/pdfjs/web/viewer.html?le=/ upload/CserReports/1fdbd912−c592−4a56−b23f− ccfcabd60e83_.pdf&page=1

27) "Apple's Statement on Factory Conditions in China," December 26, 2012,http://www.nytimes. com/2012/12/27/business/apples−statement−on− factory−conditions−in−china.html?ref=business

28) Beverly J. Silver, "Theorising the Working Class in Twenty−First−Century Global Capitalism," in *Workers and Labour in a Globalised Capitalism: Contemporary Themes and Theoretical Issues*, ed. Maurizio Atzeni (Houndmills, Basingstoke, UK: Palgrave Macmillan, 2014), 52.

29) Tim Pringle and Quan Meng, "Taming Labor: Workers' Struggles, Workplace Unionism, and Collective Bargaining on a Chinese Waterfront," *ILR Review* 71, no. 5 (2018): 1073.

30) *China Labour Statistical Yearbook* 2017, "Number of Grassroots Trade Union by Region (2016)"; and, "Trade Union Members in Grassroots Trade Union by Region (2016)" (Beijing: China Statistics Press, 2018), 410−13.

31) 국제노동조합연맹The International Trade Union Confederation의 주된 임무는 주요 글로벌 기구 내에서 노동조합 간 국제협력, 캠페인 및 지원 등을 통해 노동자의 권익을 증진하고 보호하는 것이다. 중국은 여기에 가입되어 있지 않다.

32) Economic Rights Institute and Electronics Watch, "The Link between Employment Conditions and Suicide: A Study of the Electronics Sector in China"

(November 2018), http://electronicswatch.org/the-link-between-employment-conditions-and-suicide-a-study-of-the-electronics-sector-in-china-november-2018_2549396.pdf

12. 애플, 폭스콘, 그리고 중국 노동자의 삶

1) 중국어로 된 옌준의 이 시는 그레그 페이Greg Fay와 제프리 허먼슨Jeffery Hermanson이 번역했으며, 이 책 웹사이트에서 열람할 수 있다.

2) 중화인민공화국 국가통계국, "2018년 중국 농민공 모니터링 조사보고서"(2019) 참조, http://www.stats.gov.cn/tjsj / zxfb/201904/t20190429_1662268.html

3) 중화전국총공회 조사실이 2010년 5~6월 1,000개 기업을 대상으로 설문조사를 시행해 응답한 농민공 4,453명 (1980년 이전 출생자 2,711명, 이후 출생자 1,742명)의 유효 표본을 수집했다. 중화전국총공회, "2010년 신세대 농민공 현황 조사 및 건의"(2011) 참조.http://acftu.people.com.cn/ GB/67582/13966631.html

4) http://www.stats.gov.cn/tjsj /zxfb/201704/ t20170428_1489334.html; http://www.stats.gov.cn/tjsj/ zxfb/201904/t20190429_1662268.html

5) Yujeong Yang and Mary Gallagher, "Moving In and Moving Up? Labor Conditions and China's Changing Development Model," *Public Administration and Development* 37 (2017): 173.

6) http://www.stats.gov.cn /tjsj/zxfb/201405/ t20140512_551585.html; http://www.stats.gov.cn/tjsj/ zxfb/201904/t20190429_1662268.html.

7) http://www.stats.gov.cn/tjsj /zxfb/201305/ t20130527_12978.html; http://www.stats.gov.cn/tjsj/ zxfb/201904/t20190429_1662268.html.

8) https://www.apple.com/supplier-responsibility/pdf/
Apple_SR_2014_Progress_Report.pdf

9) '전자산업시민연대'는 "글로벌 공급 사슬의 영향을 받는 전 세
계 노동자와 지역 사회의 권리 및 행복을 지원하기로 약속한
전자, 유통, 자동차, 완구 회사"로 영역이 확대됨에 따라 2017
년 10월 '책임있는비즈니스연합Responsible Business Alliance'으
로 명칭을 변경했다. http://www.responsiblebusiness.org/
about/rba

10) http://www.responsiblebusiness.org/news/student-
workers

11) http://www.responsiblebusiness.org/news/credentialed-
schools-china

12) http://www.slideshare.net/EICCoalition/responsible-
electronics-2013-student-workers

13) 2012년 10월 16일 BBC 방송에서 "폭스콘은 미성년자 인
턴 고용 사실을 인정"했다. http://www.bbc.com/news/
technology-19965641

14) 예컨대, 2010년 5월 기준으로 광둥성 포산시에 있는 혼다자동
차 부품공장에는 1,800명의 노동자 중 약 70%가 학생 인턴으
로 구성되어 있었다. Florian Butollo and Tobias ten Brink,
"Challenging the Atomization of Discontent: Patterns of
Migrant-Worker Protest in China during the Series of
Strikes in 2010," *Critical Asian Studies* 44, no. 3, (2012):
426.

15) Earl V. Brown Jr. and Kyle A. deCant, "Exploiting
Chinese Interns as Unprotected Industrial Labor," *Asian-
Pacific Law and Policy Journal* 15, no.2, (2014): 195.

16) '직업학교 학생실습 관리규정職業學校學生實習管理規定' 전문
은 다음을 참조. http://www.moe.gov.cn/srcsite/A07/
moe_950/201604/t20160426_240252.html

17) China Labor Watch, "Amazon's Supplier Factory Foxconn

Recruits Illegally: Interns Forced to Work Overtime"
(August 8, 2019), http://www.chinalaborwatch.org/
report/143

18) Nectar Gan, "Chinese Student 'Interns' Spend 10-hour
Days Sorting Packages after Single's Day Shopping
Spree," *South China Morning Post*, November 20,
2016, https://www.scmp.com/news/china/society/
article/2047684/chinese-student-interns-spend-10-
hour-days-sorting-packages-after; Tom Hancock,
Yuan Yang, and Nian Liu, "Illegal Student Labour Fuels
JD.com 'Singles Day' Sale," *Financial Times*, November
21, 2018, http://polyucrdn.eksx.com/userfiles/file/
Jenny%20Chan%20Illegal%20student%20labour%20
FT%2021%20NOV%202018.pdf

19) Tim Pringle, *Trade Unions in China: The Challenge of
Labour Unrest*(Abingdon, Oxon, UK: Routledge, 2011), 162.

20) [역주] 제이식 노동자의 공회 건설 투쟁 및 '좌익 학생운동'
의 연대와 관련해서는 한국에서 소개된 다음 기사를 참조.
http://todayboda.net/article/7677

21) Jenny Chan, "Jasic Workers Fight for Union Rights",
New Politics(An Independent Socialist Journal) 17, no. 2,
whole number 66 (Winter 2019): 84-89; Jenny Chan,
"A Precarious Worker-Student Alliance in Xi's China",
China Review 20, no. 1 (February 2020): 165-90.

22) Au Loong Yu, "The Jasic Struggle in China's Political
Context," *New Politics* (An Independent Socialist Journal) 17,
no. 2, whole number 66 (Winter 2019): 91.

23) Christian Shepherd, "At a Top Chinese University,
Activist 'Confessions' Strike Fear into Students," *Reuters*,
January 21, 2019, https://www.reuters.com/article/
us-china-rights-confessions/at-a-top-chinese-
university-activist-confessions-strike-fear-into-

students-idUSKCN1PF0RR; Pak Yiu, "Student Labour Activists Say Chinese Police Stepping Up Use of Video 'Confessions,'" *AFP*, March 3, 2019, https://www.hongkongfp.com/2019/03/03/student-labour-activists-say-chinese-police-stepping-use-video-confessions

24) Mary E. Gallagher, *Authoritarian Legality in China: Law, Workers, and the State*(New York: Cambridge University Press, 2017).

25) Kim Hyojoung, "Micromobilization and Suicide Protest in South Korea, 1970-2004," *Social Research* 75, no. 2, (2008): 549.

26) Jude Howell and Tim Pringle, "Shades of Authoritarianism and State-Labour Relations in China," *British Journal of Industrial Relations* 57, no. 2 (2019): 223-46.

27) http://news.xinhuanet.com/english/2017-10/24/c_136702625.htm

28) [역주] 중국어로 된 샤오샤오의 이 시는 그레그 페이가 영어로 번역했으며, 이 책에 나오는 모든 시는 중국어본과 영역본을 대조하여 재번역했다.

29) 이 시는 매슈 헤일과 동료들이 영어로 번역했으며, '나오鬧 블로그'에 수록되었다. (https://libcom.org/blog/xulizhi-foxconn-suicide-poetry). 쉬리즈의 시는 그의 사후인 2015년, 친샤오위秦曉宇가 편집해 『새날新的一天』(作家出版社)이라는 제목으로 출간했다. 그리고 폭스콘 노동자의 경험을 담은 단문과 시를 모아 실리아Celia Izoard가 프랑스어로 번역하여 『기계는 당신의 신이자 주인La machine est ton seigneur et ton maître』(Agone)이라는 제목으로 2015년 출간했다. 또 폭스콘이 미국 위스콘신주 마운트플레전트Mount Pleasant에 새로운 공장시설을 건립하기 시작한 2018년에는 『쉬리즈 시 선집Selected Poems of Xu Lizhi 1990-2014』(Adjunct)이 출간됐다.

30) *Xinhua*, "Xi Urges Breaking New Ground in Workers'

Movement, Trade Unions' Work," October 29, 2018, http://www.xinhuanet.com/english/2018-10/29/ c_137567374.htm

31) [역주] 이탈(exit), 항의(voice), 충성(loyalty)은 앨버트 허시먼이 사용한 개념이다. 그는 이를 통해 기업이나 조직, 국가 등의 퇴보 상황을 해부하고, 동시에 개인들의 선택으로 이러한 개념들이 실제로는 얼마나 다양하게 변용 가능한지, 그리고 이들을 겸용 혹은 혼용할 때 실제 의도와 얼마나 다른 역효과를 낼 수 있는지를 분석한다. 엘버트 허시먼, 『떠날 것인가, 남을 것인가』 (나무연필, 2016).

32) Feng Chen and Xuehui Yang, "Movement-Oriented Labour NGOs in South China: Exit with Voice and Displaced Unionism," *China Information* 31, no.2, (2017): 155-75.

33) 이를 분명히 보여주는 사례가 선전시 폭스콘 룽화 공단 북문 밖에 있는 '칭후' 주민센터(2012~2019)가 2019년 5월 강제로 폐쇄된 것이다. 이 주민센터는 폭스콘을 비롯한 공장 노동자들과 인근 지역 주민들에게 광범위한 사회적·교육적 활동을 제공해왔다.

에필로그

1) Apple, "Apple Supplier Responsibility: 2016 Progress Report" (2016), 2, https://www.apple.com/supplier-responsibility/pdf/Apple_SR_2016_Progress_Report.pdf

2) Apple, "Apple Supplier Responsibility: 2017 Progress Report" (2017), 15, https://www.apple.com/supplier-responsibility/pdf/Apple_SR_2017_Progress_Report.pdf

3) Apple, "Apple Special Event: Apple WWDC [Worldwide Developers Conference] 2016 Keynote Address," (June 13, 2016), https://podcasts.apple.com/us/podcast/ apple-wwdc-2016-keynote-address-1080p/

id509310064?i=1000430685297

4) Tim Cook, "Tim Cook's MIT Commencement Address 2017," June 9, 2017, YouTube video, https://www.youtube.com/watch?v=ckjkz8zuMMs

5) Apple, "Apple Supplier Responsibility: 2019 Progress Report" (2019), 2, https://www.apple.com/supplier-responsibility/pdf/Apple_SR_2019_Progress_Report.pdf

6) Frederick Mayer and Gary Geref , "Regulation and Economic Globalization: Prospects and Limits of Private Governance," *Business and Politics* 12, no. 3 (2010): 8.

7) Mary Catt, "Apple Inc. Names ILR Professor to Advisory Board," *Cornell Chronicle*, August 6, 2013, http://news.cornell.edu/stories/2013/08/apple-inc-names-ilr-professor-advisory-board

8) Apple, "Apple Supplier Responsibility: 2013 Progress Report" (2013), 24, https://www.apple.com/supplier-responsibility/pdf/Apple_SR_2013_Progress_Report.pdf

9) Brown University's Watson Institute for International Studies, "Locke to Chair Apple's Academic Advisory Board," June 26, 2013, http://watson.brown.edu/news/2013/locke-chair-apples-academic-advisory-board

10) Richard M. Locke, "Can Global Brands Create Just Supply Chains? A Forum on Corporate Responsibility for Factory Workers," *Boston Review*, May 21, 2013, http://bostonreview.net/forum/can-global-brands-create-just-supply-chains-richard-locke

11) Richard M. Locke, *The Promise and Limits of Private Power: Promoting Labor Standards in a Global Economy* (Cambridge: Cambridge University Press, 2013).

12) [역주] '직접노동'은 실제로 상품을 만들거나 서비스를 제공하

는 데 소요되는 노동을 의미하며, '간접노동'은 생산이나 서비스 공급이 효율적으로 이뤄지도록 보조 또는 원조하는 노동을 말한다.

13) David Weil, *The Fissured Workplace: Why Work Became So Bad for So Many and What Can Be Done to Improve It* (Cambridge, MA: Harvard University Press, 2014), 8.

14) Lin Thung-hong and Yang You-ren, "The Foxconn Employees and to Call to the Attention," June 13, 2010, http://sites.google.com/site/laborgogo2010eng

15) "Protesta contra suicidios en Foxconn"(Protest against Suicides in Foxconn), Guadalajara, Mexico, June 10, 2010, YouTube video, narrated in Spanish, https://www.youtube.com/watch?v=4ikF9vD3R_A

16) 2010년 6월 7일 뉴욕시의 노동자 권리 옹호자들이 애플 5번가 매장 밖에서 폭스콘 노동자들을 위한 추모행사를 열었다.

17) San Francisco Chinese Progressive Association, "Apple's First Ever Store Overwhelmed with 'Death Pad' Protesters in San Francisco," June 17, 2010, http://sfcitizen.com/blog/2010/06/18/apples-first-ever-store-overwhelmed-with-deathpad-protesters-in-san-francisco

18) United Students Against Sweatshops, "Open Letter to Apple CEO Steve Jobs," June 14, 2010. 이 서한은 이 책 웹사이트에서도 열람할 수 있다.

19) Jack Linchuan Qiu, *Goodbye iSlave: A Manifesto for Digital Abolition* (Urbana: University of Illinois Press, 2016).

20) Apple, "Apple Launches App Development Curriculum for High School and Community College Students" (May 24, 2017), https://www.apple.com/newsroom/2017/05/apple-launches-app-development-curriculum-for-high-school-community-college-students

21) Apple, "Apple Announces Updates to iTunes U" (June 30, 2014), https://www.apple.com/newsroom/2014/06/30Apple-Announces-Updates-to-iTunes-U

22) Asia Monitor Resource Center, *Labour Rights in High Tech Electronics: Case Studies of Workers' Struggles in Samsung Electronics and Its Asian Suppliers* (Hong Kong: Asia Monitor Resource Center, 2013).

23) Rutvica Andrijasevic and Devi Sacchetto, "'Disappearing Workers': Foxconn in Europe and the Changing Role of Temporary Work Agencies," *Work, Employment, and Society* 31, no. 1 (2017): 54-70.

24) [역주] 마킬라도라는 일반적으로 북부 접경지대에 위치하고 수출을 원칙으로 하는 멕시코의 조립 가공업체를 일컫는다. 그러나 엄밀히 정의하면, 마킬라도라 산업은 생산구조와 조직의 유사성보다는 관세체계에 기반한 개념으로, 수출을 장려하는 특정한 조약체계에 가깝다. 마킬라도라는 넓은 의미로 멕시코를 비롯한 중앙아메리카와 카리브해 지역에 입지하며, 미국과 캐나다 시장을 겨냥해 저렴한 인건비와 무관세 이득을 취할 수 있는 조립 가공 산업 및 노동집약적 산업 전반을 가리키기도 한다.

25) Devi Sacchetto and Martin Cecchi, "On the Border: Foxconn in Mexico," *openDemocracy*, January 16, 2015, https://www.opendemocracy.net/devi-sacchetto-mart%C3%ACn-cecchi/on-border-foxconn-in-mexico

26) André Campos, Marcel Gomes, and Irene Schipper, "Labour Conditions at Foreign Electronics Manufacturing Companies in Brazil: Case Studies of Samsung, LGE, and Foxconn," Reporter Brasil and SOMO (Centre for Research on Multinational Corporations)/*GoodElectronics*, (December, 2017), 43. https://goodelectronics.org/wp-content/uploads/sites/3/2018/01/Labour-conditions-

at–foreign–electronics–manufacturing–companies–in–
Brazil.pdf

27) David Barboza, "Before Wisconsin, Foxconn Vowed
Big Spending in Brazil; Few Jobs Have Come," *New
York Times*, September 20, 2017, https://www.nytimes.
com/2017/09/20/business/foxconn–trump–wisconsin.
html; Simon Romero, "Dilma Rousseff Is Ousted as
Brazil's President in Impeachment Vote," New York
Times, September 1, 2016, https://www.nytimes.
com/2016/09/01/world/americas/brazil–dilma–rousseff–
impeached–removed–president.html; Tina Lu,"Foxconn
Leaving Brazil?," *Counterpoint Research*, September 2,
2017, https://www.counterpointresearch.com/foxconn–
leaving–brazil

28) *News18.com*, "Xiaomi Unveils Second Manufacturing
Unit in India in Partnership with Foxconn," March 20,
2017, https://www.news18.com/news/tech/xiaomi–
unveils–second–manufacturing–unit–in–india–in–
partnership–with–foxconn–1362152.html

29) Pankaj Doval, "Foxconn Plans to Invest Up to Rs
32,000 Crore," *Times of India*, July 4, 2017, https://
timesofindia.indiatimes.com/business/india–business/
foxconn–plans–to–invest–up–to–rs–32000–crore/
articleshow/59433253.cms

30) Sujata Anandan, "The Overcon dence of Devendra
Fadnavis," *The Wire*, November 22, 2019, https://thewire.
in/politics/the–overcondence–of–devendra–fadnavis

31) Hsiao–Wen Wang, "Hon Hai: The Yogyakarta Move,"
CommonWealth Magazine, January 9, 2014, https://
english.cw.com.tw/article/article.action?id=450

32) *Jakarta Post*, "Apple's First R&D Center to Operate
in Second Quarter," March 30, 2017, http://www.

thejakartapost.com/news/2017/03/30/apples—first—rd—center—to—operate—in—second—quarter.html

33) Jess Macy Yu and J. R. Wu, "Foxconn Plans U.S. Display Making Plant for Over $10 Billion, Scouting for Location," *Reuters*, June 22, 2017, https://www.reuters.com/article/us—foxconn—strategy—idUSKBN19D0AH

34) Dan Kaufman, "Did Scott Walker and Donald Trump Deal Away the Wisconsin Governor's Race to Foxconn?," *New Yorker*, November 3, 2018, https://www.newyorker.com/news/dispatch/did—scott—walker—and—donald—trump—deal—away—the—governors—race—to—foxconn

35) Wisconn Valley: Foxconn in Wisconsin, https://wisconnvalley.wi.gov/Pages/Home.aspx; Foxconn Technology Group, "Foxconn to Break Ground on Advanced Manufacturing Campus Phase of Wisconn Valley Science & Technology Park," March 18, 2019, https://urbanmilwaukee.com/pressrelease/foxconn—to—break—ground—on—advanced—manufacturing—campus—phase—of—wisconn—valley—science—technology—park

36) Austin Carr, "Inside Wisconsin's Disastrous $4.5 Billion Deal with Foxconn," *Bloomberg Businessweek*, February 9, 2019, https://www.bloomberg.com/news/features/2019—02—06/inside—wisconsin—s—disastrous—4—5—billion—deal—with—foxconn

37) Scott Gordon, "When Great Lakes Water Is 'Public' and When It Isn't," *WisContext*, April 19, 2018, https://www.wiscontext.org/when—great—lakes—water—public—and—when—it—isnt

38) Foxconn's three—page letter to Mark R. Hogan, secretary and CEO of the Wisconsin Economic Development Corporation, was shared with Wisconsin Governor Tony Evers, January 17, 2019, https://www.

wisconnvalleycenter.com/wp-content/uploads/2019/01/
Letter-to-WEDC.pdf

39)   Josh Dzieza, "Foxconn Releases and Cancels Plans for
      a Giant Dome in Wisconsin," *The Verge*, October 3,
      2019, https://www.theverge.com/2019/10/3/20896815/
      foxconn-wisconsin-fii-giant-dome-plans-release-
      cancel

[부록3]

1)   SACOM, "The Truth of the Apple iPad: Behind Foxconn's
     Lies" (2011), YouTube video,
     https://www.youtube.com/watch?v=V3YFGixp9Jw

2)   페이스북 소유의 왓츠앱(2009년 개발)은 종단 간 암호화end-to-
     end encryption를 제공한다. 반면, 위챗(WeChat, 2011년 중국 인터
     넷 회사 텐센트가 개발)은 상대적으로 보안이 취약하다. 중국 정
     부는 그들이 안정적으로 감시할 수 있는 온라인 통신 사이트
     로 인터넷 이용자들을 이끌었다.

[부록4]

1)   폭스콘 6개 웹사이트 일부 목록: 홍하이/폭스콘 그룹 http://
     www.foxconn.com; 폭스콘 중국 http://www.foxconn.
     com.cn; 폭스콘 체코 http://www.foxconn.cz; 폭스
     콘 슬로바키아 http://www.foxconnslovakia.sk; 폭스
     콘 브라질 http://foxconn.com.br; 폭스콘 호주 http://
     foxconnaustralia.com.au

아이폰을 위해 죽다

2022년 2월 14일 초판 2쇄 발행

지은이   제니 챈, 마크 셀던, 푼 응아이
옮긴이   정규식, 윤종석, 하남석, 홍명교
편집   조정민, 최인희
디자인   이경란
인쇄   도담프린팅
종이   페이퍼프라이스

펴낸곳   나름북스
등록   2010.3.16. 제2014-000024호
주소   서울시 마포구 월드컵로15길 67 2층
전화   (02)6083-8395
팩스   (02)323-8395
이메일   narumbooks@gmail.com
홈페이지 www.narumbooks.com
페이스북 www.facebook.com/narumbooks7

ISBN   979-11-86036-66-2 (03330)
값   18,000원

이 책은 2021년 대한민국 교육부와 한국연구재단의 지원으로 수행됨
(NRF-2021S1A5B5A16076234).